江西财经大学财税与公共管理学院
财税文库

社会保险制度
与企业行为研究

刘 辉 著

中国财经出版传媒集团
经济科学出版社
Economic Science Press
·北 京·

图书在版编目（CIP）数据

社会保险制度与企业行为研究／刘辉著．--北京：
经济科学出版社，2023.10
ISBN 978－7－5218－5238－7

Ⅰ．①社…　Ⅱ．①刘…　Ⅲ．①社会保险制度-研究-
中国②企业行为-研究-中国　Ⅳ．①F842.61
②F279.23

中国国家版本馆 CIP 数据核字（2023）第 192525 号

责任编辑：顾瑞兰　陈修洁
责任校对：郑淑艳
责任印制：邱　天

社会保险制度与企业行为研究

SHEHUI BAOXIAN ZHIDU YU QIYE XINGWEI YANJIU
刘　辉　著

经济科学出版社出版、发行　新华书店经销
社址：北京市海淀区阜成路甲 28 号　邮编：100142
总编部电话：010-88191217　发行部电话：010-88191522
网址：www. esp. com. cn
电子邮箱：esp@ esp. com. cn
天猫网店：经济科学出版社旗舰店
网址：http://jjkxcbs. tmall. com
北京时捷印刷有限公司印装
710×1000　16 开　13.75 印张　220 000 字
2023 年 10 月第 1 版　2023 年 10 月第 1 次印刷
ISBN 978－7－5218－5238－7　定价：69.00 元
（图书出现印装问题，本社负责调换。电话：010－88191545）
（版权所有　侵权必究　打击盗版　举报热线：010－88191661
QQ：2242791300　营销中心电话：010－88191537
电子邮箱：dbts@ esp. com. cn）

　　本书是 2023 年度国家社会科学基金青年项目"基本养老保险全国统筹对地方政府征管行为的影响机制、效应及对策研究"（项目编号：23CJL022）、江西省社会科学基金青年项目"基本养老保险全国统筹对企业缴费遵从度的影响及政策优化研究"（项目编号：21YJ32）、江西省博士后择优资助项目"统筹层次调整对企业社会保险缴费遵从度的影响及政策优化研究"（项目编号：2021KY34）的阶段性成果。

总　序

习近平总书记在哲学社会科学工作座谈会上指出，一个国家的发展水平，既取决于自然科学发展水平，也取决于哲学社会科学发展水平。坚持和发展中国特色社会主义，需要不断在理论和实践上进行探索，用发展着的理论指导发展着的实践。在这个过程中，哲学社会科学具有不可替代的重要地位，哲学社会科学工作者具有不可替代的重要作用。

习近平新时代中国特色社会主义思想，为我国哲学社会科学的发展提供了理论指南。党的十九大宣告："经过长期努力，中国特色社会主义进入了新时代，这是我国发展新的历史方位。"中国特色社会主义进入新时代，意味着近代以来久经磨难的中华民族迎来了从站起来、富起来到强起来的伟大飞跃。新时代是中国特色社会主义承前启后、继往开来的时代，是全面建成小康社会、进而全面建设社会主义现代化强国的时代，是中国人民过上更加美好生活、实现共同富裕的时代。

江西财经大学历来重视哲学社会科学研究，尤其是在经济学和管理学领域投入了大量的研究力量，取得了丰硕的研究成果。财税与公共管理学院是江西财经大学办学历史较为悠久的学院，学院最早可追溯至江西省立商业学校（1923 年）财政信贷科，历经近百年的积淀和传承，现已形成应用经济和公共管理比翼齐飞的学科发展格局。教师是办学之基、学院之本。近年来，该学院科研成果丰硕，学科优势凸显，已培育出一支创新能力强、学术水平高的教学科研队伍。正因为有了一支敬业勤业精业、求真求实求新的教师队伍，在教育与学术研究领域勤于耕耘、勇于探索，形成了一批高质量、经受得住历史检验的成果，学院的事业发展才有了强大的根基。

为增进学术交流，财税与公共管理学院推出面向应用经济学科的"财税文库"和面向公共管理学科的"尚公文库"，遴选了一批高质量成果收录进两大文库。本次出版的财政学、公共管理两类专著中，既有资深教授的成果，也有年轻骨干教师的新作；既有视野开阔的理论研究，也有对策精准的应用研究。这反映了学院强劲的创新能力，体现着教研队伍老中青的衔接与共进。

　　繁荣发展哲学社会科学，要激发哲学社会科学工作者的热情与智慧，推进学科体系、学术观点、科研方法创新。我相信，本次"财税文库"和"尚公文库"的出版，必将进一步推动财税与公共管理相关领域的学术交流和深入探讨，为我国应用经济、公共管理学科的发展做出积极贡献。展望未来，期待财税与公共管理学院教师，以更加昂扬的斗志，在实现中华民族伟大复兴的历史征程中，在实现"百年名校"江财梦的孜孜追求中，有更大的作为，为学校事业振兴做出新的更大贡献。

江西财经大学党委书记

2019 年 9 月

前　言

　　党的二十大报告强调，社会保障体系是人民生活的安全网和社会运行的稳定器，要"健全覆盖全民、统筹城乡、公平统一、安全规范、可持续的多层次社会保障体系"，并提出完善基本养老保险全国统筹制度，发展多层次、多支柱养老保险体系和实施渐进式延迟退休等社会保险制度改革举措，为"十四五"时期我国社会保险制度的改革提供了行动指南。在人口老龄化日益加速和社保制度全面改革的大背景下，探讨社会保险制度对企业行为的影响将有助于我们更加全面地认识社保制度的多重效应，为我国社会保险制度变迁下微观主体的经济行为提供合理的解释、预测和引导，从而为我国供给侧结构性改革和更大规模的减税降费措施提供经验借鉴与政策指导，同时也有助于政府更好地平衡社会保障与企业发展之间的关系，为社保政策的优化和相关配套措施的出台提供一定的支撑。

　　本书依据制度经济学理论、社会保险理论和企业避税理论，围绕社会保险制度与企业应对行为展开理论和实证研究，重点探讨社会保险制度下企业的成本转嫁机制及潜在影响。通过构建相应的理论框架和对我国社会保险制度的全面梳理，本书重点就社会保险征缴体制改革与企业社保合规、基本养老保险统筹层次调整与企业缴费遵从度、社保成本的转嫁、社会保险缴费与全要素生产率等进行了实证分析。

　　社会保险费到底应由税务部门还是社保部门来征收的争议由来已久，在各地的实践中，两种征收模式并存。本书基于工业企业数据库和各省份征缴体制的改革，评估了社会保险征缴体制改革对企业缴费遵从度的影响。研究发现，社会保险费征缴主体由社保经办机构调整为地方税务部门后，企业的社保合规程度有所提升，说明社会保险费征缴体制改革对于提高社保基金收入和企业遵缴率存在正面意义，但同时也意味着会增加企业的成本与负担。进一步的机制分析发现，社保征缴体制改革对企业社保合规程度的影响主要是通过影响社保征缴强度来实现的。通过对税务代征和全责征收模式的征收效果比较后发现，税务部门全责征收模式赋予了税务部门更为完整的权力职能，其对企业的信息掌握更为全面，且制度激励更强，因此征收效果更佳；由于社保合规程度的差异，社保征缴体制对企业参保行为的影响存在异质性，其对非国有企业、小规模企业、工资水平较低和劳动密集型企业的社保合规程度影响更为明显，这意味着社保征缴体制的全面改革将显著增加这些企业的用工成本。

提升基本养老保险统筹层次不仅能够合理配置资金、提高养老金的使用效率、缩小省际养老金负担差距，而且能够充分发挥养老保险制度的互济性功能，提高全社会的风险分担能力以应对老龄风险，因此实现基本养老保险全国统筹是非常有必要的。但是从企业的角度来看，统筹层次提升对企业的基本养老保险缴费有何影响有待于进一步研究。本书在对文献进行梳理后，围绕基本养老保险统筹层次与企业职工基本养老保险缴费之间的关系开展理论分析和实证研究，重点阐述了基本养老保险统筹层次调整影响企业遵缴率的作用机制，从多个视角分析了地方政府征管养老保险的行为逻辑，认为统筹层次提升会弱化地方政府征缴激励，从而导致企业遵缴率下降。最后，通过实证分析检验省级统筹改革下统筹层次提升对企业遵缴率的影响及其异质性，发现统筹层次提升会显著降低非国有企业和小规模企业的基本养老保险遵缴率。

本书进一步利用云南省和浙江省的社会保险征缴体制改革作为准自然实验，基于工业企业微观数据库和地级市层面的征缴体制改革数据库，检验了社保征缴体制改革所导致的劳动力成本冲击和企业的潜在社保转嫁行为。结果发现，社保征缴体制改革导致企业的实际缴费率上升，进而促使企业通过降低职工工资等手段进行劳动力成本转嫁；同时还发现，这种转嫁行为仅在企业工资中出现，并未对企业雇佣规模形成明显挤压；通过异质性分析发现，社会保险缴费的转嫁效应在非国有企业、劳动密集型企业中更为明显。

本书基于 2004~2007 年的工业企业数据库和 2008~2011 年的全国税收调查数据库，考察了企业社保缴费对其全要素生产率的影响。结果发现，企业社会保险缴费对企业全要素生产率存在显著的正向影响，其影响机制主要在于促使企业增加员工工资福利水平和人力资本投入等来提升企业生产率，但是其总体上挤出了企业的研发投入。在异质性分析中，本书发现了一些具有政策含义的结论：社会保险缴费能够有效提升资本密集型、高工资水平企业和非国有企业的全要素生产率，而对劳动密集型、低工资水平企业的全要素生产率则存在负向效应，对国有企业则影响不显著。

本书结合社会保险筹资理论、经典的逃税理论、信息不对称理论以及现有文献，通过构建社会保险制度与企业行为之间的理论框架，较为深入地分析了社会保险制度规制下企业的社保逃费行为和成本转嫁机制，并进一步探讨了企业社保负担对其全要素生产率的影响机制。本书的研究有助于更好地全面认识和评估社会保险规制下企业行为的变化过程及相应的经济后果，同时也在很大程度上拓展了制度经济学以及宏观经济政策与微观企业行为等理论的研究视角。

本书的研究内容和研究思路安排如下。

第一章为绪论。本章结合我国人口老龄化形势、社会保险制度的改革趋势与企业经营所存在的困难，重点论述了本书的研究背景与意义，并对目前国内外社保制度与企业行为的有关文献进行了系统梳理，进一步概括了本书的研究思路、研究内容以及研究的创新之处。

第二章为理论基础及理论框架构建。本章介绍了社会保险的筹资模式，并就税收遵从理论、经济归宿理论和激励理论等相关基础理论进行了阐述，同时进一步就社会保险制度影响企业行为的理论机制进行了分析概括。

第三章为我国社会保险的制度演进。本章首先就世界范围内社会保险制度的发展趋势与经验进行总结，并分析了世界范围内社会保险制度对我国现行制度改革的经验借鉴。然后进一步对我国社会保险制度的历史沿革和制度改革路径进行了梳理，并就目前我国社会保险制度的特点、问题和改革方向进行了总结。同时，基于宏观数据和本书收集的城市层面数据，就社会保险的参保情况和制度缴费率的地区差异进行了描述性统计。

第四章为社保征缴体制改革对企业缴费行为的影响。本章利用 2004 ~ 2007 年云南省和浙江省社会保险征缴体制的渐进改革作为准自然实验，识别了社会保险征缴主体由社保经办机构调整为税务机关后对企业社保合规程度的影响，并比较了税务代征和全责征收模式这两种社保征缴体制改革路径的效果差异，为合理评估社保征缴体制改革的潜在影响提供了借鉴。

第五章为基本养老保险统筹层次调整与企业遵缴率。一是从理论上结合中央政府和地方政府间的利益博弈，重点分析地方政府征缴养老保险的行为逻辑来解释两者之间的作用机制，认为统筹层次提升会通过弱化地方政府征缴激励从而导致企业遵缴率下降。二是在实证部分基于基本养老保险省级统筹，以 2007～2020 年沪深 A 股上市公司为样本，利用基本养老保险省级统筹的改革作为准自然实验，基于双重差分方法识别了统筹层次调整对企业缴费遵从度的影响，发现省级统筹使得上市公司的养老保险缴费遵从度大幅下降。研究结果有助于厘清统筹层次调整和企业缴费之间的关系，并从中央政府、地方政府和企业的角度为尽快实现基本养老保险全国统筹提供政策建议。

第六章为社会保险缴费与企业成本转嫁。在第四章的基础上，本章进一步以征缴体制改革所导致的企业社会保险实际缴费率调整为识别条件，探究了企业社保负担受到外生冲击后的成本转嫁行为，该部分的研究为评估社会保险制度改革对就业和职工工资的影响提供了实证支撑。

第七章为社会保险缴费与企业生产率。本章利用中国工业企业数据库和地级市层面社会保险政策缴费数据，结合面板数据模型和工具变量等方法，实证检验了企业社会保险缴费对企业全要素生产率的影响。

第八章为研究结论、政策建议与研究展望。在总结实证研究结论的基础上，本章提出了社会保险费率调整、征缴体制统一、完善央地支出责任等一系列的政策建议，并对社保制度与企业行为研究作了展望。

目　录

第一章

绪 论

第一节 研究背景与意义

一、研究背景

自 20 世纪 90 年代开始，我国逐步建立起了包括城镇企业职工养老保险、医疗保险、失业保险、工伤保险和生育保险等多项保险制度在内的社会保险制度，并出台了包括《社会保险法》在内的一系列社会保障法规，筹资水平和统筹层次有了较大的提高。社会保险制度的建立为保护劳动者利益和调节劳资关系提供了重要的法律保障，同时也对企业行为决策带来了十分重要的影响。在我国，社保支出是企业的一项重要的隐性雇用成本，赵静等（2015）指出，我国社会政策缴费率超过企业用工成本的 30%，个别地区甚至达到了 40%，高于绝大多数经济合作与发展组织（OECD）国家。以养老保险为例，2009 年我国城镇职工养老保险政策缴费率为 28%，而同期 OECD 国家平均为 19.6%，欧盟国家平均为 22.5%（OECD，2011）。此外，国际劳工组织（International Labour Organization，ILO）发布的《世界社会保障报告 2010/11》显示，我国社会保险政策缴费率在报告所纳入的国家中处于较高水平。在企业实际用工成本中，尼尔森和史密斯（Nielsen & Smyth，2008）认为，中国企业的社会保险支出已经占据了企业用工支出的 40%～50%，而在印度和马来西亚等亚洲国家，则分别只有 16% 和 12%。在社会保险政策规制下，企业的行为不是被动的，而是会积极主动应对社保政策变化对企业带来的影响，而这些都会反映在企业的经营决策上。从现有的研究来看，社保制度对企业行为的影响是十分复杂的，而非简单增加企业用工成本的问题。一方面，社会保险作为一项福利和保障的存在，能提高劳动者的福利水平，从而提升其工作积极性（杜鹏程等，2018，赵建宇和陆正飞，2018）；另一方面，社会保险制度增加了企业的雇用成本，使得企业用工成本及黏性增加。因此，企业在面临社会保险政策调整时会主动采取相应的应对措施，其决策行为也相对复杂多样，既可能采取财务和公司金融行为予以应对，也可能进行相应的要素替代以降低人工成本，还可能通过其他更为隐蔽的方式进行成本转嫁（马双，2014；封进，2014）。在经济下行和企业经营成本高企的双重压力下，较高的政策缴费率使得企业的社保逃费动机较为强烈。2011年，郑州市在社保稽查中发现各险种应保未保117743人，少报缴费工资基数217315.07万元，少缴社会保险费17582.19万元，稽查中发现，高达92%的用人单位存在违反社保法律法规的情况（赵绍阳和杨豪，2016）。2016年，陕西省欠缴养老保险费的企业达4700多户，欠缴金额约42亿元（肖严华等，2017）。根据《中国企业社保白皮书2017》的调查，2017年社保缴费基数完全合规的企业仅占24.1%，且合规企业占比从2015年开始不断下滑。日益突出的社保逃费现象不仅会影响社会保险功能的有效发挥和基金的平稳运行，而且会造成劳动力市场的扭曲和资源错配（刘鑫宏，2009；Manchester，1999），同时也会损害社会保险制度的公平性，损害合规参保的企业和个人的利益与参保积极性，不利于企业之间的公平竞争，社保缴费的不公平性是造成企业竞争中性偏离的重要原因（郑秉文，2019）。

我国目前正对城镇职工社会保险制度进行一系列的改革。首先，在基本实现城镇职工养老保险制度省级统筹的基础上，自2018年7月1日实施基本养老保险中央调剂制度，中央调剂基金由各省份养老保险基金上解，上解比例从3%起步，并逐步提高，从而缓解地区间企业职工基本养老保险基金负担不均衡的问题①。其次，为降低企业社保负担和激发企业活力，国务院决定自2016年5月1日起阶段性降低社会保险费率，企业职工基本养老保险单位缴费比例

---

① 《国务院关于建立企业职工基本养老保险基金中央调剂制度的通知》（国发〔2018〕18号）。

超过 20% 的降到 20%，单位缴费比例为 20% 且基金结余可支付月数超过 9 个月的地区可将缴费比例降低到 19%，同时还对失业保险费率进行了阶段性降低①。在阶段性社保降费的基础上，中央又推出了《降低社会保险费率综合方案》，实施更大规模的减税降费措施，要求各地企业职工基本养老保险单位缴费比例高于 16% 的可降至 16%，低于 16% 的应出台过渡办法②。最后，针对长期存在的社会保险费二元征缴体制问题，党的十九届三中全会通过的《中共中央关于深化党和国家机构改革的决定》明确提出，将基本养老保险费等各项社会保险费交由税务部门统一征收。此后，中共中央办公厅、国务院办公厅印发了《国税地税征管体制改革方案》，其中明确规定从 2019 年 1 月 1 日起各项社会保险费交由税务部门统一征收，社会保险费的征缴体制改革方案的出台，引发了巨大的社会关注，加剧了大幅增加企业负担的担忧，使得针对企业的征缴体制改革政策搁浅。在社会保险制度改革逐步进入深水区和社会养老负担日益加重的背景下，调整企业社保缴费率在一定程度上能够降低税费负担，但也会给基本养老保险基金的支付和可持续运行带来一定压力，而未来征缴制度的统一则有可能进一步提高社保合规程度较低的企业负担。因此，实现社保基金收支平衡、企业负担不增加和待遇标准不降低的目标，将考验政策制定者的智慧。

从企业发展的宏观环境来看，目前我国经济正处于新旧动能转换的关键时期，经济增速逐渐放缓，而人口红利逐渐消失，劳动力结构性短缺日益突出，经济发展面临资源环境约束加大、生产要素成本上升等突出的结构性矛盾；同时，外部贸易环境发生剧烈变化，企业面临较为严峻的出口压力，生存环境堪忧。企业作为经济活动和技术创新主体，其发展质量的好坏和生产效率的高低直接决定了经济发展的速度和质量，也直接关系到我国经济改革目标的实现。在经济结构转型的关键阶段，产业结构的转型升级仍未完成，较为低廉的劳动力成本仍是我国企业参与国际竞争的重要比较优势之一。目前关于社会保险制

---

① 《人力资源和社会保障部 财政部关于阶段性降低社会保险费率的通知》（人社部发〔2016〕36号）。

② 人力资源社会保障部 财政部 税务总局 国家医保局关于贯彻落实《降低社会保险费率综合方案》的通知（人社部发〔2019〕35 号）。

度对企业行为的影响争论不一，且没有考虑多重劳动力市场规制下企业决策行为的复杂性，缺乏相应的理论模型来刻画社会保险制度对企业决策行为的影响机制，导致对社保制度的微观经济效应的认知并不明确，使得社会保险政策在制定和执行过程中仍存在一定的政策误区。当前，我国正处于提高社会保险统筹层次和社保征缴体制全面改革的关键时期，社保降费减负也在全面铺开，而目前关于社保制度改革对企业等微观经济主体行为的影响研究还十分缺乏，急需相关理论和实证研究为社保制度改革提供理论与经验指导。另外，我国的社会保险制度统筹层次还比较低，各地区在社保政策缴费率和征缴体制方面存在较大差异，而这为我们研究社保制度对企业行为的影响提供了较好的素材和制度背景。

因此，在人口老龄化日益加速和社保制度全面改革的大背景下，探讨社会保险制度对企业行为的影响，将有助于我们更加全面地认识社保制度的多重效应，为我国社会保险制度变迁下微观主体的经济行为提供合理的解释、预测和引导，从而为我国供给侧结构性改革和更大规模的减税降费措施提供经验借鉴与政策指导，同时，也有助于政府更好地平衡社会保障与企业发展之间关系，为社保政策的优化和相关配套措施的出台提供一定的支撑。

二、研究意义

（一）理论意义

本书进一步深化了有关社会保险制度影响企业行为的理论框架和内在机制。从现有文献来看，鲜有文献较为系统全面地探讨社会保险制度对企业行为的影响，且已有文献在研究深度方面仍存在一定不足，缺乏相应的理论框架和机制刻画，对于现行社会保险制度下企业社保逃费行为及其成本转嫁等一系列应对行为还缺乏深入认知与探讨。本书结合社会保险筹资理论、经典的逃税理论、信息不对称理论和现有文献，通过构建社会保险制度影响企业行为之间的理论框架，较为深入地分析了社会保险制度规制下企业的社保逃费行为和成本转嫁机制，并进一步地探讨了企业社保负担对其全要素生产率的影响机制。本书的研究有助于更好地全面认识和评估社会保险规制下企业行为的变化过程及相应的经济后果，同时也在一定程度上拓展了制度经济学以及宏观经济政策与

微观企业行为等理论的研究视角。

（二）现实意义

当前我国正面临人口红利消退和人口老龄化问题日益严重等问题，且内外部经济环境日益严峻，经济下行压力较大，产业结构正处于转型升级的关键时期，企业面临着严峻的经营压力，较为沉重的税费负担对企业发展形成了一定制约。针对上述问题，我国目前正着力深化社会保障制度改革，努力实现基本养老保险制度的全国统筹和征缴体制改革，并推出了全面降低企业社会保险费率等一系列的关键改革措施。合理地评估社会保险费率和征缴体制对企业的影响，能够为相关政策的制定和实施提供决策参考。本书基于我国地级市层面的政策缴费率、征缴体制改革数据和企业微观数据库，较为深入地考察了社会保险规制和改革过程中企业的应对行为及其经济后果，能够为进一步深化我国社会保险制度改革和提高社会保险各参与主体激励提供一定的政策建议，同时，也能够为进一步出台政策措施释放企业活力提供指导。

第二节　社会保险制度与企业行为研究进展

一、企业社保合规的影响因素

一些文献从企业所有制、规模和社会保险制度本身等讨论了影响企业社保逃费的因素。企业自身的规模是影响企业社保合规的重要因素，大型企业所受到的监管力度相对更强，且社保成本占生产成本的比重相对较小，还能够凭借自身的市场地位实现劳动力成本的转嫁（Mares，2003）。雅克勒和李（Jackle & Li，2006）利用秘鲁的微观企业面板数据，发现企业自身的规模及其增长速度是决定其是否参与社会保险的主要因素。加兰特（Galanter，1974）则认为，大企业在逃避社保缴费方面的经济能力更强、法律手段更为丰富，这反而可能降低大企业的社保合规程度。从企业的所有制来看，国有企业对成本的变化相对不敏感，且合规意识更强，因而社保合规程度相对更高（World Bank，1997）。赵绍阳和杨豪（2016）利用2004~2007年的工业企业数据库，比较了企业平均工资水平与实际缴纳社会保险费之间的关系，发现高工资水平企业实际缴纳社会保险费相对较低，说明高工资企业具有更强的动机逃避缴纳社会保险费。他们认为，高工资水平企业社保逃费动机较强主要与社会保险制度的"半强制"特征和侧重于再分配功能有关。对于高工资水平的企业而言，企业和员工缴纳较高的社保费用并不会使得其社保待遇较低工资水平企业员工存在显著差异，但其社保费用却高得多，这种制度安排会挫伤高工资水平企业的参保积极性，使得其具有更强的社保缴费逃费动机。吴丽萍（2017）利用2015年的上市公司截面数据，发现大型企业的逃费程度要小于小企业，而国有企业的逃费程度是所有企业里面最低的；同时还发现，企业缴费基数越高，企业越倾向于逃费，而政策缴费率与企业逃费之间无明确关系。

此外，社会保险制度设计和费率高低也是影响企业参保行为的重要因素。赵耀辉和徐建国（2001）认为，我国城镇职工养老保险制度侧重于再分配功能，缺乏对企业和职工的有效激励机制，导致企业和个人的缴费积极性不高。章萍（2007）认为，我国现行社会保险制度较高的制度转轨成本、无差别的缴费标准和不考虑企业经营实际的社保缴费基数核定，是不利于提高企业参保积极性的重要制度因素。石宏伟等（2009）以镇江市医疗保险逃费为例，通过构建博弈模型发现，医疗保险经办机构与企业存在动态博弈过程，受制于监督成本，企业逃费并不能杜绝，而只能控制在合理范围之内，企业逃费概率与政府检查成本呈正相关关系，而与惩罚力度呈负相关关系。田家官（2014）认为，参保主体的经济状况和制度激励机制设计是影响参保积极性的重要因素，并强调改革保险管理制度对于降低社保逃费现象的重要性。封进（2013）基于2004～2007年四个省份的制造业企业微观数据，考察了社会保险政策缴费率对企业实际缴费率的影响，发现过高的缴费率对企业参保积极性有负面影响。赵静等（2016）利用企业和家庭两个层面的数据，探讨了社会保险缴费率对企业和职工逃避社会保险缴费的影响，发现较高的社保缴费率会显著降低企业社保参保概率，但不会对职工参保行为产生影响，且这种影响存在较强的异质性。潘楠（2017）认为，社会保险缴费经办机关面对参保人采取的手段多为强制性行政手段以及主观性激励措施，制度性激励不足，因而需要采取多元化的制度激励，以提高参保主体的社会保险缴费遵从度。

在较高的社保负担下，企业有较为充足的动机通过低报工资基数和隐瞒雇

员人数等方式逃缴社会保险费。尼兰德（Nyland et al.，2006）利用上海市劳动和社会保障局提供的2200家企业的调查数据，发现企业会通过瞒报雇员人数、隐瞒缴费基数或与员工合谋低报工资收入等方式逃避社保缴费，2002～2004年上海有81.8%的企业存在没有足额缴纳社保费用的现象，进一步的分析发现，企业规模、所有制特征等因素会影响企业的逃避缴费行为。贝利和特纳（Bailey & Turner，2001）认为，企业社保逃费现象在亚洲、拉丁美洲和中东欧等发展中国家和地区十分普遍，企业会通过压低员工注册数量、雇用临时工和拖欠社保费用等手段逃避社保缴费。他们认为，可以通过降低社保缴费率和政府给予补贴等方式来减少企业的社保逃费。陈等（Chen et al.，2005）发现，在中国的非国有企业中存在企业与员工合谋通过低报工资收入逃避社保缴费的现象。小村和山田（Komamura & Yamada，2004）发现，日本企业在为员工缴纳医疗保险费时会通过降低员工工资等手段实现社会保险费的成本转嫁。

还有一些文献从最低工资视角分析了其对企业社会保险缴费和员工福利的影响。韦塞尔（Wessels，1980）就最低工资对员工附加福利的影响做了开创性的工作，发现企业在面临最低工资上升所带来的成本压力时，会通过压缩员工的劳动保护等附加福利来加以应对。罗亚尔蒂（Royalty，2000）利用美国州级层面的最低工资差异识别了最低工资的效应，考察了最低工资对于低技能工人享受雇主提供的健康保险、退休福利和病休的可能性的影响，发现最低工资的增长降低了低技能工人获得养老和健康保险的概率。最低工资标准在1999年的水平上增加0.5美元，会使得低技能工人获得养老保险的概率降低6.8%，获得健康保险的概率降低3.9%。此外，最低工资标准的大幅上升，会使得总体工资水平下降。利用1979～2000年的美国CPS（current population survey）数据，西蒙和凯斯特纳（Simon & Kaestner，2004）对最低工资与职工附加福利的影响进行了检验，发现无论是使用联邦还是州级的最低工资标准，最低工资对低技能人群的健康保险等附加福利的负面影响都是一致的。利用2004年、2006年和2008年的三期中国私营企业调查数据，龙和杨（Long & Yang，2016）考察了最低工资制度下企业的行为反应，其研究发现，面对最低工资的增长，企业会通过削减社会保险支出以及解雇低技能劳动力和临时工的方式来降低用工成本。此外，员工的在职培训也属于员工福利的一种，关于最低工资对在职培训的文献相对更多一些，桥本（Hashimoto，1982）、纽马克和瓦西尔（Neumark & Wascher，2001）、马双和甘犁（2014）发现，最低工资会降低企业在员工在职培训方面的投入；格罗斯伯格和西西利亚诺（Grossberg & Sicilian，1999）、阿西莫格鲁和皮施克（Acemoglu & Pischke，2001）则发现，最低工资不会对员工在职培训产生负面影响。对于《劳动合同法》的颁布对企业社保合规程度的影响，杜鹏程等（2018）使用2007年和2013年的中国家庭收入调查数据（CHIP），发现《劳动合同法》的实施降低了农民工的工作时间长度，并使得农民工获得各项社会保险的比例提高了10%～26%。

二、社保征缴体制改革研究

社保征缴主体的选择与社会保障制度的发展历史、缴费遵从度和征收成本有关，同时也会随社会发展而不断演变。扎格迈耶和舒肯斯（Zaglmayer & Schoukens，2005）对德国、比利时、英国和意大利等国家的社会保障供款体系及运行机制进行了总结，发现社保征缴主体的选择与各国的国情和历史传统密切相关，如奥地利、比利时和德国等国家历史上就有由社保机构征收的传统，而英国等福利国家则是由税务部门负责征收。巴兰德等（Barrand et al.，2004）对一些国家的社保征收制度及其演变进行了梳理，发现目前各个国家和地区的社保征收主体主要包括税务部门、社保部门和专业基金管理公司三类，且这种征收格局是经过长期演变形成的，目前由税务部门负责征收的国家相对更多一些。渡边（Watanabe，2006）认为，在老龄化时代，社会保险的遵从度对公共养老金体系的运行极为重要，社保征缴机构的选择与社会保障制度建立的历史有关，较早建立社会保障体系的国家通常由社保机构负责征收，而那些社会保障体系建立在税务征缴体系之后的国家则通常采用税务征缴的方式。恩诺夫和麦金农（Enoff & McKinnon，2011）对社保部门和征收机构的调研发现，社会保障制度建立的长短、覆盖率以及征收机构隶属关系等7个核心因素会影响社会保障供款和遵从度。郑秉文和房连泉（2007）对世界各国社会保险供款征缴的模式进行了总结，发现主要存在"分征""代征"和"混征"三种征缴模式，并结合中东欧国家转型社保征缴模式的改革经验，认为我国的二元经济结构和统账结合的现实国情决定了采用分征模式最优。刘军强（2011）通过对社保机构和税务部门的深度访谈，发现我国目前的社保征缴体制存在地方税务机构和社会保险经办机构并存的二元征缴局面，而这种局面的存在与征缴权力所带来的部门利益有关。

一定意义上来说，社会保险的征收主体由社保经办机构变革为税务机关，能够在一定程度上降低企业社保逃费的可能性，从而有利于维护劳动者权益，因而是社会保险制度的重要组成部分。目前，对于社会保险征收主体的优劣仍存在较大争议。罗斯（Ross，2004）认为，整合社保经办机构和税务部门的职能能够使得社会保险的征缴效率更佳，但是其前提是二者均应具备现代化的组织体系。贝亚科维奇（Bejaković，2004）通过对克罗地亚等中东欧国家的养老保险征缴体制的分析，发现大多数国家实现了从社保部门征缴向税务部门代征的改革，而其中税收制度的现代化是提升征收效率的关键因素。亚当（Adam，2007）研究发现，统一征收个税和社会保险费可以提高征缴透明度、降低行政和遵从成本。巴克尔茨（Bakirtzi，2010）对英国社会保险征缴体制改革进行了案例研究，发现在改革之前，该国由社会保险机构负责征收社会保险费，而改革之后，社会保险机构的征收职能转移至税务部门，社保部门仅负责社会保险费的核定和社会保险待遇的发放。蒋（Jang，2010）通过对使用社保部门征收和税务部门征收的典型国家的分析，发现采用税务部门征收社会保险费的国家社保征管刚性更强，基金管理的效率更高，同时参保主体的遵从成本也有所降低。皮可克和佩登（Peacock & Peden，2014）对英国社会保险和个税征缴体系的合并进行了历史回顾，认为社会保险费和个税合并征收的效果更好，制度公平性更高。董树奎（2001）认为，由税务部门征收社会保险费能够有效利用现有的税务机构和人力资源，有助于提高社会保险费的征收效率，但仍存在协调成本高和工作流程缺乏规范等问题。安体富（2007）认为，由税务机关征收社会保险费的征管规范性更强，有利于提高社会保险费的征缴刚性和筹资能力。赵仁平（2007）认为，由税务部门按照税收征管模式对社会保险费进行规范化征管，有利于保证和加强社会保险费征收力度，并对云南省某市转由税务部门征收的试点工作进行了案例分析。刘军强（2011）基于1999 ~ 2008 年的省级面板数据，发现地方税务机构征收社会保险费更有利于扩大社会保险覆盖面和基金收入增长。傅鸿翔（2012）通过对浙江省实行社保费用税务征收后的社保参保人数和基金收入的分析，发现税务征收对提升社保覆盖面和基金收入增长具有正向作用，基金收入平均增幅达30%，征缴率有所提高，但地税征收后仍存在责权不清、监管不力和工作机制不顺畅等问题。王显和等（2014）对现行征管体制中"社保经办机构独立征收""社保核定、税务征收""地税机关全面负责征收"三种主要模式的比较分析，认为由税务机关全责征收社会保险费能够有效解决社保经办机构征收所存在的企业社保负担不均、征缴效率低等问题。郑春荣和王聪（2014）利用省级面板数据和DID方法，发现社保征缴体制由社保机构调整为税务部门能有效降低社保费用的征收成本、提高征收效率，表明税务部门征收社会保险费具有规模效应和协同效应。张斌和刘柏惠（2017）认为，我国当期的社会保险名义费率较高，提升空间有限，而由税务部门征收具有组织、人员、信息和执法等优势，能够有效降低行政成本和遵从成本，从而提升社会保险的征缴效率。马一舟和王周飞（2017）也认为，社会保险费征收主体的不统一影响了征管效能的提高，而由税务机关征缴社会保险费是改革综合成本低、落实速度快、转轨实施稳、征管效能高的优选方案。李波和苗丹（2017）利用2008～2015年的省级面板数据分析了不同征缴主体的征缴效果差异，发现地税部门的征收效果要好于社保经办机构，因而认为应由税务部门全责征收社会保险费，并在地税部门和社保经办机构之间构建征管信息共享机制。王延中和宁亚芳（2018）通过对地税、社保和财政等政府部门工作人员的调研，发现当前税务部门和社保经办机构在完成社会保险费的征收工作方面各有优势，而统一社会保险费征收主体则是共识，从对企业的调研来看，在税务部门征缴社会保险费的地方的遵缴率相对更高。郑秉文（2018）对我国社会保险费的流失规模进行了估算，并认为目前我国的养老保险制度属于"交易型"制度，由税务部门征收社会保险费能够解决长期以来一直存在的费基不实和实际费率不统一的问题，将使得社会保险基金增收1/4左右，实现"交易型"制度向"法制型"制度的转变。元林君（2018）对我国社会保险征缴体制的历史沿革、现状和改革趋势进行了分析，认为实现社会保险费由税务部门全责征收有利于推进社保制度现代化，同时也能为更大范围的降费率提供空间。潘常刚（2018）基于1999～2007年的省级面板数据，对税务部门和社保部门社会保险费的征收成本和效果进行了评价，

发现税务部门的征收成本相对更低而效率更高。张盈华和李清宜（2019）通过对 2011 年和 2015 年省级层面参保率和征收率指标的比较，发现税务部门征收的省份参保率高于社保部门征收的省份，而征收率的差异则不大。基于精算模型的结果也与采用省级面板数据的实证结果相印证。杨翠迎等（2019）通过对我国社会保险基金的降费空间进行测算，发现我国现行社会保险制度仍存在较大的降费空间，而通过社保征缴体制改革和降低社会保险费率的联动措施可有效提升企业的实际缴费率，从而实现企业减负和基金平衡的政策目标。郭瑜和张寅凯（2019）进一步使用精算方法测算了社会保险费交由税务机关统一征缴后城镇职工基本养老保险费率的下调空间，发现统一征缴体制能够在一定程度上夯实费基，从而为企业基本养老保险最低缴费率的下调提供空间，因此建议国家应在统一征缴制度同时出台相应的配套措施，以降低企业和职工个人负担。由于前述研究没有区分当前社会保险征收模式的差异，估计结果可能有偏差。针对此问题，曾益等（2020）进一步区分了税务部门全责征收和代为征收两种征收模式下的征缴率差异，通过精算模型考察了税务部门全责征收社保费对城镇职工基本养老保险制度费率下调空间的影响，发现该政策的实施能够使得养老保险的征缴率提高 20 个百分点左右，而征缴率的提高则为养老保险降费提供了空间，在 2020～2030 年存在 0.57～1.5 个百分点的下调空间，进一步考虑国有资本充实社保基金的情形后，下调空间则可达到 3.81～4.46 个百分点。除了宏观层面的实证结果和精算研究外，一些文献也开始逐步关注社保费征缴体制改革对微观企业行为的影响，如企业社保缴费行为和企业绩效。唐珏和封进（2019）利用 1998～2007 年的工业企业微观数据库和省级层面的社保征缴体制改革自然实验，识别了征缴体制改革对企业缴费行为的影响，发现征缴体制改革将使得企业的实际缴费率和参保概率分别上升 3 个百分点和 5 个百分点，同时政策效果同当地税务部门的征收能力有关。许泽宇（2018）以 2016 年 A 股上市公司为样本，测算了社保征缴模式改革对企业绩效的影响，发现由税务机关统一征收社会保险费后会显著提高企业的社保负担，同时会对企业成本和利润水平造成较大的冲击。沈永建等（2020）基于事件分析法和上市公司数据，考察了社保征缴制度改革这一事件冲击对企业价值的影响，发现该事件对企业价值存在负向影响，企业未来多补缴 1 元养老金

将导致企业价值下降2.76元，而拖欠养老金、隐瞒员工人数和费基不实等常见的社保逃费现象对企业价值也存在一定影响。

另一些学者则认为，税务部门征收社会保险费的成效并不显著。詹姆斯等（James et al.，2000）认为，由税务部门同时负责征收税收和社会保险费容易导致重复征收问题，反而不利于征收效率的提升。张雷（2010）利用省级层面的基本养老保险征缴率数据，发现采用税务征收省份的基本养老保险征缴率要低于社保征收的省份，因而养老保险税务征收并不能提高征缴效率。韩丽洁（2010）认为，社保部门作为征缴主体有利于加强社保缴费与职工待遇之间的联系、提高参保者的缴费积极性。鲁全（2011）认为，养老保险征缴由社保经办机构征收向税务部门代征调整，并不能提高征缴效率，建议应在中短期内取消税务代征模式。彭雪梅等（2015）利用2002～2011年省级层面的足额征缴率和扩面率来检验不同征收主体的征收效果，发现社保经办机构征收的足额征缴率总体要好于税务机构，但在扩面率方面并不存在显著差异。

当然，企业的社保合规程度不仅与征管体制有关，而且与征收主体的征缴及相应的财税制度安排有关。胡秋明和景鹏（2014）通过构建包含企业和职工的非对称演化博弈模型，发现社保缴费主体逃欠费行为动态博弈系统的稳定性仅与企业决策有关，认为治理社保欠费行为应从降低缴费率和提高征缴机构的激励与约束入手。段亚伟（2015）进一步构建企业、职工和政府的三方博弈模型，发现当社保缴费水平超出了企业的承受能力和职工从参保中所得的收益时，企业、职工和地方政府可能会合谋逃避社保缴费，而地方政府出于当地经济发展的需要也有可能放松监管。彭宅文（2010）通过构建理论模型，刻画了地方政府在社保管理中的行为逻辑，发现养老保险逃费不仅与逃费主体有关，而且与地方政策执行主体的激励有关。在财政分权体制下，纵向和横向的转移支付弱化了地方政府的征缴激励，地方政府存在牺牲劳动者利益追求低劳动力成本的倾向，从而导致地方社保征缴机关激励扭曲、征缴动力不足。彭浩然等（2018）更进一步利用省级面板数据，发现由于地方政府竞争的存在，我国地方政府在养老保险征缴方面存在逐底竞争的现象，地方政府存在为了促进经济增长而降低养老保险征缴强度的理性策略行为。鲁於等（2019）认为，地方政府竞争的原因主要在于财政分权制度，而基于地方统筹的社会保险制度必然会受到财政分权制度的影响，他们利用上市公司微观数据，发现财政分权加剧了企业社保逃费行为，其影响机制主要在于地方政府的社会保险征缴强度。

三、社保统筹层次调整研究

党的十九届五中全会审议通过的"十四五"规划建议明确提出，"十四五"期间要实现基本养老保险全国统筹，并推动基本医疗保险、失业保险和工伤保险省级统筹。社会保险统筹层次的提高对于提高社保基金的抗风险能力、增强共济性具有重要意义。但是，由于各地区之间的基金收支差异显著，全国统筹或者省级统筹将意味着征管收益和支出责任上移，从而会对地方政府的社会保险费征缴激励产生影响，引发地方政府的"道德风险"，地方的社会保险费征管力度可能下降，导致企业缴费遵从度下降（赵仁杰和范子英，2020），而在支出层面则可能放松把控（张彬斌和吴要武，2014），从而给社会保险治理带来挑战。尤其是在现行的财政分权制度下，地方政府之间存在经济和晋升竞争，在社会保险统筹层次提高后，地方政府更可能弹性运用社会保险费征收管理的自由裁量权，放松对企业社会保险费的征管，以促进本地财政增收和经济增长，从而进一步助长企业的社保逃费行为（鲁於等，2019）。统筹层次提升的核心内容包括统一地区间的缴费率、缴费基数以及统筹范围内统收统支，需要解决缴费率、缴费基数、央地分责、待遇计发等关键问题（郑功成，2019）。

在社会保险属地征收的体制下，统筹层次的提高可能会引发地方政府的"道德风险"，主要体现在收入端和支出端两个方面。在收入端，社会保险统筹层次的提高，直接降低了省市级政府在结余基金运营和调配上的权力，导致市县政府征管收益下降，引发其对征缴和发放管理采取消极的态度（张彬斌和吴要武，2014）。在支出端，提高统筹层次使得本地的社保基金支付压力部分转移给其他省市或者省内其他地区，支出责任的压力上移可能会进一步促使地方政府放松社会保险费征管，助长企业的逃费行为。尤其是在财政分权的制度下，降低社保法定费率和征管强度成为各地区招商引资的重要"筹码"，社会保险统筹层次的提高将可能进一步助长地方政府在社会保险领域的"逐底竞争"行为（彭浩然等，2018），不利于企业社保缴费遵缴率的提高。赵仁杰和范子英（2020）从养老保险省级统筹的角度，基于全国税收调查数据，发现养老保险的省级统筹改革显著地降低了企业的缴费率，其主要的机制在于影响了地方政府的征缴激励。朱恒鹏等（2020）也发现，统筹层次的提高会降低社会保险收入，但对支出没有显著影响。因此，在社会保险统筹改革中如何协调好地方利益、构建多方主体的激励相容机制，一直是改革面临的难题，也是我国提高社会保险统筹层次所必须面临和解决的问题。

针对这些问题，郑秉文（2022）认为，实施基本养老保险全国统筹从基金调剂开始，具有相当的必然性，一步到位对当期缴费实行统收统支存在较大困难，因此以省级统收统支为基础、以基金调剂为核心的全国统筹制度将是一个长期的初级统筹形式，需要建立起分责机制和奖惩制度。李春根和赵阳（2022）认为，要更好实现中央调剂制度与全国统筹制度的有效衔接，应明确责任分担和激励约束机制，增强制度规范性，并夯实信息平台构建，提高省域协同性。边恕和李冬阳（2019）认为，全国统筹的重点是解决政府间利益分歧、制度参数设计、待遇给付标准和基金的保值增值问题，配套制度包括实行垂直化的经办管理、加快多层次养老保险体系建设与精算报告制度。

四、社保制度与就业

关于社会保险制度对企业雇用决策的影响，国内外的学者作了较多的探讨，但结论不一。魏滕贝格（Weitenberg，1969）研究了荷兰的工薪税（pay-roll tax）制度对劳动需求的影响，发现工薪税的实行使得厂商通过产品提价等手段将一部分税负转移给消费者，从而导致消费需求减少和企业盈利下降，企业的劳动力需求下降。格鲁伯和克鲁格（Gruber & Kruger，1991）基于职工层面的微观数据和宏观数据，研究了雇主提供的强制性保险对就业需求和劳动力工资的影响，通过职工层面的微观数据，发现雇主提供的强制性社会保险缴费比例每提高 1 个百分点，将使职工工资下降 0.865 个百分点，而宏观层面的数据则显示工薪税对就业的负向影响并不显著。进一步地，格鲁伯（Gruber，1994）研究了与生育福利相关的工薪税对女性员工的工资和受雇概率的影响，发现与生育福利相关的工薪税缴纳对已婚已育妇女工资水平存在挤出效应，但对其受雇概率的影响并不显著。菲奥里托和帕德里尼（Fiorito & Padrini，2001）研究了包括美国在内的 6 个 OECD 国家的消费税、资本税和劳动税率对劳动力市场的影响，发现包括工薪税在内的劳动税率上调会导致失业率上升。博埃里等（Boeri et al.，2002）研究了现收现付制（PAYG）养老金制度改革对公民态度的影响，发现社会保险缴费对于就业率存在显著的负向影响。海尔格等（Helge et al.，2009）利用瑞典一些地区工薪税率的下调来考察其对员工工资和企业劳动力需求的影响，结果表明，虽然工薪税率的下调提高了职工的工资，但对企业劳动力需求的影响并不显著。同样，基于发展中国家的数据也存在类似的发现。马洛尼等（Maloney et al.，2000）评估了拉丁美洲国家的最低工资制度的就业效应，发现在采用现收现付制度的拉美国家，企业社会保险缴费会对就业产生挤出效应，而最低工资制度的存在限制了企业通过降低工资来实现成本转嫁，从而强化了社保缴费对就业的挤出效应。库格勒和库格勒（Kugler & Kugler，2009）以哥伦比亚工薪税率的上调为准自然实验，基于双重差分法（DID），发现工薪税税率每上调 10 个百分点，会导致企业的雇用规模下降 4~5 个百分点，同时还会导致工资水平下降 1.4~2.3 个百分点，但是这种挤出效应主要针对技能水平较低、可替代性强的生产线工人，而对技能要求较高、可替代性较弱的管理人员的挤出效应则相对较弱。我国也有一些文献就社会保险缴费与就业之间的关系进行了实证分析。李珍和王向红（1999）认为，企业社会保险负担会提升企业成本，促使企业通过增加资本投入来降低劳动力成本冲击的影响，从而降低企业的就业需求。林治芬（2005）就社会保障和就业的联动关系进行了分析，指出社会保险费率升高与就业增长放缓之间存在数量关系，社保缴费的增加降低了企业的劳动力需求。杨俊（2008）基于 2002~2006 年省级层面的养老保险缴费收入数据和工资水平与就业数据，发现养老保险缴费收入增加 1% 将使得就业增长率下降 3%，因而建议可适当下调政策缴费率，以促进就业。吴永求和赵静（2014）研究了社会保险缴费结构变化的就业效应，基于联立方程模型，发现在保持总消费率不变的条件下，提高个人缴费而降低企业缴费会提升个人的名义工资水平和失业率，但这会挫伤员工的工作积极性，因而以企业作为主要缴费承担主体的制度设计更为合理。同样，朱文娟等（2013）从理论和实证两个方面讨论了社会保险缴费的就业效应，基于 2004~2010 年省级层面的宏观数据发现，社会保险缴费对就业存在挤出作用，社会保险缴费率每增加 1%，平均来说就会导致总就业水平减少 0.153%，城镇就业水平减少 0.06%，且这种挤出作用对于高收入和中等收入地区的影响更为明显。马双等（2014）基于地级市层面的政策缴费率数据和工业企业数据库，识别了企业社保缴费对员工工资和就业的影响，发现养老保险企业缴费比例每增加 1 个百分点，企业雇用人数将减少 0.8%。陶纪坤和张鹏飞（2016）使用省级面板数据和上市公司数据，考察了社会保险缴费的劳动需求效应，发现无论是从宏观还是微观层面，社会保险缴费均对劳动力需求存在负面影响。在宏观层面上，社会保险缴费率每提高 1 个百分点，将显著挤出全国劳动力需求的 4.95% 左右；在微观层面上，社会保险缴费率每增加 1 个百分点，将显著挤出劳动力需求的 1.50% 左右。刘苓玲和慕欣芸（2015）利用 2007~2014 年制造业上市公司的数据，发现企业缴纳的社会保险费对其劳动力需求存在显著的负向影响，企业社保缴费率每上升 1% 将挤出企业雇用人数约 6.9%，且这种挤出效应在国有企业更为明显。赵海珠（2017）也利用上市公司数据，发现企业社会保险缴费率每增加 1 个百分点，将会导致就业人数下降 3.84 个百分点。葛结根（2018）从行业和经济周期视角考察了企业社会保险缴费的工资和就业转嫁效应，发现劳动密集型行业和低风险行业的社会保险缴费对工资与就业水平的转嫁效应更为明显，且这种转嫁效应同经济周期有关，在经济萧条期有所扩大，而在经济扩张期则减小。钱雪亚等（2018）利用企业—员工匹配数据和系统估计法，模拟估计了企业社保缴费对其雇用工资和雇用规模的影响，发现企业的实际社保缴费负担越高，其雇用规模越小，且发现社保缴费对雇用工资的负向影响要强于雇用规模。唐珏和封进（2019）考察了企业社保缴费对资本劳动比的影响，发现社会保险缴费会使劳动力的相对价格上升，促使企业增加固定资产投资和减少劳动力雇用，从而提高了企业的资本劳动比。

五、社保制度与工资

现有文献认为，社会保险制度作为一项重要的劳动力市场规制，可能会对企业的劳动力需求和工资水平产生影响，而这种效应的大小与企业社保负担的转嫁可能性及转嫁的程度有关（Kugler & Kugler，2009）。布里顿（Brittain，1971）对国家层面的截面数据进行研究，发现在生产力水平不变的条件下，针对雇主征收工薪税会促使企业通过降低雇员工资来实现劳动力成本的转嫁。霍姆伦德（Holmlund，1983）研究了瑞典的工薪税与工资增长之间的关系，发现1950～1970年瑞典的工资税率增长十分迅速，从最初的6%增长到近40%，进一步分析发现，雇主所承担的工薪税实际上有一部分转移到了劳动者身上，反而抑制了劳动者实际工作的增长。萨默斯（Summers，1989）发现，具有强制性的社会保险制度给企业带来了较大的劳动力成本压力，使企业的劳动力需求曲线发生移动，如果多缴的社会保险费所带来的额外福利小于工资水平的降低，企业就会通过降低雇用规模的方法来实现劳动力成本的部分转移。安德森和梅耶（Anderson & Meyer，2000）基于个体层面的薪酬数据研究了美国失业保险对工资水平的影响，发现所处行业的失业风险较高的员工工资受到失业保险缴费的挤出效应更为明显，因为高失业风险行业雇主所需缴纳的失业保险费更高。奥赫等（Ooghe et al.，2003）使用欧盟统计局的部门面板数据考察了社保缴费对工资成本的影响，发现企业缴费的一半以上由员工承担，且如果社保缴费与给付之间的联系越强，则这种转嫁会更为明显。小村和山田（Komamura & Yamada，2004）利用日本1995～2001年的健康保险截面与时间序列数据，发现雇主为雇员所缴纳的健康保险费用通过工资的形式转移给员工，而在长期护理保险缴费中没有观察到这种现象。

拜克尔和钱德拉（Baicker & Chandra，2006）考察了健康保险费率的上调对就业和工资的影响，发现将健康保险费提高10%，会使受雇的总概率降低1.2个百分点，使工作时间减少2.4%；对于由雇主提供的健康保险的工人，保险费的增加导致工资减少2.3%。凯文（Kevin，2007）利用1992～2002年的CPS数据和州级的失业保险数据的合并数据，检验了失业保险费率对个体工资水平的影响，发现失业保险缴费对流动性较弱的员工工资的负向影响最强，而对流动性较强的员工工资影响则较弱。库格勒和库格勒（Kugler，A. & Kugler，M.，2009）就社会保险缴费率的变化对劳动力市场的影响作了理论刻画，其所构造的模型表明，当员工对于通过社会保险所能获得的收益与雇主缴费的成本无差异时，企业缴费的上调可通过降低工资或雇用规模来实现成本转嫁。安特维和麦克林（Antwi & Maclean，2017）发现，美国的"雇主支付令"不仅会降低工资，而且会减少雇主的劳动力需求。

一些学者使用中国的数据，发现存在社会保险费通过降低工资等手段向员工转嫁的现象。尼尔森和史密斯（Nielsen & Smyth，2008）利用上海 2002 年和 2003 年企业层面的审计数据，研究雇主在多大程度上以降低工资的形式将企业所承担的社会保险责任转移给员工，发现企业社保合规成本的 18.9% 以降低工资的方式转移给了员工。李和伍（Li & Wu，2013）利用 2004～2006 年中国 14 万家大中型企业的数据，发现虽然员工的名义工资是固定的，但其实际工资会随着养老金制度的改革而下降。杨俊和龚六堂（2009）通过建立一般均衡模型分析了养老保险改革对工资增长的影响，并结合实证数据分析，发现 1997 年养老保险制度的改革使实际缴费率提升，降低了国有企业的工资增长率。封进（2014）利用 CFPS 的微观数据，从人力资本视角分析了社会保险对工资的挤出效应，发现总体上社会保险对员工工资的挤出并不明显，但对于受教育和技能水平较低的群体，企业会将其缴费的 10%～50% 以降低工资的方式转嫁给他们。黎志刚和吴明琴（2014）发现，在通货膨胀率较高的地区，企业可以有更多的空间降低真实工资从而将更多的养老保险负担转移给雇员。秦立建和苏春江（2014）基于国家卫生和计划生育委员会的流动人口调查数据，检验了农民工参与医疗保险是否会挤出工资，发现用工单位将医疗保险的成本转嫁给农民工个人承担，降低了农民工的工资水平。周作昂和赵绍阳（2018）也基于同样的数据分析了农民工社保待遇与工资之间的替代关系，发现社保待遇与农民工工资水平之间存在负向关系，享有社会保险的农民工工资水平要低 8%。马双等（2014）通过地级市层面养老保险政策缴费率的差异来识别养老保险缴费对企业的影响，发现养老保险企业缴费比例每增加 1 个百分点，企业将挤出员工工资的 0.6%，减少员工福利的 0.6%。刘苓玲和慕欣芸（2015）研究了法定企业社保缴费对劳动力就业存在显著的挤出效应，发现企业社保缴费率每上升 1% 将挤出企业雇用人数约 6.9%。但一些文献的发现与之相反，吴明琴和童碧如（2016）利用 2002～2007 年的工业企业数据库研究了养老保险制度改革对员工工资的影响，发现员工的名义工资具有刚性，养老保险不能替代名义工资。剔除各地通货膨胀的因素之后，养老保险也不会挤出实际工资。

六、社保制度与企业生产率

目前关于社保制度对企业生产率影响的文献相对较少，关于社保制度对企业生产率的影响存在正效应和负效应两种相反的观点。正效应的观点认为，社会保险负担会推动企业的要素替代行为，通过技术创新和资本投入来提高生产率，且企业为员工提供社保福利能有效提高员工的工作积极性，从而提升企业生产率（林炜，2013）。负效应的观点则认为，企业的社会保险负担不利于其全要素生产率的提升，其原因在于，社保成本的提高给企业带来了现金流方面的压力，从而挤出了企业的研发投入和设备投资，阻碍了企业技术进步（David et al.，2007；Krishnan & Puri，2014）；而同时企业社保负担的增加可能会使员工的当期收入下降，这也不利于员工工作积极性的提高，损害企业生产效率的提高（Akerlof &Yellen，1990）。因此，较高的社会保险负担对企业生产率的影响目前仍然存在争议。

综合国内外文献来看，由于美国等发达国家在社会保险制度方面缺乏异质性，企业所面临的社会保险规制差异性不强；同时，一些企业对职工薪酬和社会保险缴纳的信息披露较少，使这些国家的学者在研究社保缴费对企业生产率时，面临制度差异较小和数据缺乏的困难，因而相关文献相对较少，但是一些研究就劳动保护对企业生产率的影响展开了研究。尼克尔和莱亚德（Nickel & Layard，1999）采用 OECD 国家层面的汇总数据，发现劳动保护强度与企业生产效率正相关。奥托尔等（Autor et al.，2007）发现，美国的劳动保护政策降低了企业生产效率，他们利用美国不同州强制解除劳动合同补偿法案的实施时间差异，检验了解雇成本对企业生产率的影响，发现解聘成本的提高使企业劳动生产率有所下降，其原因在于较高的解雇成本不利于企业人力资源的优胜劣汰，同时也提高了行业的进入壁垒，不利于企业的创新和新兴企业的诞生。巴萨尼尼等（Bassanini et al.，2009）发现，劳动保护程度与企业的全要素生产效率负相关。斯托姆和纳斯特帕德（Storm & Naastepad，2007）使用 OECD 国家数据的实证研究，发现较为严格的劳动市场法规可以促进生产效率的提高。斯海克和克伦德特（Schaik & Klundert，2013）的实证研究发现，发展中国家的劳动保护程度和劳动生产效率正相关。

反观国内，由于我国社会保险制度，尤其是养老保险制度的统筹层次较低，各地在政策缴费率和征缴制度方面存在较大的差异，这为从企业层面识别社保缴费对企业全要素生产率的影响提供了条件，因而目前有一小部分国内研究探讨了社会保险制度对企业生产率的影响。阳义南（2012）认为，养老金计划有助于企业筛选出高质量的劳动力和提升企业人力资本投资，还能减少劳动力流动与工作中的委托—代理问题，因而具有较强的生产率效应。赵健宇和陆正飞（2018）利用A股上市公司的数据，发现较高的养老保险缴费比例增加了企业劳动力成本支出占收入的比重，同时却降低了员工当期的可支配收入，也不利于企业创新，并发现企业社保支出与企业全要素生产率存在负相关关系。于新亮等（2019）利用OLG理论模型和上市公司数据，从资本—技能互补角度分析了企业养老保险缴费对全要素生产率的影响，发现养老保险缴费与企业全要素生产率之间并不是简单的线性关系，而是存在倒"U"型关系，并测算得到能使企业全要素生产率最高的最优企业实际缴费率为5.67%。还有一些学者从企业年金角度探讨了其对企业生产率的影响。于新亮等（2017）发现，企业年金有助于提高企业生产率，其影响机制包括提升员工素质、促使企业敢于增加培训投入、提高企业财务宽松程度。此外，他们还发现，单一年度的企业年金可持续影响此后的企业生产率，具有"滞后效应"，但会逐渐减弱。程远等（2017）利用员工数据，发现企业年金通过"甄别效应"和"激励效应"两个方面提高企业的劳动生产率。他们认为，高生产率员工更可能选择加入企业年金，说明企业年金具有在信息不对称情况下甄别高生产率员工的"甄别效应"；同时，参加企业年金令员工的生产效率更高，说明企业年金具有提高员工生产率的"激励效应"，且效果明显。与国外类似，也有一些国内学者从劳动保护角度讨论了其对企业生产率的影响。陈祎和刘阳阳（2010）研究发现，签订劳动合同可以提高务工人员的收入，并且在一定条件下，企业也可以通过生产率的上升而获利。但是，一些学者认为劳动保护降低了企业生产率。刘海洋等（2013）利用第一次全国经济普查的数据，发现工会与企业劳动生产率、全要素生产率存在负相关关系，从而表明劳动保护会降低企业生产率。

七、文献述评

综合上述国内外研究动态可以发现，国内外学者围绕社会保险制度对企业行为的影响等方面进行了有益的探索，其重点集中在企业社保合规程度的影响因素、企业社保成本转嫁条件以及社保缴费的生产率效应。现有文献的存在为本书的理论框架构建和实证手段的使用提供了有益借鉴，但其在社会保险制度对企业行为的经济效应及影响机制方面仍然存在较大的改进空间。具体如下：第一，现有关于社保制度与企业行为的研究中，分析角度较为单一和零散，相关的理论基础和理论框架还有待完善，且很多文献探寻的是社会保险制度与企业行为之间的相关关系，对于二者之间的因果关系没有深究，导致对一些政策效应的仍缺乏正确认知。在劳动力市场规制下，企业作为一个复杂的经济主体，其应对行为较为复杂，对其行为选择进行理论模型刻画存在一定难度。第二，已有文献较多的是单独考虑社保政策缴费率等某一单项社保政策对企业行为的影响，而没有考虑多项劳动保护政策下企业行为选择的复杂性和成本转嫁机制，且忽视了不同政策刚性和监督强度下企业行为选择差异。第三，较少有文献从社会保障政策这一重要的劳动保护政策入手分析其对企业的影响及应对措施，而当前我国正处于社保降费和社保征缴体制全面改革的关键时期，亟须有关的经验研究提供决策参考。

第三节　研究内容与方法

一、主要内容

本书将依据制度经济学理论、社会保险理论和企业避税理论，围绕社会保险制度与企业应对行为展开理论和实证研究，重点探讨社会保险制度下企业的成本转嫁机制及潜在影响。具体来说，本书包含如下四方面的内容。

（1）本书主要围绕社会保障制度政策规制下的企业行为展开研究。因此，本书将在梳理世界及我国社会保险制度立法趋势的基础上，重点对我国社会保障制度的变迁历史、现状及内在逻辑进行系统梳理，从而更好地理解和把握社会保险制度改革的历史背景及其对企业的可能影响。

（2）由于各地经济发展水平差异和制度设计的原因，我国不同地区的社保政策缴费率及其征缴体制存在诸多差异，这为本书识别社保制度与企业应对行为提供了有利条件，但也给本书的数据收集与政策整理带来了较大的难度。因此，本书将收集地级市层面的社保政策缴费率（主要是养老保险和医疗保险）数据，并查找各地区社保征缴主体改革的时节节点和具体政策内容，从而构建起地级市层面的社保政策缴费率数据库和社会保险征缴体制变迁的完整数据库，并就其地区差异进行相应的描述性统计。

（3）在理论研究方面，本书拟构建包含政府、企业和劳动者在内的理论框架，从而刻画社会保险制度规制下企业的利益权衡机制和应对行为，并据此提出相应的研究假设，从而为实证检验奠定理论基础。

（4）在实证研究中，本书综合使用工业企业数据库和全国税收调查数据等多个企业数据库，主要从社会保险政策缴费率、社保征缴体制、统筹层次调整等视角探讨社会保险制度对微观企业主体应对行为的影响。具体来说，本书基于上述数据，综合运用面板数据模型、工具变量法和双重差分（DID）等计量经济学手段实证检验如下问题：第一，社会保险的征缴主体由社保经办机构改革为税务机关是否会增加企业的社保负担，而该项政策改革是否又会进一步影响企业的雇用决策？第二，社会保险的统筹层次调整会给地方政府的征缴行为和激励产生何种影响，并最终如何影响企业的缴费遵从度？第三，在社会保险制度规制下，企业面临劳动力成本上涨和经营弹性下降的风险，其是否会通过降低劳动力成本来实现成本转嫁，其转嫁机制是否与社保政策的监管强度差异有关？第四，企业所面临的社保缴费率差异是否会影响企业生产率，其影响的具体机制是什么？

上述问题的回答能为合理评估社会保险制度规制的政策和相应配套措施提供经验证据与数据支持。

二、研究思路

本书对现有文献进行了较为全面的梳理，重点分析了企业社保合规程度的影响因素、社保制度对企业雇用决策和工资水平以及全要素生产率的影响。在文献梳理的基础上，就社会保险的筹资模式、企业逃税理论和经济归宿理论等基础理论进行了总结，并就社会保险制度影响企业行为的机制进行了梳理归纳，从而构成本书的理论基础。同时，本书就社会保险制度的制度背景进行了全面梳理，包括世界社会保险制度的演变历程和借鉴意义，我国社会保险制度的历史、变革逻辑和现状，重点就社会保险企业政策缴费率的地区差异和二元征缴体制制度进行了梳理。基于前述构建的理论框架，本书就社会保险制度对企业行为的影响进行了相应的实证检验，实证检验分为四个部分：第一部分以云南省和浙江省的社保征缴体制改革作为准自然实验，识别了社保征缴体制改革对企业社保合规程度的影响和相应的影响机制；第二部分利用基本养老保险省级统筹的历史数据和上市公司数据库，考察了统筹层次调整对企业缴费遵从度的影响及其机制；第三部分进一步考察了社保征缴体制改革所导致的企业实际缴费率提高对企业成本转嫁的影响；第四部分使用 2004～2007 年的工业企业数据库、2008～2011 年的全国税收调查数据库和地级市层面的养老和医疗保险政策缴费率数据，考察了企业的实际社会保险负担对全要素生产率的影响。最后，本书根据描述性统计和实证检验的结果，就我国社会保险制度改革和企业应对提出了相应的政策建议。本书的研究思路如图 1-1 所示。

三、基本框架

本书共分为八章，其中第一章为绪论部分，重点阐述本书的研究背景和研究意义，对已有文献进行梳理和述评，并阐述本书的研究思路和创新之处。第二章和第三章为理论与制度背景部分，重点就本书相关的基础理论和有关制度背景进行介绍，并结合现有理论基础和我国的社保制度背景提出社会保险制度与企业行为的理论框架。第四章至第七章为实证部分，主要是基于微观企业数据和地级市层面的社会保险政策缴费率数据与征缴体制改革数据，检验了社会保险制度对社保合规、劳动力成本转嫁以及企业全要素生产率等行为的影响机制。第八章为结论与政策建议篇，重点就本书的研究结论进行总结，并根据本书的研究发现就社保征缴体制改革等现实问题提出相应的政策建议。具体来说，本书的基本章节内容如下。

第一章为绪论。本章结合我国人口老龄化形势、社会保险制度的改革趋势与企业经营所存在的困难，重点论述了本书的研究背景与意义，并对目前国内

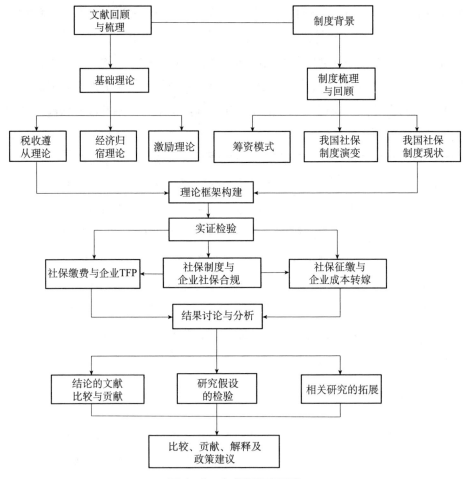

图 1-1　本书的研究思路

外有关社保制度与企业行为的有关文献进行了系统梳理，进一步概括了本书的研究思路、研究内容以及研究的创新。

第二章为理论基础及理论框架构建。首先介绍了社会保险的筹资模式，并就税收遵从理论、经济归宿理论和激励理论等相关基础理论进行了阐述，同时进一步就社会保险制度影响企业行为的理论机制进行了分析概括。

第三章为我国社会保险的制度演进。本章首先就世界范围内社会保险制度的发展趋势与经验进行总结，并分析了世界范围内社会保险制度对我国现行制度改革的经验借鉴。进一步地，本章对我国的社会保险制度的历史沿革和制度改革路径进行了梳理，并就目前我国社会保险制度的特点、问题和改革方向进行了总结。同时，基于宏观数据和本书收集的城市层面数据，就社会保险的参保情况和制度缴费率的地区差异进行了描述性统计。

第四章为社保征缴体制改革对企业缴费行为的影响。本章利用 2004～2007 年云南省和浙江省社会保险征缴体制的渐进改革作为准自然实验，识别了社会保险征缴主体由社保经办机构调整为税务机关后，对企业社保合规程度的影响，并比较了税务代征和全责征收模式这两种社保征缴体制改革路径的效果差异，为合理评估社保征缴体制改革的潜在影响提供了借鉴。

第五章为基本养老保险统筹层次调整与企业遵缴率。一是从理论上结合中央政府和地方政府间的利益博弈，重点分析地方政府征缴养老保险的行为逻辑来解释两者之间的作用机制，并认为统筹层次提升会通过弱化地方政府征缴激励从而导致企业遵缴率下降。二是在实证部分基于基本养老保险省级统筹，以 2007～2020 年沪深 A 股上市公司为样本，利用基本养老保险省级统筹的改革作为准自然实验，基于双重差分方法识别了统筹层次调整对企业缴费遵从度的影响，结果发现省级统筹使上市公司的养老保险缴费遵从度大幅下降。研究结果有助于厘清统筹层次调整和企业缴费之间的关系，并从中央政府、地方政府和企业的角度为尽快实现基本养老保险全国统筹提供政策建议。

第六章为社会保险缴费与企业成本转嫁。在第四章的基础上，本章进一步以征缴体制改革所导致的企业社会保险实际缴费率调整为识别条件，探究了企业社保负担受到外生冲击后的成本转嫁行为，该部分的研究为评估社会保险制度改革对就业和职工工资的影响提供了实证支撑。

第七章为社会保险缴费与企业生产率。本章利用中国工业企业数据库和地级市层面社会保险政策缴费数据，结合面板数据模型和工具变量等方法，实证检验了企业社会保险缴费对企业全要素生产率的影响。

第八章为研究结论、政策建议与研究展望。本章在总结实证研究结论的基础上，提出了社会保险费率调整、征缴体制统一、完善央地支出责任等一系列的政策建议，并对社保制度与企业行为研究作了展望。

四、研究方法

(一) 文献研究法

文献研究法是较为基本的研究方法，只有通过对现有文献进行全面梳理，对前人的研究成果进行系统总结,才能在结合现有理论和研究成果的基础上进一步作出创新和相应的边际贡献。本书在写作过程中对现有关于社会保险制度与企业行为的有关文献作了较为系统的梳理和总结,并就现有文献的不足之处给出了述评,大量的文献积累和研究现状分析为本书指明了研究方向。

(二) 理论与实证研究相结合法

理论研究和实证研究是探究应然和实然问题的重要手段,我们应经过理论模型构建等手段明确"应该是什么",而且应进一步通过相应的实证方法揭示现实"是什么"。在本书中,本书首先梳理了与本书相关的社会保险筹资、税收征管和经济归宿等理论,并就社会保险制度影响企业行为的理论机制进行了分析,同时对我国的社会保险制度的历史沿革、现状和特点进行了归纳总结,综合运用了演绎推理和归纳总结的理论研究方法。在实证研究部分,本书根据所构建的理论框架,采用中国工业企业数据库和手工搜集的地级市社保政策缴费率与征缴体制改革数据库,基于面板数据模型、双重差分模型、工具变量法等计量手段检验了社会保险规制下企业的应对行为与因果关系,上述实证分析方法的使用保证了本书研究结果的准确性和可靠性。

(三) 比较研究法

在制度梳理过程中,本书发现我国城镇职工社会保险制度在统筹层次、制度费率水平和征缴体制方面存在较大的地区差异,并据此通过手工搜寻相关数据构建了独具特色的地级市层面政策缴费率和征缴体制数据库。在此基础上,利用上述的制度差异,本书较好地识别了社会保险制度对不同类型企业行为的影响差异,同时还利用云南省和浙江省在征缴体制改革路径的差异,合理评估了不同社会保险征缴体制改革的政策效果差异,这对相关政策修正具有借鉴意义。

第四节 创新之处

第一,现有的研究大多为实证研究,分析角度较为单一和零散,相关的理论基础和框架还有待完善。本书构建关于社会保险规制与企业应对行为的完整理论框架与模型,从而刻画社会保险政策对企业微观经济行为的影响。一方面，通过严谨规范的描述性统计和实证检验，有助于揭示社会保险规制影响企业行为的客观事实；另一方面，基于理论框架的渠道机制检验进一步厘清了社保制度影响企业行为的理论机制。本书的研究有助于丰富和拓展社会保险制度与企业微观主体行为之间的理论和机制，有助于更好地认识我国社会保险制度对企业行为的多重影响，能够从理论和政策两方面为我国社会保险制度的改革提供借鉴。

第二，已有文献较多的是单独考虑社会保险制度的某一方面对企业行为的影响，而没有考虑多项劳动保护政策下企业行为选择的复杂性和成本转嫁机制，且忽视了不同政策刚性和监督强度下企业行为选择差异。本书的研究综合考虑了社会保险制度下的利益权衡机制，且考虑了各地社会保险政策的执行与监管差异及其对企业行为的影响；本书的研究有助于更加深刻地认识和刻画企业在社会保险制度规制下的应对行为及其决策机制。此外，本书在实证方法上利用了面板数据模型、工具变量法和双重差分法等计量技术，有助于推断社会保险制度与企业应对行为之间的因果关系，使研究结论较为稳健可靠。

第三，综合现有文献来看，较多的是关注劳动合同法等制度变革对企业行为的影响，而对社会保障这一重要的劳动保护政策关注较少。事实上，随着人口老龄化的加速和人口红利的消失，社保政策对企业行为的影响是一个十分值得关注的问题，而当前我国正处于社保降费和社保征缴体制全面改革的关键时期，亟须有关的经验研究提供决策参考。我国社保政策较大的地区差异为识别策略提供了较好的条件。因此，本书的研究将丰富有关社会保险制度规制与企业行为的研究，同时也为全球视角下的理论和实证研究提供了有关发展中国家的增量证据。

第四，本书紧密结合我国制度背景下经济转型发展和社会保险制度变迁内在规律，结合我国社会保险制度改革的迫切需要和企业经济转型的现实需求，较为深入地考察了我国社会保险制度对企业行为的影响这一重要的理论和现实问题，其具有较强的现实意义与应用价值。本书的研究有利于提炼、归纳我国的社会保险政策经验，进而丰富和发展有中国特色的社会保险规制与企业发展相关的理论，从而为我国政府制定和改革社会保险制度的实践提供参考。

第二章

理论基础及理论框架构建

第一节　社会保险制度影响企业行为的理论基础

一、税收遵从理论

从直观意义上来说，税收遵从（tax compliance）也称为纳税人遵从（tax-payer compliance），是指纳税人是否按照税法履行纳税义务，如果存在不认真履行和逃避纳税义务，则可视为纳税不遵从。关于纳税遵从的理论研究，起源于20世纪70年代美国的税收流失问题，作为税收管理当局的美国国税局，于1983年组织"税收遵从课题组"，并通过测算发现，在1981年由于纳税人的逃税避税行为导致联邦损失了900亿美元的税收，并由此对税收遵从进行了明确定义和相关理论研究。对于税收遵从，通常可以使用四个指标加以衡量：第一，使用潜在纳税人和实际登记纳税人的差额来反映纳税人登记的遵从程度；第二，进一步使用登记纳税人与实际申报纳税人的差额来反映遵从程度；第三，使用税法所规定的应缴税额与申报税额的差额来反映逃税的程度；第四，使用税务机关核定的应纳税额与纳税人实际缴纳税额的差额来反映拖欠税款的程度。

关于税收遵从的种类，主要可分为防卫性遵从、制度性遵从和忠诚性遵从三大类型。防卫性遵从是指纳税人迫于税法的威慑而主动防卫性地如实申报纳税，并保持良好的纳税习惯；制度性遵从是指虽然纳税人主观上存在逃税的动机，且并不惧怕受到惩处，但由于其所面临的税法制度和征收管理组织严密而无法实现逃税的被迫遵从；忠诚性遵从是由于征税机关能够提供较为完善的税收征管服务，纳税人基于自身的道德信仰与社会责任感而做出的税收遵从行为。此外，从税收征收主体的角度来看，税收遵从可分为管理遵从（administer compliance）和技术遵从（technical compliance），前者是指纳税人应根据税法规定，自觉申报纳税，并及时足额地缴纳税款，后者是指纳税申报时的税额应与税法相适应，其计算依据应符合税法的要求。

根据对现有税收遵从理论的梳理，税收遵从理论主要包括威慑理论、前景理论和情绪理论。威慑理论以风险厌恶和不确定性理论等为代表，强调纳税人作为理性经济人在是否进行纳税遵从主要会受到逃税的预期收益、被惩罚的概率与强度的影响。风险厌恶和不确定性理论假设纳税人在做是否逃税的决策时主要考虑两个方面的因素，一是自身风险厌恶程度，二是逃税本身的风险程度（Diamond & Stiglitz，1974）。对于风险厌恶程度的测速，阿罗（Arrow，1965）和普拉特（Pratt，1964）提出了绝对风险厌恶系数（coefficient of absolute risk aversion）的概念。具体到企业社保逃费而言，如果企业 i 社会保险逃费的效用函数是 u_i，收入是 w，那么：

$$p_i(w) = \frac{u''_i(w)}{u'_i(w)} \qquad (2-1)$$

其中，$p_i(w)$ 就是企业 i 在收入 w 下的绝对厌恶系数，且有实践证据表明 $p_i(w)$ 随收入的增加而下降（希瑞克斯，2011）。因此，营收更高的企业的风险厌恶系数反而更小，更愿意为逃避税费而承担被惩罚的风险。对于逃税本身的风险程度，企业逃税存在两种可能的结果，一是成功逃税所带来的收益大于税收遵从的收益，二是逃税被税务机关发现可能受到罚款、税率提高等惩罚，反而得不偿失，但是成功逃税和逃税被惩罚的概率是不确定的。因此，纳税人在进行税收遵从决策时，不仅应衡量二者的收益差额，还应考察被惩罚的概率和相应的惩罚力度，而这需要进一步使用基于预期收益最大化的经典逃税模型来刻画。虽然威慑理论能够较为合理地刻画纳税人的税收遵从行为，但由于其忽视了一些影响税收遵从的非经济因素和预期效用最大化模型，可能会高估税收遵从度。行为经济学领域的前景理论和情绪理论对税收遵从作了进一步解释。

前景理论（prospect theory）又称展望理论，由卡尼曼和特沃斯基（Kahneman & Tversky，1979）提出，该理论认为，人的决策取决于心理预期与实际结果之间的差距，而非结果本身，决策主体在决策时会预先设定一个心理参考点，当结果高于参考点时即为收益型结果，此时个体易表现为风险厌恶，对于低于参考点的损失型结果则表现为风险偏好，因而该理论认为税收预缴制度能够提高税收遵从度，其原因在于预缴税款后纳税人持风险厌恶，更倾向于诚实纳税。情绪理论则认为，纳税人自身的情绪会影响其自身的心理平衡点，这些情绪包括纳税人对征税机关的认可度、满意度以及税收的公平性等，如果这些非经济的因素导致纳税人对征税机关的心理情绪发生改变，纳税人的税收遵从度也会发生相应改变。

二、A – S 经典逃税模型

阿林汉姆和桑德莫（Allingham & Sandmo，1972）在风险和不确定性理论的基础上，于 1972 年提出了 A – S 经典逃税模型，该模型主要基于完全理性经济人假设和预期效用最大化模型来刻画纳税人的逃税决策。此外，该模型还假定纳税人为风险厌恶且收入的边际效用为正但递减，同时纳税人的决策行为符合风险不确定性理论。在纳税行为的刻画上，该模型假定征税机关与纳税人之间存在信息不对称，而纳税人逃税的方式主要通过低报应税额来逃避缴税，这种行为一旦被发现则会面临征税机关的处罚，罚款的数额为应纳税额与申报额之间的差额，其罚款率要高于税率，但是征税机关的稽查概率是常数，同时还假定征税机关的稽查行为不会给纳税人带来额外的成本。基于上述假设，A – S 模型假定纳税人的目标函数如下：

$$\max U(x) = (1 - q)U(y - tx) + qU[y - tx - \alpha(y - x)] \qquad (2 - 2)$$

其中，y 为纳税人的实际真实收入，但由于纳税人和征管机构之间信息不对称的存在，征管机关难以掌握该实际收入，因而纳税人具有逃税的动机，其申报的收入为 x，申报收入小于或者等于实际收入，q 为纳税人逃税行为被发现的概率，t 为税率，取值范围为 0 到 1，α 为逃税被发现后的罚款率，同样介于 0 到 1 之间，但要大于税率 t。从式（2 – 2）可以看出，纳税人的效用最大化目标函数等于正常纳税的期望效用和逃税的期望效用之和，其效用主要取决于逃税被稽查和发现的概率、罚款率以及税率的高低。基于式（2－2）的预期效用函数可求得相应的最优解，从而得到关于实际申报税额决策 x 的最优条件，显然 x 的最优解同纳税人的收入 y 有关，但收入对逃税决策的影响并不明确。但基于不确定性理论和绝对风险回避可知，逃税程度会随收入水平的上升而上升，当逃税被发现的概率升高时，纳税人会更加主动地如实申报收入，从而降低逃税的可能性；同样针对逃税行为的罚款率越高，处罚的力度越大，纳税人的违法成本越高，也会抑制逃税行为的出现。与实际收入 y 一样，税率 t 对逃税行为的影响也不确定，但假设纳税人的绝对风险规避梯度上升，则较高的税率会降低纳税人的实际申报收入，从而加剧逃税行为。在社会保险领域，A－S 经典逃税模型也得到了一定程度的验证，企业社保逃费行为与征收主体的查处概率和罚款比例密切相关，且随着心理成本系数的提高，企业更愿意如实缴费（莫托，2013；唐珏，封进，2019）；同时也有实证研究发现，收入水平更高的企业社保逃费倾向更强（赵绍阳和杨豪，2014）。

三、信息不对称理论

　　传统的经济学理论假设市场主体所掌握的信息是对等的，且信息的获取是无成本的，交易双方能够基于完全信息作出决策，而这显然与经济现实并不相符。对此，三位美国经济学家乔治·阿克罗夫（G. Akerlof）、迈克尔·斯彭斯（M. Spence）和约瑟夫·斯蒂格利茨（J. E. Stigliz）提出了信息不对称理论。他们指出，现实经济生活中信息不对称的现象是普遍存在的，交易双方在交易过程中对交易活动及相应信息的掌握是不对称的。一方对交易信息的掌握更为完全和透彻，从而具有信息优势；另一方则掌握的信息相对较少，而交易双方均会基于自身所掌握的信息进行交易决策，具有信息优势的一方能够通过向另一方传递可靠信息并从交易中获利。这些学者将信息划分为公共信息和私人信息，前者是所有人都掌握的信息，后者则是只有特定主体掌握而其他人不知道的信息，掌握私人信息更多的交易者通常具有信息优势，反之则在交易中处于信息劣势。不同于传统经济学理论，信息不对称理论假设信息的搜寻和获取是需要付出成本的，在一些情境下获取信息的成本可能高于掌握信息所获取的收益。此外，交易信息的繁杂、信息本身的特殊性和交易方的隐瞒均是导致信息不对称的重要原因。

信息不对称理论认为，信息不对称会导致逆向选择和道德风险的问题，其中逆向选择通常发生在交易达成之前，主要是由于信息优势方基于自身的利益考量而故意隐瞒真实有效信息，导致处于信息劣势的一方基于自身利益最大化需求而与错误卖方达成交易，从而出现劣币驱逐良币的"逆向淘汰"问题，该问题在二手交易市场十分普遍。由于买卖双方对商品质量信息的不对称，优质商品的价格要高于质次商品，当由于买家在商品信息方面处于信息劣势，无法有效区分商品的质量好坏，而只愿意支付商品的平均价格，这反而会导致价格较高的优质商品被驱逐出市场，而质次商品完全占据市场。逆向选择不仅出现在卖方，在买方也时常出现，如保险市场中身体健康状况较差的人更热衷于购买医疗保险。与逆向选择不同，道德风险通常出现在交易达成之后，主要是由于具有信息优势的一方为谋取自身利益最大化而进行故意隐瞒，并导致处于信息劣势的交易主体的利益受损，如保险市场中常见的骗保等就是最为典型的道德风险问题。

因此，信息不对称理论表明，市场的经济运行并不是完美无缺的，完全依赖市场来进行资源配置并不是最优策略，而是需要政府在解决逆向选择和道德风险方面做出努力，以降低市场主体的交易成本。对于逆向选择，政府可以基于自身的行政管理地位向交易双方免费提供公开的产品质量信息，并对市场中商品作出公正的质量评价，从而降低交易中的信息不对称程度。对于道德风险问题，道德风险的存在使交易双方需要设计一套复杂的规则和契约来防范可能出现的道德风险行为，这会导致交易成本上升，因而交易双方应通过协商订立激励相容的契约，对信息优势方进行激励引导，并制定相应的惩罚性条款以防范道德风险；而政府则应通过加强市场监管和法律保护等手段来保护信息劣势方，抑制道德风险行为的出现。

在税收征管中，信息不对称的理论具有很强的指导和实用价值。在税收征管过程中，由于存在政府—税务部门、税务部门—税务干部等多重委托代理关系，各个主体基于部门或个人利益，会根据自身所掌握的信息作出最优选择，信息不对称程度较高，容易出现逆向选择和道德风险。例如，税务部门为了维护部门利益可能会在税收征管过程中利用部门经费扩充人员和权力，因此对税收征管投入不足；而税务机关的干部则可能为了中饱私囊而纵容逃税行为，这种现象无论是在税收征管还是社会保险费征缴中均广泛存在（刘军强，2011）。除了税务机关内部的信息不对称问题，纳税人和征管机构之间也存在较为严重的信息不对称问题。纳税人作为经营主体，对自身的经营信息和纳税能力等具有天然信息优势，而其利益取向与征管机构基本是对立的，为了维护自身利益，纳税人自然具有通过各种手段隐瞒或低报涉税信息的动机，以达到逃避税费获取私利的目的。针对纳税人逃税动机的存在，征管机构可通过构建纳税系统、实地查账和税收督查等方式来降低信息不对称程度，但由于较高的信息获取成本，这种信息不对称通常是无法完全消除的。当然，除了纳税信息方面存在信息不对称外，纳税人和征管机构对税法的掌握也存在信息不对称的问题，显然税务机关对税法的解释与具体实施具有信息优势，但由于税法较为繁杂，且具有较强的专业性，征管机构向纳税人主动提供的纳税信息可能并不完全，相关渠道也并不通畅，相关信息没有得到完全的理解，因此使得纳税人获取的纳税信息不完整，这不仅会导致纳税人的无意识逃税，同时也会提高征管机构的监督和惩罚成本。

四、经济归宿理论

在税收领域，关于税收的最终归宿方面已经有了较为成熟的理论及相关实证研究，而关于社会保险费的经济归宿则仍有待进一步拓展。对于社会保险费而言，其与税收在征收主体、性质、法律地位以及稳定性方面存在差异，但在当前的强制性社会保险制度下，职工和企业按照固定的政策缴费率缴纳社会保险费，且随着未来税务机关全面接管社会保险费的征缴工作，社会保险费与税收的差异将逐渐缩小。因此，与税收一样，探讨社会保险费的最终归宿是认识社会保险成本转嫁的重要理论基础。税收归宿包括法律归宿和经济归宿，前者是指由法律法规所规定的税负的承担主体及相应的承担比例，而经济归宿则表示税收的实际承担者及相应的承担比例，法律归宿和经济归宿的差异在于是否存在转嫁行为。对于社会保险费来说，研究其经济归宿对于理解企业社保成本的转嫁（shift）尤为重要（Taussig，1911；Brown，1922）。企业为了逃避社保缴费所带来的成本压力，通常会采取降低员工工资和减少劳动力需求这两种手段实现劳动力成本的转嫁，如果企业成功地实现了劳动力成本的完全转嫁，那么社保负担最终将由劳动者承担，企业的劳动力需求不会有明显减少（Groves，1965；Musgrave，1959）。关于社会保险费的经济归宿，学术界对于社会保险成本的转嫁并无太大分歧，其分歧主要是在于具体的转嫁方式及程度，目前主要存在以下几种观点。

一些研究认为，社会保险费最终由劳动者来承担，企业将自身的社会保险负担全部转嫁给了劳动者。洛温（Lorwin，1952）指出，"社会保险税费的真正归宿使得工人阶层变成了一个广泛的互救组织……这是穷人在帮助更穷的人"。弗里德曼（Friedman，1965）认为，虽然名义上雇主承担了一部分社会保险缴费，但实际上全部转移到了雇员身上，雇主并不是最终的承担者，雇员才是社保费的最终归宿主体。在实证研究方面，格鲁伯（Gruber，1997）基于智利历史上的养老金私有化改革进程，发现该国雇主所承担的工薪税实际上全部转嫁给了劳动者。

另一些研究认为，社会保险费能够在一定程度上实现由资方向劳动者的转嫁，但是只能转嫁其中一部分。沃曼（Vorman，1974）基于美国制造业企业的数据，发现雇主确实向劳动者转嫁一部分工薪税，但其转嫁的比例仅有4%。同样，哈莫米斯（Hamermesh，1979）也发现，美国工薪税最多只有1/3从雇主转嫁给了雇员。霍尔姆伦德（Holmlundm，1983）发现，虽然瑞典的工薪税经历了快速上涨，其税率从6%上升到了40%，这势必会给企业带来较大的成本增长，但实际上这部分成本只有很小一部分转移到了劳动者身上。尼克尔和贝尔（Nickell & Bell，1996）通过分析OECD国家的有关数据，发现工薪税税率的调整与企业单位劳动成本之间的关系并不显著，税率的上升只带来了劳动力成本的小幅上扬，这说明企业的社保负担只实现了部分转嫁。

除了通过改变劳动力需求和工资等形式实现成本转嫁外，企业还可以通过改变投资决策等行为来加以应对。图利奥（Tullio，1987）、达维里和塔贝里尼（Daveri & Tabellini，2000）等进行的跨国研究发现，过高的社会保险缴费可能造成企业的投资水平降低，进而影响经济增长和劳动力需求，并有可能导致失业增加。

通过对现有文献和理论的梳理发现，企业确有可能通过各种形式向员工转嫁社会保险成本，但实现转嫁的条件则与劳动力市场的供需结构、工资刚性及员工对社会保险的认可度有关。

第一，劳动力供需弹性对社会保险成本转嫁的影响。我们可以通过定义社会保险的转嫁系数 x 来度量社会保险由雇主向劳动者的转嫁程度，x 为雇主实际应承担的缴费与雇员实际承担缴费之比，当 x 等于 1 时，意味着雇主将社会保险费完全转移给了劳动者。当劳动供给弹性大于 0 且劳动力的需求弹性大于 1 时，此时 x 会大于 1，这意味着雇主不仅会把自身承担的社会保险负担完全转嫁给劳动者，而且会导致劳动力市场的均衡工资水平下降，因此劳动需求弹性越大，社会保险费的就业负效应就越大。而如果劳动供给弹性大于 0，但劳动力需求弹性小于 1，此时 x 将大于 0 而小于 1，即雇主可实现社保成本向劳动者的部分转嫁。

第二，就工资水平来说，假如工资水平具有一定弹性，但是由于存在最低工资制度等劳动力市场规则，工资通常具有一定的向下刚性时，社会保险费的提高可能并不能带来雇员工资的显著降低，反而降低社会保险缴费率可能会增加劳动者的工资水平，因此社会保险费是否能够通过降低工资的形式来实现劳动力成本的转嫁与工资的弹性和刚性有关。

第三，劳动者自身对社会保险的认可度也会影响社会保险成本的转嫁。社会保险费在当期会导致雇员的即时收入水平下降，但通过参保的劳动者未来能够获得一定的收益，因而具有补偿性，这与税收的无偿性存在根本区别。从现有研究来看，劳动者对社会保险当期缴费与预期收益之间的价值判断会直接影响社会保险费的经济归宿（Summers，1989；Feldstein & Samwick，1992；Gruber，1997）。当雇员对社会保险的价值判断较为正面时，社会保险缴费对劳动力需求的挤出程度相对较小，但是会导致劳动者当期工资收入水平出现较大幅度下降。在我国当前的社会保险统账结合制度下，雇主和雇员缴费分别进入统筹账户和个人账户，劳动者对于企业所承担的社会保险成本并不明确，同时社会保险的制度规则也较为复杂，这在一定程度上可能削弱劳动者对社会保险的认可度与价值判断。

五、激励理论

在组织行为学和企业管理实践中，由于劳动分工和委托代理的发展，如何有效地激励组成成员是组织管理中的重要问题，激励理论应运而生。激励理论是行为科学中用于处理需要、动机、目标和行为四者之间关系的核心理论。行为科学认为，人的动机来自需要，这种需要是多方面的，既可能是来自生理心理的基本需要，也可能来自获得尊重和认可的高级需要，并由需要确定人们的行为目标，激励则作用于人内心活动，激发、驱动和强化人的行为。激励理论是人力资源管理中的重要理论，是设计激励机制和提升员工劳动生产率的关键理论，激励的手段包括为员工提供较高的工资福利水平、充分尊重员工自我发展和自我实现的需要等。同样，在劳动经济学领域，效率工资理论（efficiency-wage theory）也认为，雇主为了充分激励员工，通常会向员工支付高于市场均衡水平的工资，从而提高员工的生产效率。

社会保险作为一种社会福利制度，在激励和维护劳动者权益方面发挥了重要作用，同时也有利于降低企业的风险，对于提升员工生产率方面具有重要作用。具体来说，可以从两个方面就激励理论在社会保险中运用展开分析。

第一，可从企业和职工的参保激励进行分析。理论上大多数企业和员工对于社会保险制度持正面态度，但事实上一些企业和职工在社会保险参保方面积极性并不是很高，其主要原因可能在于我国的社会保险制度缴费率相对较高，而最为重要的养老保险又采用统账结合的半基金积累制，使缴费基数与参保待遇之间的联系较弱，容易引发企业和职工的道德风险，从而出现企业逃费、欠费、拒缴等行为。因此，应着力提高我国社会保险制度的激励因素，在寻求社会保险制度建设与企业竞争力之间的平衡点基础之上，积极探索企业社保缴费激励机制，使社保的激励作用弥补社保缴费给企业带来的成本压力，提高企业参保积极性，从而实现社保基金收支平衡和企业竞争力提升的双赢。

第二，可从员工激励与企业生产率的提升角度进行分析。社会保险尤其是养老保险，具有延期支付的特点，能够有效解决员工的后顾之忧，满足其安全需要，具有较强的激励作用，同时还能够有效解决企业管理中委托代理所带来的信息不对称与道德风险问题，从而降低企业的监督管理成本，对于组织效率和企业生产率的提高具有正向作用。此外，企业还可通过社会保险制度有效筛选和保留高质量的劳动力，提升企业的人力资源水平和协作能力，这对于企业生产效率的提高仍然具有正向效应。

第二节 社会保险制度影响企业行为的理论机制

一、社保缴费与企业全要素生产率

企业社保缴费对企业劳动生产率的影响是一个较为复杂的问题。一方面，对企业而言，社会保险缴费比例的提高造成了劳动力成本的上涨（沈永建等，2017）；另一方面，对员工而言，企业的劳动力成本可能会通过一些较为隐蔽的手段转移至员工身上，使员工成为劳动力成本上扬的最终承担者，员工的当期收入可能下降。综合来看，较高的企业社会保险缴费对企业全要素生产率的影响会产生倒逼还是挤压作用，值得我们进行深入探究。在具体的影响机制方面，以最为重要且企业负担最重的养老保险为例，主要存在以下四个机制（阳义南，2012）。

第一，有助于企业筛选优质劳动力。养老金作为一种延期支付的薪酬，能够利用雇员对养老金的偏好来甄别劳动生产率更高的优质劳动力，从而提高企业劳动生产率。对于收入水平较高的雇员而言，其对养老金的价值评价更高，在评估养老金价值时会使用较低的贴现率，且通过参加养老金计划还能获得税收的优惠，因而对其具有较强的吸引力，有助于他们长期为企业服务，从而能够为企业保留这些劳动生产率较高的员工（Dorsey et al.，1989）。但是，对于收入水平较低且劳动生产率也相对较低的员工而言，相较于延期支付的养老金，他们更偏好于当期的现金收入，在评估养老金的价值时会使用较高的折现率，对于养老金的认可度相对较低，这些员工在就业时也可能会有意识地避开提供养老金计划的企业。因此，借助于不同劳动生产率劳动者对养老金计划的评价差异，雇主可通过设计当期工资较低而养老金份额较高的工资计划来甄选劳动生产率较高的优秀雇员，这样具有较高折现率的求职者会觉得该薪酬方案对他们没有吸引力，因此要么不申请这一工作，要么在任职不久之后就离开（Ehrenberg，2017）。这一功能既有助于减少招聘职工所需的搜寻、雇用和培训等成本（Turner，1993），也有利于提高企业的全要素生产率。

第二，有助于鼓励企业的人力资本投资。一般认为，职工的在职培训中，一般培训的成本由职工自己承担，而特殊培训的成本则由职工和雇主共同承担

（Ehrenberg，2017）。由于面临着员工流失的风险，企业所组织的特殊培训存在无法收回投资和人力资源流失的风险，而如果由职工承担投资成本，职工也有可能会被雇主解聘而无法收回投资。同时，在培训完成后，雇主或职工都可以通过中断就业关系来威胁对方，以获得培训的全部租金。这些问题都可能导致对特殊培训的投资不足（Johnson，1996）。因此，只有在劳资双方形成较为稳定的长期雇员关系时，这种人力资本投资不足的风险才能够得到缓解，企业才能维持较高的人力资本投资水平。养老金计划的存在不仅起到了维持长期稳定雇佣关系的作用，更为重要的是起到了劳资双方的抵押品的作用，能够有效防范双方的道德风险。具体来说，雇主在培训期间并不随员工因培训导致的劳动生产率下降而下调员工工资水平，而是保持原有的薪酬水平不变，但其薪酬由到手工资和养老金构成，这相当于职工的部分薪酬抵押在雇主那里，如果职工在培训结束后离职将无法获得养老金。同样，为防范雇主的道德风险，雇主需承诺在解雇职工时为其支付一定的退职费（severance pay），以补偿职工的损失。在双方都交出抵押品之后，任何一方都不能再用"终止就业关系"来威胁另一方，从而有助于解决特殊培训的投资不足问题。可见，养老金计划能解决人力资本投资中的投资不足、双头垄断等问题，鼓励雇主为职工提供更多的培训，从而提高全要素生产率（Oi，1962；Becker，1964）。

第三，有助于解决管理工作中的委托代理问题。在现代企业集团中，存在着多层的委托—代理关系，这给企业的监督和管理成本带来了较大的困扰。由于雇主和雇员目标函数的不一致，职工在工作中可能会出现偷懒和消极怠工等现象，这不利于企业劳动生产率的提高，同时在根本上也不利于职工。有效地解决委托代理问题的困扰、降低管理监督的成本，对于雇主和企业均是互利共赢的（Dorsey，1995）。养老金计划作为延迟支付薪酬的方法，同样有助于解决企业中的委托—代理问题。如果雇主发现职工有偷懒行为，就可以开除他，而被开除的职工将损失一部分养老金资产，这对职工是非常不利的，他们就可能会主动减少或避免偷懒、偷盗等行为，并表现出更高的生产率（Becker & Stigler，1974）。养老金计划的这个功能对那些职工生产率难以衡量、监督和管理成本较高的雇主，是非常有用的。

第四，减少劳动力流动，提升企业生产协作水平。现代企业的规模化生产活动依赖于职工之间的相互配合，而配合高效率的职工团队能提高生产率。雇主当然希望能减少职工的流动率，特别是在对职工进行特殊培训之后，雇主希望能留住这些员工，以收回雇用和培训成本，获得生产率提高的收益。一般认为，养老金计划有助于将职工与工作岗位捆绑起来（Turner，1993），以减少职工的流动率。

二、社保征缴制度与企业社保逃费

作为社会保险重要组成部分，社会保险征缴主体所具有的法律地位、组织和信息资源等会对企业的社保合规程度产生直接影响，因为这直接关系到企业通过社保逃费的所获得收益和风险的比值，如果逃避税费的成本较高，而被征缴主体发现加以惩罚的概率也极高，此时企业则会得不偿失，反之，若能通过逃避税费而获得较高的收益但所受惩罚概率低的话，企业就可能铤而走险。自20 世纪90 年代末我国现行社会保障制度初步建立以来，社会保险费的征缴主体包括社保经办机构和地方税务部门，这种二元征缴体制一直留存至今。随着党的十九届三中全会《中共中央关于深化党和国家机构改革的决定》和《国税地税征管体制改革方案》等政策文件的出台，虽然目前企业职工社会保险征缴主体暂缓移交至税务机关，但我国社会保险征缴体制的统一是不可阻挡的趋势，而这将对企业的成本负担、社会保险基金收支产生重大影响。社保征缴制度改革对企业社保逃费的影响可从信息不对称理论、税收遵从理论和激励理论等找到理论支持。

社保征缴体制改革对企业社保合规的影响，主要可以从征收主体的信息与资源优势、征缴激励以及企业的遵从成本三个角度进行分析。首先，从信息与资源优势来看，刘军强（2011）通过对地税部门的访谈，发现地税部门人员普遍认为，其相对于社保经办机构存在如下优势：在信息优势上，税务部门有"金税工程"等信息平台，对企业的财务信息掌握更为全面；在资源优势上，税务部门的征收队伍更为庞大，且征收经验更为丰富，对企业的制约手段也更丰富，对逃费行为的震慑能力更强。税务机关所拥有的信息和资源优势能够在很大程度上降低征缴主体与企业之间的信息不对称程度。其次，征收激励会直接影响征收主体的征收强度，进而影响企业的社保合规程度，而征收激励则与征收成本和征收收益有关。从征收成本来看，由于税务机关有现成的人员和信息系统，具有良好的数据基础和规模效应，征收社会保险费所导致边际成本增加相对较少。郑春荣和王聪（2014）也通过实证数据发现，地税部门增加社会保险费并没有带来税务机关行政成本的上升，反而降低了单位税费的征收成本。从征收收益来看，由税务部门征收税费保险费能够使其人员编制和经费得到扩张，相关人员也可通过社会保险费征缴获得相应的物质奖励（刘军强，2011），从而形成类似税收征管中的剩余索取权激励机制（田彬彬和范子英，2016）。综合而言，税务部门征收社会保险费的征收边际成本较低，但能带来较多的部门利益，因而具有较高的征收激励。最后，从企业的逃费成本来看，社会保险费的征收主体调整为税务部门后，由于税务部门对税费"同征同管"，参保企业仅需准备一份税费申报资料就可以完成社会保险费的申报核定，使申报手续更为简便，能够有效降低大部分参保企业的遵从成本（王延中和宁亚芳，2018），从而提高企业的社保合规程度。综合来看，税务机关不仅具有信息和资源优势，使企业社保逃费更为困难，且具有较强的征收激励，在一定程度上还能降低企业遵从成本，因而总体上能够提高企业的社保合规程度。

三、统筹层次调整与企业社保缴费

社会保险的统筹层次调整和实行基本养老保险的统收统支和会造成地方财权和事权的不对等。具体来说，在全国统筹中，中央政府统一对基本养老保险进行征收和管理，根据各省基金的余缺情况，将基金有结余省份的养老金调剂至基金有缺口的省份，实现全国范围内的收支平衡。但统筹层次提升意味着省级政府的财权将会大大损失，影响当地财权和事权的控制范围，造成财权和事权的不对等。如果中央政府制定的政策有悖于地方政府利益，那么地方政府对于政策的执行就会采取消极的态度，造成企业基本养老保险实际缴费率低于法定缴费率的现象，甚至产生道德风险，依赖中央政府的财政补贴和转移支付，最终导致中央政府承受较大的财政压力。因此，中央政府和地方政府在财权和事权上的差异导致了基本养老保险征缴积极性的缺失以及中央和地方之间利益的博弈。

在理解中央和地方财权和事权差异的基础上，进一步通过征缴激励考察地方政府对于养老保险的行为逻辑。这可以从两个方面得到解释：一是在中国长期的分权治理模式下，地方政府将社会保险变成服从经济增长的政策工具，征缴积极性不高，并通过降低企业社保缴费在内的劳动力成本来招商引资。二是在养老保险统筹改革背景下，当地基本养老保险的征收收益和支出责任将会通过中央调剂转移至其他地区，造成地区间的横向利益冲突，弱化对本地养老保险的征缴激励，那么企业职工基本养老保险的缴费也会相应的减少。

地方政府的养老保险征缴行为与政府治理模式是密切相关的。中国式分权治理模式包括经济分权和垂直政治管理体制（傅勇和张晏，2007）。经济分权使地方政府具有财政增收激励，造成地方政府的经济竞争行为；垂直政治管理体制是指上级政府将地方政府的经济增长情况纳入政绩考核范围，使地方政府具有政治晋升激励（周黎安，2007）。经济分权的财政激励和垂直政治集权的晋升激励的双重影响刺激地方政府推动当地经济增长，引发了地方政府间的竞争行为。

此外，地方政府因经济增长而产生的竞争激励也会对企业职工基本养老保险的征缴产生影响。在追求经济增长的利益导向下，地方政府由于经济行为"短视化"，使社会保险制度建设工具理性化，从而服务于短期经济增长的目标。地方政府对基本养老保险制度设计、运行和监管可自主调整的弹性空间开始服从地方政府竞争的需要。企业职工基本养老保险虽然不会直接增加经济收益，但能够间接促进经济增长，比如征缴部门可以放松对企业职工基本养老保险的稽查力度和逃费处罚力度来竞相降低劳动力成本，吸引资本和技术资源的流入，这在一定程度上导致出现企业逃费现象。基本养老保险的征收激励被弱化，养老保险沦为招商引资的筹码和手段。

除了分权治理模式，地方政府征缴养老保险的行为也可以从统筹层次提升的视角得到解释。从省级统筹过渡到全国统筹，地方政府将征收的基本养老保险基金按照一定比例上解至中央形成中央调剂金，目的就是把基金结余地区的养老金用来弥补基金短缺地区的缺口，但中央和地方目标的差异产生了纵向和横向的政府冲突。

在纵向的央地政府间冲突关系中，对于中央政府来说，实现养老保险全国统筹的目的是实现全社会的福利最大化，如果社会总福利的增长是以牺牲地方利益为代价，那么提升统筹层次的政策效果就会有悖于帕累托改进原则。地方政府作为资源配置的主体，普遍存在将自身利益最大化的倾向，只关心当地的经济发展情况，在防止当地福利外溢至其他省份的同时多争取中央调剂金的拨付和转移性支付，即形成纵向的政府冲突。

在横向的地方政府间冲突关系中，征缴基本养老保险的行为逻辑可以从资金流出省份和资金流入省份两个方面来看。对于资金流出省份来说，统筹层次调整意味着自身的结余养老金将去弥补基金有亏损省份的缺口，出于对本地经济增长和官员政治晋升的考虑，基金有结余的省份并不愿意将本地收益外部化，企业职工基本养老保险征缴激励弱化，产生"藏费于企业"的行为。资金流入省份则会产生依赖来自其他省份的横向转移支付和中央的纵向转移支付的心理，降低征收基本养老保险的积极性，容易引发道德风险，在基本养老保险财权和事权划分模糊的地带谋利，造成对养老保险制度的逆向选择。

对于同一个省份而言，基本养老保险基金的收益端和成本端两个维度都会弱化地方政府对企业职工基本养老保险的征缴激励。在收益端，统筹层次提升后国家将对各省的养老金实行统一运营和调配，直接削弱了地方政府对结余养老金运营和调配的权力，减少了地方税务征缴机构从养老金中获得的收益。而地方税务部门在征收养老金的过程中获取的资源和部门利益，关系到部门人员编制和经费的扩张，是影响部门征缴激励的关键因素。因此，统筹层次提升会减少省级政府和税务部门的收益，弱化养老金征缴激励，放松对企业职工基本养老保险征缴，导致企业职工基本养老保险遵缴率下降。在成本端，由于中央会按照各省的实际情况进行养老金预算的拨付，省级政府可以借助中央调剂金和中央财政补贴的方式将本地的养老保险支付压力转移至其他省份，而自身会通过放松对企业职工基本养老保险的征缴这一社会保险竞争策略来体现本地的经济优势，而现实中正是地方政府对养老保险征缴激励缺失和征管执行不力，导致企业少报缴费基数和缴费人员的现象大量出现，直接使企业职工基本养老保险遵缴率下降。

四、社保负担与企业成本转嫁

企业所承担的社会保险支出是否能够顺利实现转嫁，可以从税收归宿理论中找到相关答案。然而，不同于一般的税收征缴，工薪税的特殊性在于，企业为员工所支付的工薪税支出，既有人工成本的一面，也有员工福利的一面。对于工薪税和税收征缴，萨默斯（Summers，1989）指出，由于存在工资挤出，企业缴纳的工薪税对劳动力市场的影响与纯粹的税收归宿理论是存在不同的。工薪税归宿的基本理论可以基于如图 2-1 所示的劳动供给需求理论进行分析，此时，员工对企业当前工薪税支出的未来价值预期判断将直接影响工薪税的经济归宿。

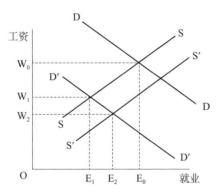

图 2-1　社会保险负担与企业成本转嫁

社会保险支出将会使劳动需求曲线从 DD 向 D'D' 下移，此时劳动力供给曲线先固定，就业量将会从 E_0 下降至 E_1，工资将会从 W_0 下降至 W_1。然而，如果雇员承认这笔社会保险支出是他们获得的福利，劳动力供给将会右移，此时，就业量下降会有所减缓，但工资下降将会更多，将会降至 W_2。也就是说，员工工资的下降将会补偿企业因工薪税支出所导致的劳动力成本增加。

进一步以规范意义解释，我们假设劳动力需求 L_d 为关于员工工资水平和社会保险缴费的函数：

$$L_d = f_d(w, c) \qquad (2-3)$$

并假设劳动供给 L_s 为：

$$L_s = f_s(w + ac) \qquad (2-4)$$

其中，ac 表示员工认为企业所支付的工薪税在当期的货币价值，从而可得：

$$\frac{dw}{dc} = -\frac{\eta^d - a\eta^s}{\eta^d - \eta^s} \qquad (2-5)$$

其中，η^d 和 η^s 分别表示劳动需求和劳动力供给弹性。根据式（2-5），我们可得两个极端结果：第一，如果 a = 1，即员工对社会保险费的未来价值预期等同于当期工资收益，此时企业增加的社会保险费支出将全部转嫁至下降的员工工资，即企业的社会保险支出全被转嫁至员工身上；第二，如果 a = 0，即员工认为社会保险对其并没有货币价值，此时企业所支付的工薪税等同于税收，工薪税归宿理论等价税收归宿理论。

社会保险对就业的影响则可表示如下：

$$\frac{\mathrm{dL}}{\mathrm{L}} = \frac{\mathrm{W_0} - \mathrm{W_2} - \mathrm{C}}{\mathrm{W_0}}\eta^{\mathrm{d}} \qquad (2-6)$$

这意味着社会保险对工资的挤出可以反过来减少对就业的挤出。因此，可以总结得到，社会保险对劳动力市场的影响大小会受到来自劳动力供给和需求的弹性、社会保险支出以及员工对工薪税支出价值的评价结构等因素的影响。

第三节　理论框架构建

本书基于税收遵从理论、信息不对称理论、经济归宿理论和激励理论，从企业社会保险政策缴费率、征缴体制与企业实际缴费率三个层次，构建包含政府部门、企业和职工在内的理论框架，综合分析了社会保险制度对企业行为的影响，具体的理论框架如图 2 - 2 所示。

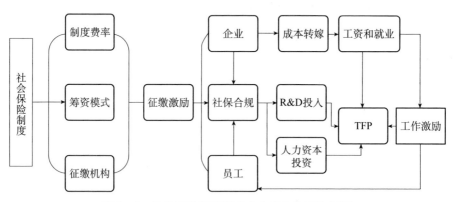

图 2 - 2　社会保险制度影响企业行为的理论框架

一方面，我国城镇职工养老和医疗保险这两个主要险种实施统账结合的筹资模式，企业基本负担了统筹账户的缴费，且制度费率（政策费率）相对较高，同时各地区的政策缴费率也存在较大差异，制度费率的高低直接影响了企业实际缴费率的高低。在征缴机构方面，又同时存在税务机关和社保经办机构两种征缴主体的二元征缴体制，不同征缴主体下征缴机构与企业之间的信息不对称程度、制度遵从成本差异也较为明显；不同征缴制度下征缴主体的征缴激励也存在差异，征缴激励差异所带来的政策监管强度会显著影响企业的社保逃费的成本收益与处罚风险，因而也可能对企业实际缴费率产生影响。另一方面，企业和员工之间也存在利益博弈，企业存在逃费动机，而一些员工可能更看重当期收入，因而存在员工和企业合谋逃避缴费的行为，但是企业逃避缴费也面临着员工进行监督举报的风险，因此企业和员工之间的博弈行为也会对企业的社保合规程度产生影响。当企业面临政策缴费率的外生调整或者征缴主体发生变更的外生冲击时，企业的实际缴费率和社保负担会发生变化，而社保成本的变化可能使企业通过降低员工工资和减少雇用规模等手段实现成本转嫁，同时也可能会促使企业增加人力资本投资和研发支出，以提高企业全要素生产率（TFP）。从员工的视角来看，企业的社保缴费、成本转嫁与人力资本投资等会对其工作积极性产生影响，从而作用于企业全要素生产率。

　　基于上述理论框架，本书以地级市层面的社会保险制度缴费率和征缴体制改革数据库为基础，结合中国工业企业微观数据库和多种计量方法，进一步实证检验了企业社会保险缴费对企业全要素生产率、社保合规和成本转嫁的影响及其机制。

第三章

我国社会保险的制度演进

第一节　社会保险基金的筹资模式

社会保险基金是指国家为了实施社会保险制度，通过法定程序，以各种方式建立起来用于特定目的的资金，是实施社会保险制度的物质基础。社会保险基金的筹集是社会保险制度运行一切环节的起点，是社会保险基金存在和发展的基础，也是整个社会保险制度存在的基石（季盼盼，2010）。根据社会保险基金的筹资方式，目前主要存在现收现付制、基金积累制和部分积累制三种主要的筹资模式。

一、现收现付制

现收现付制（pay as you go）是一种以支定收短期社会保险横向财务平衡的社会保险筹资模式，即利用短期内所收取的社会保险费来满足社会保险给付，其社会保险费主要来源于同一时期内正在工作人员及其雇主的缴费。在现收现付的制度安排下，社会保险费的筹资水平通常由专业机构和人员综合制度赡养率、上年度收支平衡情况和经济发展情况等测算短期内所需筹集的社会保险基金规模，在根据既定规模和费率安排向雇主和参保人员收取社会保险费，具有典型的以支定收特征。在现收现付制度下，当年筹集的社会保险基金即用于当年社会保险基金开支，通常缺乏基金积累，即使略有结余，规模也相对有限。

以养老保险为例，现收现付的财务平衡条件简要表述为：

$$CWE = PR \qquad (3-1)$$

其中，式（3-1）左侧表示社保基金收入，右侧表示社保基金支出，C为制度缴费率，W为社会平均工资，E为在岗职工人数，P为平均养老金给付水平，R为制度供养人数，即领取养老金的人数。将式（3-1）简单变形后可得：

$$C = (P/W)(R/E) \qquad (3-2)$$

其中，P/W为养老金替代率，即名义养老金与名义工资之比，R/E为制度赡养率，即领取养老金人数和在职参保人员之比。由式（3-2）可知，缴费率同养老金的替代率与制度赡养率成正比，养老金的给付水平越高，即替代率越高，制度缴费率就越高，而制度赡养率的提升也会带来制度缴费率增长。因此，虽然现收现付制具有制度操作较为简单、运行成本较低等优点，但容易受人口老龄化导致的制度赡养率上升的影响，从而威胁社会保险基金的可持续性。此外，由于现收现付制强调的是以支定收，具有较强的代内分配功能，参保人员缴费同社会保险待遇之间的联系较弱，参保主体的缴费积极性并不高，容易出现社会保险逃费。特别是在人口老龄化加剧的情况下，制度赡养率的上升必然导致制度缴费率增加，从而导致企业和个人的社会保险负担加重，不利于企业发展。值得指出的是，现收现付制对资本积累和储蓄会产生不利影响，对于储蓄水平较低的国家会不利于资本积累和经济增长。

二、基金积累制

基金积累制又称完全基金制（full funded），区别于强调短期财务平衡和以支定收的现收现付制，基金积累制强调长期纵向平衡和以收定支。在基金积累制下，企业和雇员个人在职期间按照工资的一定比例缴纳社会保险费，然后所缴纳的保险费按照个人建立账户，在账户中进行积累和运作，当满足提取条件时，根据个人账户中的积累资金，将保险金按照一定方式发放给受益人（华龙，2017）。基金积累制属于纵向财务平衡制度，参保人及其雇主所缴纳的社会保险费全部进入个人账户，并由基金管理机构进行投资运营，以确保保值增值，其社会保险待遇完全取决于个人账户的积累数额。在基金积累制度下，参保社保缴费同待遇之间的关联性强，缴费激励程度较高，同时受人口老龄化等人口结构变化的影响较小，同时对劳动力市场的扭曲作用也较弱，但是基金积累制对社会保险基金管理机构的基金管理能力提出了较高的要求，基金收益容易受到宏观经济波动的影响，需要较高的制度管理成本。同时，基金积累制度下社会保险基金的投资跨度较长，容易受通货膨胀的影响，而投资收益也存在一定的不确定性，因而存在一定程度的贬值风险和不确定性。

同样，以养老保险为例，基金积累制下，养老保险参保人在退休时点的本利和等于退休后领取养老金在退休时的现值。因此，基金积累制的财务平衡可表示如下：

$$CW\left[\,(1+r)^n + (1+g)(1+r)^{n-1} + \cdots + (1+g)^{n-1}(1+r)\,\right] =$$
$$BW(1+g)^n\left[1 + \frac{1+g}{1+r} + \cdots + \frac{1+g^{m-1}}{1+r^{m-1}}\right] \qquad (3-3)$$

其中，式（3-3）左侧为参保人个人账户的基金积累余额，右侧为参保人退休后所领取的养老金数额现值，C 为制度缴费率，W 为促使工资，g 为工资增长率，r 为基金收益率，n 为参保人工资年限，可见个人账户的基金积累会随着参保人工资和工作年限的增长而增长，同时也与基金的投资收益率有关。右侧表示退休 m 年后领取的养老保险给付现值，B 为退休后的养老金给付。对式（3-3）化简后可得：

$$C = B(m/n) \qquad (3-4)$$

其中，m/n 为自我负担率，是养老金领取年限同工作年限之比，自我负担率越高，缴费水平越高，同时缴费率还与退休给付水平正相关。由式（3-4）可知，基金积累制度下社会保险缴费率同退休年龄之间的关系更强，而与人口结构有关的制度赡养率无关，因而受人口老龄化的影响较弱，具有较强的财务可持续性。

三、部分积累制

部分积累制又称混合制，是结合现收现付制和基金积累制的一种社会保障基金筹集方式，主要存在两种模式。一种是在现收现付制的基础上，根据对未来较长期支出的预测，保持费率的稳定性，将每年的结余资金形成基金进行运作，以弥补未来支出高峰时的额外需求。另一种是将社会保障基金划分为两部分，分别按照现收现付制和基金积累制进行管理，社会统筹账户按照以支定收的原则运作，个人账户则按照基金积累制的方式进行完全积累。部分积累制对现收现付制和基金积累制进行了整合，可以集中现收现付制和基金积累制的优点，并有效克服二者的缺点，既能够通过社会统筹以满足短期支出增长的压力，同时还能够结合基金积累制的优点，提高缴费积极性，缓解代际矛盾。目前，我国企业养老保险采用了这种模式。表 3－1 对三种社会保险基金筹资模式的特点进行了比较。

表 3－1　　　　　　　　　三种社会保险筹资模式的特征比较

筹资模式	制度要点	激励性	再分配功能	对劳动力市场扭曲
现收现付	以支定收，个人缴费与待遇之间联系不密切，受人口结构的影响较大	弱	强	较大
基金积累	以收定支，个人缴费与待遇之间联系密切，受人口结构影响较弱	强	弱	较小
部分积累	社会统筹账户采用现收现付制，个人账户采用基金积累制	较弱	较强	中等

第二节　我国社会保险制度的演变过程

一、我国社会保险制度的整体演变

社会保险萌芽于 1601 年英国颁布的伊丽莎白《济贫法》，该法是世界上第一部具有社会保障性质的法律，但现代社会保险制度发源于德国，1883 年德国颁布了世界上第一部《疾病社会保险法》，标志着现代社会保险制度的诞生。此后，欧美国家逐渐建立起了各自较为完整的社会保障体系，美国于 1935 年颁布了《社会保障法》，以英国为代表的欧洲国家则建立了包括福利国家在内的一系列社会保险制度体系，社会福利水平有了显著提高。相较于欧美发达国家，我国的社会保险制度的建立与完善相对较晚，但自 20 世纪 90 年代以来发展较快，逐步建立了覆盖城镇职工和城乡居民的基本养老保险和基本医疗保险制度，建立了覆盖职业人群的工伤、失业和生育保险制度，构成了目前世界上最大的社会保险网络。整体而言，我国社会保险制度的整体演变过程如下。

（一）计划经济时期的社会保险体系

计划经济时期是我国社会保险体系的初创和调整的阶段。在新中国成立后，为配合计划经济体制的建设，国家建立了相应的社会保险制度，其主要标志是1952年《中华人民共和国劳动保险条例》的颁布。在该条例中，国家对机关事业单位和国有企业的职工养老保险和医疗保险作了制度安排，包括劳动保险金的征集与保管、养老和医疗待遇的确定，具有国家负责、单位包办、板块结构、全面保障和封闭运行等时代特点。由于正处于人口出生的高峰时期，老龄化并不明显，且制度覆盖群体主要是国有企业和机关事业单位，覆盖范围相对有限，制度运行较为有序，但仍然存在覆盖面窄、保险层面单一、保障项目不全等问题。值得注意的是，在1966～1978年这一特殊的历史时期，这一制度受到了较为严重的破坏，社会保险工作无法可依，同时社会保险制度转变为国有企业的企业保险制度，保障的责任也由企业转向单位，社会保险制度逐渐走向了自我封闭的单位化管理。

（二）改革开放后的社会保险制度改革

20世纪80年代中后期，随着我国国企改革的探索发展，原有的强调由国家和单位"一管到底"的社会保障制度在新的形势下显得僵化，国家开启了建立国家、企业、个人共同负担社会保障制度的探索。1986年，国家对劳动合同制工人退休养老实行社会统筹制度，拉开了社会保险改革的序幕。1986年4月通过的《国民经济和社会发展第七个五年计划》中首次提出了社会保障的概念，提出要按照经济社会发展进程有步骤地建立具有中国特色的社会保障制度。此后，我国开始了对社会保险制度改革的探索，1993年，中共十四届三中全会明确阐述了建立多层次的社会保障体系的社会保障制度改变目标，并通过了《关于建立社会主义市场经济体制若干问题的决定》，把社会保障制度列为社会主义市场经济框架的五大环节之一，标志着社会保障制度改革进入体系建设的新时期。在此背景下，全国人大、国务院出台了一系列社会保障方面的法律、行政法规，对职工享有的社会保险项目作出了规定、确立了社会统筹和个人账户相结合的养老保险制度改革方案，并决定在全国范围内进行医疗保险制度改革试点。20世纪末，国务院出台了一系列法规，对养老保险、医疗保险和失业保险等社会保险作了较为明确的制度安排，这些法规包括《关于建立统一的企业职工养老保险制度的决定》《国务院关于建立城镇职工基本医疗保险制度的决定》《失业保险条例》，这些政策法规的出台构成了我国现行社会保障制度的基础。此后，国家又对相关制度进行了完善，出台了包括《国务院关于完善企业职工基本养老保险制度的决定》《关于推进企业职工基本养老保险省级统筹有关问题的通知》等文件在内的政策法规，对相关制度作了进一步的细化和调整。整体来看，这一阶段是我国社会保险体系的重要转型阶段，标志着原有社会保险体系完成了为国有企业服务的使命，开启了社会保险社会化的新阶段，并成为市场经济体系中的重要组成部分。但值得注意的是，这一阶段的社会保险改革主要针对企业职工，而机关事业单位则仍沿袭国家—单位保障制，并没有实现社会化，因而形成了国家—单位保障制和社会保障制并存的局面。

（三）社会保险体系基本框架的确立

2011 年 7 月 1 日实施的《社会保险法》是新中国成立以来第一部规范社会保险的综合性法律，标志着我国社会保险体系的基本框架得到确立。《社会保险法》对社会保险的作用、保障范围、缴纳和发放情况等多个方面进行了详细的规定，并强调职工应参加社会保险中的各项保障计划；由用人单位和职工按照国家规定共同缴纳社会保险的多数项目。该部法律还强调用人单位应依法办理社会保险登记，对参加劳动关系的劳动者在丧失劳动能力和失业时给予必要的物质帮助。针对长期以来机关事业单位养老保险与城镇职工养老保险的二元养老保险体制的存在，国务院出台了《国务院关于机关事业单位工作人员养老保险制度改革的决定》，提出实行社会统筹与个人账户相结合的基本养老保险制度，实现机关事业单位养老保险和城镇职工养老保险制度的并轨。针对长期存在的社会保险二元征缴体制，2018 年党的十九届三中全会通过的《中共中央关于深化党和国家机构改革的决定》明确提出，"为提高社会保险资金征管效率，将基本养老保险费、基本医疗保险费、失业保险费等各项社会保险费交由税务部门统一征收"。此后，中共中央办公厅、国务院办公厅于 2018 年 7 月 20 日印发了《国税地税征管体制改革方案》，其中明确规定从 2019 年 1 月 1 日起，将基本养老保险费、基本医疗保险费、失业保险费、工伤保险费、生育保险费等各项社会保险费交由税务部门统一征收。这意味着连续运行了近 20 年的社保双主体征缴体制将终结，全面调整为税务部门征收。随着我国人口结构和经济发展水平的变化，我国的社会保险框架将不断调整深化。

二、我国社会保险制度的构成及其演变

养老保险、医疗保险、工伤保险、失业保险和生育保险五项社会保险构成了我国城镇职工社会保险体系，但这五项制度在历史沿革和改革过程中仍有所差异，具体如下。

（一）我国城镇企业职工基本养老保险制度变迁

我国基本养老保险制度的变迁经历了三个阶段，分别为国家—单位养老阶段、社会统筹养老阶段和统账结合养老阶段。

在第一阶段的国家—单位养老阶段，其覆盖群体主要是国家机关、事业单位和国有企业职工，其养老金的发放并不需要个人缴费，而是由国家财政拨款和企业所在国有单位负责。

第二阶段为社会统筹阶段（1986～1995年）。在这一阶段中，随着国有企业改革的推进，原有的国家—单位养老保险制度难以为继，因此开始逐步走向社会化统筹的社会养老保险制度。根据1986年国务院颁布的《国营企业实现劳动合同制暂行规定》，企业职工的退休金采取社会统筹的办法，由企业和职工共同承担，其缴费比例分别为15%和3%。当养老基金收不抵支时国家财政给予补助，这一阶段具有典型的现收现付制度特点。1991年6月26日颁布的《关于企业职工养老保险制度改革的决定》规定实行多方分担责任制，由国家、企业、个人共同承担养老保险费用，并建立了社会基本养老保险、企业补充养老保险、个人储蓄三位一体的多层次保障模式。

第三阶段为统账结合阶段（1995年至今）。第三阶段同第二阶段的主要区别在于设立了个人账户的完全积累制，标志着从现收现付制转变为部分积累制，政策文件为1995年3月1日颁布的《关于深化企业职业养老保险制度改革的通知》，其中明确提出了个人账户完全积累制的制度安排。此后，国务院提出构建统一的企业职工养老保险制度，并对企业和职工的缴费比例、个人账户的管理作了明确规定。根据国务院《关于建立统一的企业职工养老保险制度的决定》《国务院关于完善企业职工基本养老保险制度的决定》等政策文件规定，企业缴纳基本养老保险费的比例，一般不得超过企业工资总额的20%，

具体比例由省、自治区、直辖市人民政府确定，个人缴纳基本养老保险费不得低于本人缴费工资的4%，1998年起每两年提高1个百分点，最终达到本人缴费工资的8%。在资金的使用上，将企业缴费的3%和个人缴费的8%划入职工个人账户，个人账户储存额归职工所有，但只用于职工养老，不得提前支取，并以每期银行同期存款利率计算利息。此后，国务院又规定自2006年1月1日起，个人账户的规模统一由本人缴费工资的11%调整为8%，全部由个人缴费形成，单位缴费不再划入个人账户。

（二）我国城镇企业职工基本医疗保险制度变迁

同养老保险制度一样，我国城镇企业职工医疗保险制度也经历了由单位负责向社会统筹的转变。在计划经济时代，我国城镇企业职工主要是劳保医疗制度，职工的医疗费用主要由企业按工资总额的一定比例计提，不足部分则由企业劳动保险基金和福利费来弥补。这种由单位兜底的劳保免费医疗制度给企业带来了较为沉重的负担，同时也容易造成医疗资源的浪费。针对此问题，从20世纪80年代末开始，企业逐渐由劳保医疗向社会医疗保险转型。但是，改革基本是一个循序渐进的过程，先是试点由职工个人承担一部分医疗费用或者对本单位医疗费用进行分摊，但实际上仍是由单位承担主体责任，此后逐步走向社会统筹与个人账户相结合的制度安排。1994年党的十四届三中全会通过的《关于建设社会主义市场经济若干问题的决定》，对市场经济条件下的我国城镇企业职工医疗保险制度作了统账结合的模式安排，并在两江试点中形成了统账结合的雏形。1998年国务院出台了《国务院关于建立城镇职工基本医疗保险制度的决定》的政策规定，以法规的形式对基本医疗保险制度的统账结合制度进行了安排，其中规定基本医疗保险费由用人单位和职工双方共同负担，用人单位缴费一般为上年度职工工资总额的6%左右，个人缴费占本人工资的2%左右，基本医疗保险基金实行社会统筹和个人账户相结合，个人缴费全部计入个人账户，用人单位缴费的30%左右划入个人账户，其余部分用于建立统筹基金。个人账户主要用于小病或门诊费用，统筹基金主要用于大病或住院费用。

（三）我国城镇企业职工基本失业保险制度变迁

在计划经济时代，我国实行的是统一分配的就业政策，不存在失业的问题，因此也没有失业保险。我国的失业保险最早称为待业保险，1986年国务院颁布的《国营企业职工待业保险暂行规定》提出，企业按照标准工资总额的1%缴纳待业保险费，并对职工领取待业救济金的条件和标准作了明确规定，但这一制度仅覆盖国有企业。随着国有企业改革的深化和市场经济体制的确立，1993年4月12日颁布了《国有企业职工待业保险规定》，并将企业的缴费比例由1986年的1%降到0.7%。但是随着国有企业的抓大放小和破产，仅由国有企业出资负担的待业保险基金面临着基金收入骤减而支出压力骤增的局面。针对此，国务院于1999年1月22日颁布了《失业保险条例》取代待业保险制度，开始覆盖所有城镇企业职工而不仅仅是国有企业职工，该条例规定了由企业和员工共同承担缴费义务，城镇企业按照工资总额的2%缴纳失业保险费，职工按照工资总额的1%缴纳。《失业保险条例》的出台标志着我国失业保险制度的正式确立。

（四）我国城镇企业职工基本工伤、生育保险制度变迁

在我国社会保险的发展历程中，工伤保险和生育保险一直以企业为缴费主体，职工无须缴纳工伤保险费和生育保险费。目前我国的工伤保险缴费比例为工资总额的1%，生育保险为工资总额的0.7%。各地区可根据实际情况和经济发展水平作相应调整。

第三节　我国社会保险制度的现状

一、政策缴费率

1997年，中国开始实施社会统筹和个人账户相结合的半基金制的社会保险制度，其初衷除了想保留一部分社会统筹以实现社会风险互济的功能外，还可以通过个人账户资金的积累与运营，实现资金的保值增值，应对人口老龄化。在这种模式下，社会保险费分为企业负担部分和个人负担部分，分别进入社会统筹账户和个人账户。我国目前社会保险缴费比例一般如下：养老保险，单位每月按缴费工资基数的20%，员工每月按本人缴费工资的8%缴纳；医疗保险，单位8%，个人2%；失业保险，单位2%，个人2%。工伤保险和生育保险完全由单位承担，各在1%左右，个人无须缴纳。

表3-2对我国社会保险制度的主要构成、企业和个人缴费率、适用对象

及文件依据进行了总结。由表 3 - 2 可知，企业是我国社会保险制度的主要承担者，而基本养老保险和医疗保险又是企业社会保险负担的主要构成部分，企业所承担的五项社会保险制度政策缴费率将近 30%，企业社保负担较重。封进（2013）指出，我国的社会保险政策缴费率即使与 OECD 等发达国家相比也处于较高水平。而赵静等（2015）指出，我国社会政策缴费率超过企业用工成本的 30%，个别地区甚至达到了 40%，高于绝大多数 OECD 国家。值得指出的是，针对企业社保政策缴费率，尤其是养老保险缴费率较高的问题，为降低企业社保负担和激发企业活力，国务院决定自 2016 年 5 月 1 日起阶段性降低社会保险费率，企业职工基本养老保险单位缴费比例超过 20% 的降到 20%，单位缴费比例为 20% 且基金结余可支付月数超过 9 个月的地区可将缴费比例降低到 19%，同时还对失业保险费率进行了阶段性降低[①]。在阶段性社保降费的基础上，中央又推出了《降低社会保险费率综合方案》，实施更大规模的减税降费措施，要求各地企业职工基本养老保险单位缴费比例高于 16% 的可降至 16%，低于 16% 的应出台过渡办法。

表 3 - 2　　　　　　　　我国社会保险制度的构成与政策缴费率

保险类型	缴费比例（%）		覆盖范围	文件依据
	企业	个人		
养老保险	20	8	城镇各类企业职工及个体劳动者	《关于建立统一的企业职工基本养老保险制度的决定》《关于完善企业职工基本养老保险制度的规定》
医疗保险	6	2	城镇所有用人单位，包括机关、事业单位、企业、社会团体，民办非企业单位	《关于建立城镇职工基本医疗保险制度的决定》
失业保险	2	1	城镇企业、事业单位及其职工	《失业保险条例》
工伤保险	0.5 - 1 - 2	-	境内各类企业、有雇工的个体工商户	《工伤保险条例》
生育保险	1	-	城镇企业、事业单位及其职工	《中华人民共和国人口与计划生育法》

① 详见《人力资源和社会保障部 财政部关于阶段性降低社会保险费率的通知》（人社部发〔2016〕36 号）。

虽然国务院对城镇企业职工基本养老保险和医疗保险的企业和职工缴费率进行了原则性的规定，但各地区在实际执行中往往会根据本地区实际情况进行适当调整，因此，各地的政策缴费率存在一定差异。本书收集了 2003～2007 年除西藏和港澳台地区外 30 个省份地级市层面养老保险和医疗保险政策缴费率的数据，发现绝大多数地级市的政策缴费率在 18%～20.5% 之间，但不同地区的政策缴费率仍存在一定程度的差异。黑龙江、山西和吉林等省份内地级市的政策缴费相对更高，超过了 20.5%，高于国务院规定的 20%，其中最高的黑河市达 28%，这与这些地方的老龄化程度较高、养老金支出压力较大有关；从省内差异来看，绝大部分省区内地级市的政策缴费率基本一致，但广东、浙江和辽宁等省区内地级市之间的政策缴费率仍存在一些差异，一些地级市政策缴费率差异要相对低于省内其他城市。与养老保险不同，医疗保险的政策缴费率差异相对较小，绝大部分地级市政策缴费率在 6%～8% 之间，但也有一些地级市政策缴费率高于 8%，不过在分布上相对更为分散。从地级市层面企业养老保险和医疗保险合计政策缴费率的分布来看，合计政策缴费率在 20.5%～26.5% 的地级市为 155 个，占全部地级市样本量的 53.82%，而合计政策缴费率在 26.5% 以上的地级市为 124 个，占比为 43%。从区域分布来看，东北三省、京津冀以及江苏、安徽和四川等省份内地级市的合计政策缴费率相对较高。需要指出的是，在同一省份内部，不同地级市的合计政策缴费率存在明显差异，如广东、山东和浙江等省内不同地级市的政策缴费率差异较为明显。

总体来看，虽然各地养老保险和医疗保险的企业政策缴费率存在一定程度的差异，但企业总体的社保缴费负担仍然较重。本书所收集的 288 个地级市养老和医疗保险企业政策缴费率之和的均值达到了 27.8%，在国际上处于较高的缴费水平，企业基于控制用工成本的考虑存在较强的逃费动机（孙祁祥，2001；赵耀辉和徐建国，2001；封进，2013；赵静等，2016）。因此，在较高的政策缴费率背景下，考察社会保险制度对企业行为的影响能够为我们认识企业参保行为提供新的视角，对于完善城镇企业职工社会保险制度和保障劳动者权益具有重要的理论和现实意义。

二、缴费基数与统筹层次

《中华人民共和国社会保险法》对参保单位和职工的缴费基数作了较为明确的规定，其中参保单位以单位上年工资总额作为缴费基数，而参保职工也以本人上年工资总额月平均数作为本年度月缴费基数。其中，职工工资总额是指劳动者在上一年度（公历1月1日至12月31日）扣除五险一金缴费前所取得的全部货币收入，具体包括计时工资、计件工资、奖金、津贴和补贴、加班加点工资、特殊情况下支付的工资。为了防止收入差距过大对缴费基数的影响，维护社会保险的相对公平，社会保险缴费基数存在上下限，对于下限的规定是不能低于上年度全市职工月平均工资的60%，但不同类型企业职工的下限也有所差异，私营企业职工、个体工商户雇工和非本市城镇户口职工不得低于平均工资的50%；私营企业法人、股东、个体工商户业主不得低于平均工资的100%，缴费基数的上限则是不能高于本市上年度全市职工平均工资的300%。

缴费基数在同一缴费年度内一年一定，中途不作变更。每年4~6月，用人单位应主动向社保经办机构或者税务机关申报本年度职工社会保险缴费基数，并由社保经办机构或者税务机关予以核定。近年来，随着我国最低工资制度的建立、完善和经济的腾飞，企业的工资水平进入快速上涨阶段，同时法定社会保险缴费率处于较高水平，而社会保险缴费下限的规定也使一些企业必须为低收入劳动者按最低基数缴费，这给企业带来了沉重的成本负担，增加了企业逃避社保缴费的动机。在社会保险缴费率固定不变且社会保险机构监管和处罚力度有限的情况下，企业有少报缴费基数以减轻缴费负担的激励。谷延辉、王文春等（2002）对石家庄企业职工的缴费工资与全部工资的对比数据分析发现，缴费基数不准是普遍的问题。企业一般有两种规避方式：一是以社会平均工资的申报而少报了缴费基数；二是按照缴费职工的个人工资合计申报，对企业发放的临时工、季节工的工资隐瞒不报而少报了缴费基数。

社会保险的统筹层次主要是包括社会保险费缴费标准、养老金计发办法、社会保险基金使用等在内的整个社会保险制度在一定范围内的统一设计和统一管理。一般认为，统筹层次越高，社会保险基金抗风险能力越强，同时便于社会保险基金的管理运营。目前来看，中国社会保险体系的统筹层次还较低，存在较为严重的条块分割问题，社会保险关系在跨省至省内跨地区转移、接续等方面存在着政策性壁垒，这不利于劳动力的自由流动。从1987年国家体改委、劳动人事部提出有条件的地方可以进行全省统筹的试点开始，到2003年召开的党的十六届三中全会首次提出"全国统筹"的概念，经过二十余年的努力才在2009年基本实现养老保险制度的省级统筹。2010年《中华人民共和国社会保险法》首次以法律的形式提出要实现基本养老保险基金的全国统筹，但实际上这种统筹很多是名义上的统筹，主要是通过建立省级层面的调剂金来实现省级统筹①。其次，从统筹的领域来看，目前以基本养老保险领域为主，其余四项社会保险制度的统筹进度仍然滞后。较低的统筹层次给社会保险基金的有效运营和安全性带来了十分严峻的挑战。特别是随着老龄化的加剧，不同地区间的社会保险负担差距明显，一些老龄化严重的地区甚至面临着基金穿底的风险。同时，由于统筹层次较低的原因，影响到养老金待遇计发的公平性，也不利于养老保险制度的可持续发展。2010年，《中华人民共和国社会保险法》首次以法律的形式提出要实现基本养老保险基金的全国统筹。同时社会保险的统筹层次越低，意味着社会保险费的管理主体就越多、越分散，而社会保险基金的投资运营专业性较强，需要一个统一的运营主体进行专业化的运营投资，从而便于监管并控制投资风险。因此，提高社会保险的统筹层次，实现全国统筹势在必行。针对此，国家已经于2018年7月1日实施基本养老保险中央调剂制度，中央调剂基金由各省份养老保险基金上解，上解比例从3%起步，并逐步提高，从而缓解地区间企业职工基本养老保险基金负担不均衡的问题。中央调剂金制度的设立是对实现社会保险全国统筹的重要探索。2022年2月22日时任财政部副部长余蔚平在国务院新闻办公室新闻发布会上表示，城镇职工基本养老保险全国统筹，有助于养老资金在全国范围内互济余缺，充分发挥全国统筹模式下形成的规模效应，大幅提升养老服务的质量和水平，这也标志着这项工作已于2022年1月1日正式实施。

---

① 审计署2012年公布的社保审计报告显示，彼时我国尚有17个省份未能按照规定真正实现养老保险的省级统筹。

三、征缴体制

自 1951 年 2 月《中华人民共和国劳动保险条例》颁布实施以来，我国社会保险费一直以"费"的形式征收。在征缴主体的变迁过程中经历了工会征缴阶段（1951～1969 年）、征缴主体缺失阶段（1969～1991 年）、社保部门征缴阶段（1991～1995 年）和社保地税双重征缴阶段（1995 年至今）四个阶段（刘军强，2011；元林君，2018）。在工会征缴阶段，社会保险费主要由全国总工会向用人单位征缴，且可全国调剂，事实上做到了全国统筹。在 1969 年以后，根据财政部的改革意见，开始停止劳动保险金，改在营业外列支，此后由各地劳动部门接管劳动保险工作，由于企业不再缴纳劳动保险，因而主要依托单位来建立社会保障基金，征缴主体处于缺失阶段。20 世纪 90 年代以后，由于国企改革和市场化进程的推进，以单位为依托的社保制度难以为继，因此国务院发布《关于企业职工养老保险制度改革的决定》，其中规定企业和职工缴纳的养老保险费应转入社保机构的银行专户，主要由社保机构负责社会保险费的征缴。随着国企改革的深化和社保基金支付缺口的扩大，一些地方开始探索由地方税务部门代征社会保险费。1995 年，武汉市开始试点由地税部门征收企业职工养老保险费。1998 年财政部等四部委下发《企业职工基本养老保险基金实行收支两条线管理暂行规定》，其中规定基本养老保险基金的征收方式包括社保经办机构征收和地税部门代征。1999 年《社会保险费征缴暂行条例》则以法规的形式确定了社保经办机构和地税部门征收的双重征缴体制，并授权省级政府自主决定征缴主体的权利。随后，各省级区域陆续出台文件政策，就本省内社会保险的征缴主体和征缴方式进行了明确（见表 3 - 3）。从表 3 - 3 可以发现，1999～2001 年是省级政府进行征缴主体移交的高峰期，共有 14 个省级区域将社会保险的征缴主体由社保经办机构转移至地方税务部门，此后又陆续有河北、云南、浙江、宁夏和河南完成了征缴主体变更。因此，截至 2017 年 1 月 1 日，共有 19 个省市完成了社保征缴体制的改革，但从具体的征收方式、涵盖险种和文件形式来看，则存在较大差异。征收方式主要包括税务代征和税务全责征收两种模式，政策文件也存在政府规章和规范性文件的差异，因而在执行力度上可能也存在差异。各地区社会保险费征缴体制改革时间节点的差异是一个难得的"准自然实验",为推断社会保险费征缴体制改革对企业社保合规程度和用工成本的影响提供了较好的素材。

表3-3 　　　各省级区域社会保险费征缴体制改革时间节点及文件依据

省份	实施时间	征收方式	涵盖险种	文件依据
重庆	1999年5月21日	社保核定,税务代征	养老和失业	《重庆市人民政府关于贯彻〈社会保险费征缴暂行条例〉扩大社会保险覆盖范围提高社会保险费征缴率的通知》
甘肃	2000年4月1日	社保核定,税务代征	养老和失业	《甘肃省失业保险基金、企业职工基本养老保险基金实行收支两条线管理暂行办法》
陕西	2000年5月1日	社保核定,税务代征	养老、医疗和失业	《陕西省税务征缴社会保险费暂行办法》
江苏	2000年7月1日	社保核定,税务代征	五险	《江苏省政府办公厅关于社会保险费改由地方税务部门征收的通知》
辽宁	2000年7月1日	社保核定,税务代征	五险	《辽宁省社会保险费征缴规定》
黑龙江	2000年10月1日	社保核定,税务代征	养老、医疗和失业	《黑龙江省社会保险费征缴办法》
海南	2000年11月1日	税务全责征收	五险	《海南省社会保险费征缴若干规定》
青海	2001年1月1日	税务全责征收	养老和失业	《青海省社会保险费征收暂行办法》
福建	2001年1月1日	税务全责征收	养老、失业和医疗	《福建省社会保险费征缴办法》
安徽	2001年1月1日	社保核定,税务代征	五险	《安徽省社会保险费征缴暂行规定》
内蒙古	2001年1月1日	税务全责征收	养老、失业和医疗	《内蒙古自治区社会保险费税务征缴暂行办法》
广东	2001年4月1日	税务全责征收	五险	《广东省社会保险费征缴办法》
湖南	2001年5月1日	税务全责征收	养老、失业和医疗	《湖南省实施〈社会保险费征缴暂行条例〉办法》
湖北	2001年7月1日	社保核定,税务代征	五险	《湖北省社会保险费征缴管理试行办法》
河北	2002年3月1日	社保核定,税务代征	养老和失业	《河北省社会保险费征缴暂行办法》

续表

省份	实施时间	征收方式	涵盖险种	文件依据
云南	2004 年 7 月 1 日	社保核定，税务代征	五险	《云南省人民政府关于在全省范围内开展社会保险费由地方税务机关统一征收工作的通知》
浙江	2005 年 6 月 1 日	税务全责征收	五险	《浙江省社会保险费征缴办法》
宁夏	2008 年 1 月 1 日	税务全责征收	五险	《宁夏回族自治区人民政府关于加强社会保险费征管工作的意见（试行）》
河南	2017 年 1 月 1 日	社保核定，税务代征	五险	《河南省人民政府关于社会保险费改由地方税务机关征收的通告》

资料来源：笔者通过公开政策文件整理得到。

根据前述的政策梳理可以发现，目前我国主要存在社保部门全责征收、地税代征和税务部门全责征收三种主要征缴方式。其中，社保部门全责征收是指社会保险经办机构的全程负责社会保险的登记、申报、核定、征缴、追欠、处罚和记账等全部工作；地税代征是指由社保经办机构负责用人单位社会保险费的核定，并向税务部门传送征管计划，由税务部门代为征收的征管方式；税务部门全责征收则是由税务部门全面负责社会保险费的申报、核定和征收等工作，而社保只负责记账和发放等工作（刘军强，2011；元林君，2018）。截至目前，表 3 - 3 所列的重庆、甘肃等 11 个省市采用的是税务代征模式，海南、浙江等 8 个省市采用的是税务全责征收模式，其余省市采用的是社保部门全责征收模式。

四、社会保险收入与制度覆盖率

我国社会保险制度目前存在较为严重的条块分割现象，统筹层次不高、费率与征缴制度的不统一导致企业和劳动者的参保积极性不高，企业社保逃费现象较为严重，导致社会保险收入增长较为缓慢，社会保险制度覆盖率仍有较大的提升空间。表 3 - 4 为 1990~2018 年我国社会保险基金收入一览表，可以发现，基本养老保险和医疗保险在社会保险基金中具有举足轻重的地位，是两项最为重要的社会保险制度。从基金收入的增长来看，自 1990 年开始我国社会保险基金经历了一个较为迅速的增长过程，尤其是自 1997~1998 年全面建立城镇职工社会保险制度以来，社会保险基金收入增长迈入快车道；但在 2011 年以前，由于缺乏较高层次的法律法规制度约束，基金收入增长较为缓慢；随着 2011 年《中华人民共和国社会保险法》的出台，社会保险基金的征缴开始有法可依，基金收入增幅进一步加快。

表 3-4　　　　1990~2018 年我国社会保险基金收入一览表　　　单位：亿元

年份	合计	基本养老保险	失业保险	基本医疗保险	工伤保险	生育保险
1990	186.0	178.8	7.2	—	—	—
1995	1006.1	950.1	35.3	9.7	8.1	2.9
2000	2644.9	2278.5	160.4	170.0	24.8	11.2
2001	3101.9	2489.0	187.3	383.6	28.3	13.7
2002	4048.7	3171.5	215.6	607.8	32.0	21.8
2003	4882.9	3680.0	249.5	890.0	37.6	25.8
2004	5780.1	4258.4	290.8	1140.5	58.3	32.1
2005	6975.2	5093.3	340.3	1405.3	92.5	43.8
2006	8643.2	6309.8	402.4	1747.1	121.8	62.1
2007	10812.3	7834.2	471.7	2257.2	165.6	83.6
2008	13696.1	9740.2	585.1	3040.4	216.7	113.7
2009	16115.6	11490.8	580.4	3671.9	240.1	132.4
2010	19276.1	13872.9	649.8	4308.9	284.9	159.6
2011	25153.3	18004.8	923.1	5539.2	466.4	219.8
2012	30738.7	21830.2	1138.9	6938.7	526.7	304.2
2013	35253.0	24732.6	1288.9	8248.3	614.8	368.4
2014	39827.8	27619.9	1379.8	9687.2	694.8	446.1
2015	46012.1	32195.5	1367.8	11192.9	754.2	501.7
2016	53562.0	37990.8	1228.9	13084.3	736.9	521.9
2017	67154.5	46613.8	1112.6	17931.3	853.8	643.0
2018	79254.8	55005.3	1171.1	21384.4	913.0	781.0

资料来源：《中国统计年鉴 2019》。

整体来看，近年来社会保险基金保持持续增长的态势，但实际我国社会保险长期存在基数不实和漏缴等问题，费源流失较为严重，企业社保逃费现象较为普遍，社保遵从度不高。人社部在社保核查中发现，企业存在着非常普遍且严重的逃缴、漏缴社会保险费的问题，且该问题一直没有得到解决，并仍有加剧倾向（见表3-5）。以2008年为例，在全国的核查中，发现有3万人未缴社保费而享受社会保障待遇，涉及资金6970万元；实地稽核社保费缴费情况，在核查的221万户企业中就发现少报漏报1301万人，涉及少缴漏缴资金50亿元。另以2010年为例，在全国核查中，共发现5万人未缴社保费而享受社会保障待遇，涉及资金8154万元；在实地核查221万户企业中发现少报漏报人数676万人，涉及资金35亿元。同样，2013年的情况依然如此，在核查的237万户企业中就发现少报漏报779万人，涉及少缴漏缴社会保险费34.2亿元，冒领社会保险待遇3.5万人，涉及资金1.27亿元。

表3-5 社会保险缴纳遵从度情况

年份	稽核户数（万户）	涉及职工（万人次）	少报漏报人数（万人次）	占比（%）	少缴漏缴额（亿元）	冒领人次（万人次）	冒领金额（万元）
2008	241	11982	1301	10.86	50	3	6970
2010	221	14185	676	4.77	27	5	8154
2011	204	16287	667	4.10	35	6	9475
2012	212	17500	—	—	35	6	9475
2013	237	21451	779	3.63	34.20	3.50	12700

资料来源：人社部网站。

进一步地，本节对全国层面的企业社会保险制度覆盖率进行了统计。图3-1和图3-2显示了1997~2016年我国基本养老保险和医疗保险的职工参保情况，总体而言，职工参加基本养老保险和医疗保险的人数和比例均呈稳定上升趋势，但职工参保比例仍待提高。2016年参加养老保险的在岗职工占城镇就业人员的比重约为70%，而城镇在岗职工参加医疗保险的人数占城镇就业人员的比例为50%左右，且近期增长趋于停滞，甚至有下滑态势。[1] 在人口红利逐渐消失和老龄化日益加速的背景下，参保率偏低将会影响社会保险的偿付能力，不利于社会保险制度的平稳运行和功能发挥。

---

① 由于我国城镇基本医疗保险包括城镇职工基本医疗保险和城镇居民基本医疗保险，城镇就业人员中有一部分可能参加的是城镇居民医疗保险，因而图3-2中的职工医疗保险参保占城镇就业人员的比重可能偏低。

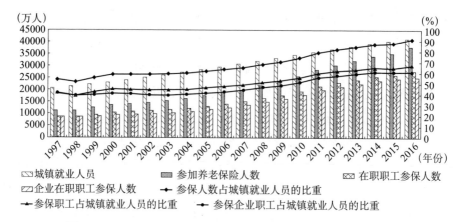

图 3 - 1　1997 ~ 2016 年我国基本养老保险及职工参保情况的变动

资料来源：城镇就业人员、参保人员情况数据均来源于国家统计局，由于国家统计局未给出参保职工的具体范围，在城镇就业地参加了新农保的农民工可能未纳入统计范围。

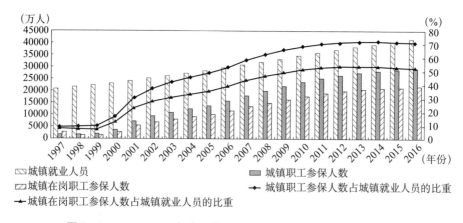

图 3 - 2　1997 ~ 2016 年我国基本医疗保险及职工参保情况的变动

资料来源：城镇就业人员、参保人员情况数据均来源于国家统计局，由于国家统计局未给出参保职工的具体范围，在城镇就业地参加了农村基本医疗保险的农民工可能未纳入统计范围。

　　为进一步探究上述企业社保逃费现象的微观基础，本节结合 2004 ~ 2007 年的工业企业数据库和 2008 ~ 2011 年的全国税收调查数据库，就企业的社保逃费行为进行了描述性统计①。图 3 - 3 为工业企业数据库中企业的实际缴费

---

　　①　本章所指的社会保险主要是指最为重要同时也是企业缴费占比最高的城镇职工养老保险和医疗保险。本章描述性统计中的参保比例为参保企业占全部企业的百分比，实际缴费率为企业缴纳的社会保险费与职工工资总额之比，相对缴费率 =（实际缴费率 - 政策缴费率）/政策缴费率。

水平，显然有相当一部分企业的缴费比例为0，而在参保企业中，缴费比例低
于26%的企业占绝大部分。从图3-4的相对缴费比例来看，其分布与图3-3
类似，相对缴费比例为-1的企业（即没有参保的企业）占比最高，而相对缴
费比例低于-0.5的企业占比也相对较高，表明很大一部分企业实际缴费水平
没有达到政策缴费率的一半，仅有很小一部分企业相对缴费比例等于0或在0
以上。图3-3、图3-4反映出，在较高的政策缴费率下，企业的参保积极性
不高，即使参保也会通过多种手段来逃避社会保险费征缴，缴费不足和逃费现
象十分普遍。

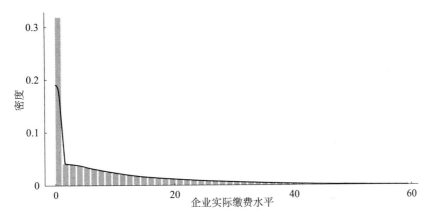

图3-3 2004~2007年工业企业数据库中企业实际缴费率

资料来源：笔者计算得到。

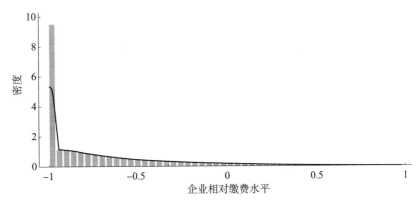

图3-4 2004~2007年工业企业数据库中企业相对缴费率

资料来源：笔者计算得到。

进一步地，为考察哪些企业的社保逃费现象较为严重，本节结合工业企业数据库和税调数据库绘制了不同类型企业的参保比例和实际缴费率的变化图，具体如图 3-5 至图 3-8 所示。图 3-5 和图 3-6 从所有制的角度对企业的参保比例和缴费率进行了刻画，可以发现，总体上企业的参保比例呈波动趋势，增长态势并不明显，仅在 2008 年达到顶峰，随后有所下调后再回升，这可能与 2008 年《劳动合同法》的出台有关，从而促使企业提高社保合规程度。从

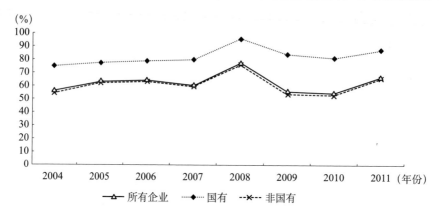

图 3-5 2004~2011 年国有和非国有企业的参保比例变动

资料来源：笔者计算得到。

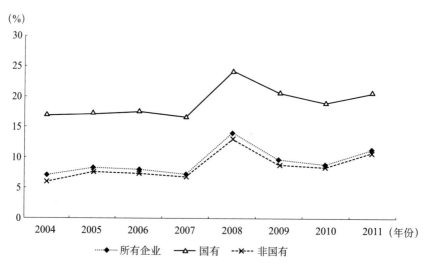

图 3-6 2004~2011 年国有和非国有企业的实际缴费率变动

资料来源：笔者计算得到。

不同所有制的变动差异来看，国有企业的参保比例要显著高于非国有企业 15 个百分点左右，在 2008 年时甚至超过了 90%，而非国有企业的参保比例同总体样本走势较为一致。从图 3–6 的缴费率差异来看，国有企业的实际缴费率是非国有企业的两倍，且这一差距基本维持不变，在 2008 年之后缴费率的下降也更为平缓，这表明国有企业的社保合规程度明显高于非国有企业。事实上，国有企业作为公有制企业，其并不以利润最大化为主要目标，强调社会责任和重视员工福利，社保逃费现象相对较少。

　　图 3–7 和图 3–8 从劳动密集度的角度对企业的社保逃费差异进行了刻画，其中劳动密集度主要根据企业所处的两位数行业进行划分，如所处行业代码在 13~22 为劳动密集型企业，否则为非劳动密集型企业。从图形结果来看，总体上非劳动密集型企业的参保比例和缴费率要相对高于劳动密集型企业，但二者的差异并不是很大。对于劳动密集型企业来说，由于十分依赖劳动力的投入，对于劳动力成本的变化相对敏感，因而存在较强的社保逃费动机。

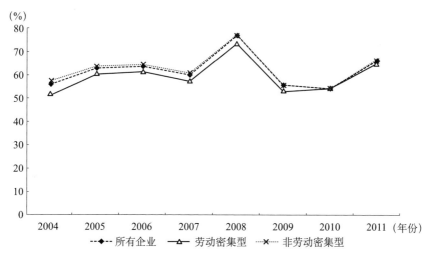

图 3–7　2004~2011 年不同劳动密集型企业的参保比例

资料来源：笔者计算得到。

　　前述基于微观数据的描述性统计较好地解释了宏观数据中社保覆盖率和企业遵从度较低的微观基础。但是，企业实际参保比例和缴费率低是企业社保逃费的外在表现，其内在原因很大一部分与社会保险的缴费基数不实有关。《中国企业社保白皮书 2017》的调查数据显示，从 2016 年开始，我国社保基数合

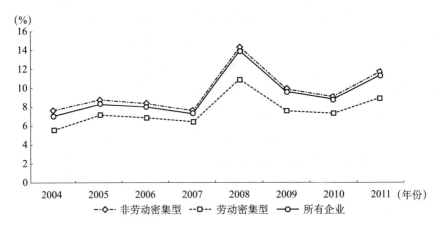

图3-8 2004～2011年不同劳动密集型企业的实际缴费率变动

资料来源：笔者计算得到。

规的企业比例继续下滑，社保缴费基数完全合规的企业仅占24.1%，其中
22.9%的企业统一按最低基数缴费（如图3-9所示）。从图3-9可以发现，
按最低下限为基数缴纳社保费的企业是最多的，还有不少企业的缴费基数只包
含固定工资而不包含奖金，或者进行内部分档，导致实际缴费基数较低，从而
使企业数据中的实际缴费率较低，可见社保费基数不实的问题需要引起重视。

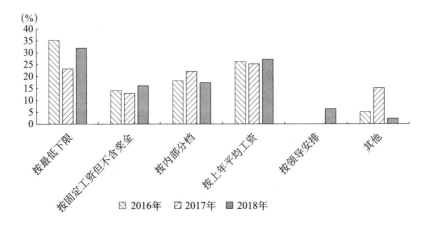

图3-9 《中国企业社保白皮书2017》中关于企业缴费基数的调研情况

资料来源：《中国企业社保白皮书2017》。

第四章

社保征缴体制改革对企业缴费行为的影响

第一节 问题的提出

自 20 世纪 90 年代末我国现行社会保障制度初步建立以来，社会保险费的征收主体一直包括社保经办机构和地方税务部门，这种二元征缴体制一直留存至今。根据《社会保险费征缴暂行条例》的规定，社会保险费的征收主体由省、自治区、直辖市人民政府规定，可以由税务部门征收，也可以由社会保险经办机构征收。因此，各省级政府在社会保险费的征收机构选择上可根据本地区实际选择地方税务部门或社保经办机构，截至 2017 年 1 月 1 日，共有重庆等 19 个省市的社会保险费由地方税务部门征收，其余 12 个省市的社会保险费则由社保经办机构负责征收。虽然关于社保征缴机构的选择对于征缴效率影响的争论一直存在，但 2018 年党的十九届三中全会通过的《中共中央关于深化党和国家机构改革的决定》明确提出"为提高社会保险资金征管效率，将基本养老保险费、基本医疗保险费、失业保险费等各项社会保险费交由税务部门统一征收"。此后，中共中央办公厅、国务院办公厅于 2018 年 7 月 20 日印发了《国税地税征管体制改革方案》，其中明确规定从 2019 年 1 月 1 日起，将基本养老保险费、基本医疗保险费、失业保险费、工伤保险费、生育保险费等各项社会保险费交由税务部门统一征收。这意味着连续运行了近 20 年的社保双主体征缴体制将终结，全面调整为税务部门征收。虽然此后国税总局发文明确企业缴纳的社会保险费征收职能将暂缓移交至税务部门，但关于社会保险费征缴体制改革对企业社保负担和劳动力成本影响的讨论早已众说纷纭，成为备受关注的问题。

另外，企业社保违规现象十分普遍，不少企业通过低报费基、瞒报雇员人数、隐瞒缴费基数或与员工合谋低报工资收入、雇用临时工和拖欠社保费用（Nyland et al.，2006；Bailey & Turner，2001）等手段来逃避社保缴费。2011年，郑州市在社保稽查中发现各险种应保未保117743人，少报缴费工资基数217315.07万元，少缴社会保险费17582.19万元，稽查中发现，高达92%的用人单位存在违反社保法律法规的情况（赵绍阳和杨豪，2016）。2016年，陕西省欠缴养老保险费的企业达4700多户，欠缴金额约42亿元（肖严华等，2017）。根据《中国企业社保白皮书2017》的调查，2017年社保缴费基数完全合规的企业仅占24.1%，且合规企业占比从2015年开始不断下滑。

由于税务部门在社保费用征收方面具有资源优势和对企业的信息优势，社会保险费征缴体制的全面改革意味着社保费的征收力度将大大增强，而目前企业社保合规程度较低，社会保险费征缴体制的全面改革可能对企业用工成本形成较大冲击。从现有文献来看，较少有研究从企业视角考察社保征缴体制改革对企业用工成本和社保合规程度的影响。本章通过面板数据模型和双重差分（DID）等计量方法，在不同社保政策缴费率背景下，利用2004~2007年云南省和浙江省各地级市的社会保险征缴体制渐进改革作为准自然实验，来识别社会保险费征缴体制改革对社保合规程度的影响及其机制，并比较税务代征和税务全责征收两种征收模式对企业社保合规程度的影响差异，为科学评估社保征缴体制改革的政策效果提供了微观层面的经验证据，同时，也将为社保征缴体制改革和社会保险降费政策提供参考。

本章结构安排如下：第二部分对本章的制度背景进行说明，并提出研究假设；第三部分介绍本章的数据来源与模型设定；第四部分对样本进行描述性统计；第五部分为实证检验；第六部分为稳健性检验；第七部分得出本章的研究结论和政策含义。

第二节　制度背景与研究假设

一、云南省和浙江省的社保征缴体制改革

2003 年 3 月 17 日，云南省人民政府印发了《云南省社会保险费统一征收试行办法》，其中第二条明确规定地方税务部门作为全省社会保险费统一征收机构，并对社保经办机构和地方税务部门在社会保险费征收管理中所应承担的职责进行了明确规定。紧接着，云南省在昆明市、曲靖市和玉溪市开展了由地方税务部门征收社会保险费的相关试点工作，明确地方税务部门作为社会保险费征收主体根据社保经办机构提供的征收计划征收社会保险费，征收的范围涵盖养老、医疗、失业、工伤和生育五险。2004 年 4 月 26 日，云南省发布《云南省人民政府关于在全省范围内开展社会保险费由地方税务部门统一征收工作的通知》，规定从 2004 年 7 月 1 日起全省范围内开展社会保险费由地方税务部门统一征收工作，并明确规定地方税务部门有权对缴费单位的社会保险费缴纳情况进行检查和追缴。2007 年 1 月 1 日实施的《云南省社会保险费征缴条例》则进一步以立法的形式对云南省的社会保险费征缴进行了规范，明确了该省实行"社保核定，税务代征"的征缴模式。该条例明确规定社会保险费的征收范围为养老、医疗、失业、工伤和生育五险，社保经办机构主要负责社会保险登记、缴费申报受理、征收基数核定和稽核等工作，并负责将社会保险费征收计划和清欠计划提交地方税务部门，地方税务部门则按照征收计划和清欠计划征收社会保险费，但也参与社会保险费征收计划和清欠计划的研究制订，并负责社会保险费清欠工作。

相对于云南省，浙江省的社会保险费征缴体制改革相对复杂，时间跨度也相对更长。浙江省政府 1998 年 1 月 1 日实行的《关于建立统一的企业职工基本养老保险制度的通知》第二款第 12 条提及"基本养老保险费由税务部门代为征收，具体办法另行制定"，但实际上各地级市在征缴体制方面仍存在各自为政的情况，具体实施的时间节点也存在较大差异。2005 年 6 月 1 日实行的《浙江省社会保险费征缴办法》同样规定社会保险费的征缴范围包括养老、医疗、失业、工伤和生育五险，其中第六条规定社会保险费按照参保关系由人民政府地方税务部门实行属地征收，第九条规定有关部门和单位应当按规定如实

向地方税务部门提供与缴纳社会保险费、代扣代缴社会保险费有关的信息。地方税务部门应当及时向社会保险经办机构提供征缴情况。与云南省相比，浙江省采取的是税务部门全责征收的模式，税务部门不仅负责社会保险费的申报核定与征缴工作，还拥有追缴与处罚等权力。

在社保征缴体制改革的政策实施方面，浙江省各地级市的实施存在较大差异。2006 年 8 月 23 日颁布的《浙江省人民政府办公厅关于推进社会保险费五费合征工作的意见》指出，各地社保征缴仍然存在缴费基数不统一、征收渠道不统一等问题，并明确五费合征的目标是通过 3 年的努力实现在全省全面实行参保登记、征收机构、征缴基数、征缴流程和数据信息统一的社会保险费征缴模式。通过查阅浙江省各地级市的相关政策文件，发现在社会保险费的征缴体制改革过程中，各地区的政策实施节点存在较大差异。具体来说，金华市在 2004 年之前就已由税务部门征收社会保险费，嘉兴市和湖州市在 2004 年 1 月 1 日开始由税务部门征收，温州市的政策实施节点为 2004 年 10 月 1 日，丽水市的实施节点为 2005 年 7 月 1 日，杭州和绍兴为 2005 年 10 月 1 日，衢州为 2006 年 7 月 1 日，舟山为 2007 年 9 月 1 日，宁波和台州实施最晚，分别为 2013 年 5 月 1 日和 2017 年 8 月 1 日。虽然浙江省内各地级市的社保征缴体制改革的政策时间节点存在差异，且所涵盖的险种范围也各不相同，但采取的均是税务部门全责征收的征缴模式。

本章就云南省和浙江省各地级市社会保险费征缴体制改革的政策节点和相应的文件依据进行了总结，具体见表 4-1。从表 4-1 中可以发现，云南省和浙江省各地级市社保征缴体制改革绝大部分集中于 2003~2007 年，且具有明显的分批推进、逐次推广的特征，这为后文的实证检验创造了有利条件。

表 4-1　云南省及浙江省各地级市社会保险费征缴体制改革时间节点差异

政策实施时间	实施城市	文件依据
2003 年及以前	昆明；曲靖；玉溪；金华	《昆明市社会保险费征收管理暂行办法》《曲靖市社会保险费征缴管理暂行办法》
2004 年	保山；昭通；丽江；普洱；临沧；楚雄；红河；文山；西双版纳；大理；德宏；怒江；迪庆；嘉兴；湖州；温州	《云南省人民政府关于在全省范围内开展社会保险费由地方税务机关统一征收工作的通知》《嘉兴市本级社会保险费征缴管理暂行办法》；《湖州市人民政府关于湖州市职工基本养老保险费失业保险费征缴工作的通知》；《温州市地方税务局关于基本养老保险费征缴若干问题规定的通知》

续表

政策实施时间	实施城市	文件依据
2005 年	丽水；杭州；绍兴	《丽水市社会保险费征管规范化管理的探索与实践》；《杭州市社会保险费征缴办法》；《绍兴市人民政府办公室关于进一步加强市区社会保险费征缴工作的意见》
2006 年	衢州	《衢州市人民政府办公室关于印发衢州市区社会保险费征缴管理实施办法的通知》
2007 年	舟山	《舟山市人民政府关于推进社会保险费五费合征工作的实施意见》
2013 年	宁波	《宁波市社会保险费征缴管理暂行办法》
2017 年	台州	《台州市人民政府办公室关于印发推进台州市区社会保险费征缴工作的实施意见的通知》

资料来源：笔者根据公开政策文件整理得到。

二、研究假设

社保征缴体制改革对企业社保合规的影响，主要可以从征收主体的信息与资源优势、征缴激励以及企业的遵从成本三个角度进行分析。首先，从信息与资源优势来看，相对于社保经办机构，地税部门存在如下优势：在信息优势上税务部门有"金税工程"等信息平台，对企业的财务信息掌握更为全面；在资源优势上，税务部门的征收队伍更为庞大，且征收经验更为丰富，对企业的制约手段更为丰富，对逃费行为的震慑能力更强。其次，征收激励会直接影响征收主体的征收强度，进而影响企业的社保合规程度，而征收激励则与征收成本和征收收益有关。从征收成本来看，由于税务机关有现成的人员和信息系统，具有良好的数据基础和规模效应，征收社会保险费所导致边际成本增加相对较少。从征收收益来看，由税务部门征收税费保险费能够使得其人员编制和经费得到扩张，相关人员也可通过社会保险费征缴获得相应的物质奖励，从而形成类似税收征管中的剩余索取权激励机制。也就是说，税务部门征收社会保险费的征收边际成本较低，但能带来较多的部门利益，因而其具有较高的征收激励。最后，从企业的逃费成本来看，社会保险费的征收主体调整为税务部门后，由于税务部门对税费"同征同管"，参保企业仅需准备一份税费申报资料就可以完成社会保险费的申报核定，使得申报手续更为简便，能够有效降低大部分参保企业的遵从成本，从而提高企业的社保合规程度。综合来看，税务机关不仅具有信息和资源优势，使得企业社保逃费更为困难，且具有较强的征收激励，在一定程度上还能降低企业遵从成本，因而总体上能够提高企业的社保合规程度。由此，本章提出以下研究假设。

假设 H1：在社保征缴主体由社保经办机构调整为地方税务部门后，企业的社保逃费难度增加，且社保合规程度会有所提高，具体表现为企业参保概率上升或参保后缴费率上升。

总体来看，虽然税务部门在信息和资源掌握方面具有一定的优势，但由于存在税务机关代征和全责征收两种不同的征收模式，在不同的征收模式中税务机关所赋予的职权可能存在差异，这不仅会影响税务机关的信息和资源优势的发挥，还会对税务机关的征收激励产生影响，从而影响其征收强度和企业社保合规。在地税代征模式下，主要由社保经办机构负责用人单位社会保险费的核定，并向税务部门传送征管计划，税务部门仅负责征收环节，并不直接核定费基和企业工资总额，这在一定程度上会削弱税务机关信息优势的发挥（彭雪梅等，2015）。此外，核定和征收环节的分离在无形中增加了机构间沟通协调的成本，更容易导致信息不对称，同时提高了企业的遵从成本，使企业社保逃费有机可乘（刘军强，2011）。从征缴激励来看，税务代征模式下税务部门仅拥有征收的权力，而无核定、追缴和处罚等一系列的完整权力，所带来的部门利益扩张效果相对较小，且征收成效与个人绩效并不直接挂钩，这就可能使税务部门及其工作人员的征收激励相对较低。反之，在税务全责征收模式下，税务部门被赋予了更为完整的权力职能，其不仅具有核定和征收的权力，还具有相应的处罚追缴权力，能够完全掌控社会保险费征收的全部流程，且直接与其工作绩效挂钩，能够充分发挥其信息和人员优势，并充分发挥部门和个人利益的激励作用，因此社保征缴强度可能会更高。由此，本章提出以下研究假设。

假设 H2：税务代征和税务全责征收两种征缴模式对企业社保参保行为的影响可能存在差异，税务全责征收模式对企业社保合规程度的影响可能更强。

第三节　数据来源与模型设定

一、数据来源

本章所使用的微观企业数据主要来自 2004～2007 年的中国工业企业数据库，该数据库涵盖了全部国有企业及年销售收入在 500 万元以上的非国有企业的基本情况和财务信息，具有样本容量大与代表性强的特点，且样本以制造业企业为主，其对社会保险费征缴体制改革所带来的成本冲击更为敏感，是考察社会保险费征缴体制改革影响企业社保合规程度的理想数据库。中国工业企业数据库 2004～2007 年的数据中报告了企业的养老保险和医疗保险缴费情况，为我们度量企业的社会保险参保行为提供了指标依据。由于重庆等 15 个省份在 2004 年之前就已完成社会保险费征缴体制改革，本章剔除了位于这些省份的企业样本[①]。在对工业企业数据库的清理过程中，本章参考已有文献的做法（封进，2013；马双等，2014），对数据库中存在的异常样本进行了处理，剔除非营业状态和不适用企业会计制度的样本；剔除机构类型属于事业、机关、社会团体和民办非企业单位样本；剔除实收资本、固定资产、总资产、工业产值小于或等于 0 的样本；剔除应付职工福利、养老和医疗保险费小于 0 的样本；剔除固定资产大于总资产的样本；剔除企业负债为负数的样本。在此基础上，本章对职工工资总额、职工人数、总资产、总产值最高 1% 和最低 1% 的样本做了缩尾处理。针对养老和医疗保险实际缴费情况，本章对企业参保程度最高的 1% 样本进行了单边缩尾处理，最后得到了样本量为 516947 个的非平衡面板数据。

在城市层面，由于各地社会保险政策缴费率存在较大差异，为防止遗漏城市政策缴费率对企业社保缴费的影响，并计算企业的社保合规程度，本章通过劳动法宝等劳动咨询网站和北大法宝、北大法意等法律法规数据库搜集地级市层面的政策缴费率数据，共收集 1472 条，其中地级市数据 1124 条，共 281 个

[①]　值得注意的是，2007 年的工业企业数据库中，杭州市的所有企业的养老和医疗保险缴费数据均为 0，具体缺失原因未知，为保证数据的连续性和可比性，本章剔除了杭州市的企业样本。

地级市，占 334 个地级市的 84.13%。对于城市层面随时间变化的人口和经济变量，本章通过中经网数据库收集了地级市层面的总人口数量、职工数量、职工平均工资、财政支出和 GDP 等宏观经济数据。最后，本章将清理后的企业微观数据同城市面板数据合并，获得了样本量较大且信息丰富的企业—地级市匹配数据库。

二、计量模型设定

2004～2007 年，北京、河南等 14 个省市的社会保险费均由社保经办机构征收，且在此之前并未实施过由社保经办机构移交税务部门的政策，而浙江和云南省内的地级市则基本完成了社保征缴体制改革。社会保险费的征收主体由社保经办机构调整为地方税务部门，其不同之处在于云南省内采取的是税务代征模式，而浙江省内采取的则是税务全责征收模式。因此，我们可以利用云南省和浙江省内地级市层面的社保征缴体制渐进改革作为一次准自然实验。以云南和浙江省内的企业作为处理组，将其他未实施社会保险费征缴体制改革政策省份内的企业作为控制组，基于渐进双重差分（DID）方法来检验社会保险费征缴体制改革对企业社保合规程度的影响。由于云南和浙江省内各地级市的政策实施节点存在差异，本章参考周黎安和陈烨（2005）、郭峰和熊瑞祥（2018）等的做法，设定了如式（4-1）所示的 DID 模型：

$$Y_{ijt} = \beta_1 \, policy_{jt} + \beta_2 T_{jt} + \beta_3 X_{ijt} + \beta_4 Z_{jt} + \lambda_i + \nu_j + \partial_t + \varepsilon_{ijt} \qquad (4-1)$$

其中，下标 i 表示企业，j 表示企业所在的城市，t 为年份。$policy_{jt}$ 表示 j 城市 t 年是否实施了社会保险费征缴体制改革政策，若征收主体为税务部门，则取值为 1，若为社保经办机构则取值为 0，其作用相当于一般 DID 模型中的交互项，系数 β_1 估计的就是社会保险费征缴体制改革对企业社保合规的平均影响。由于各地政策执行的月份存在差异，参考郑春荣和王聪（2014）的做法，本章以 7 月 1 日为界限，若政策实施在 7 月 1 日之前，则从政策实施的当年开始取值为 1，若政策实施在 7 月 1 日之后，则从政策实施的次年开始取值为 1。Y_{ijt} 表示 j 城市 i 企业在 t 时期的社保合规程度，对于 Y_{ijt}，本章主要采用三个指标来加以度量：一是企业是否参加职工养老保险和医疗保险，如果企业当年缴纳的养老和医疗保险费用大于 0 表示企业参保，此时 Y_{ijt} 取值为 1，否则取值为 0；二是企业的实际社保缴费率，本章参考封进（2013）和赵静等（2015）的计算方法，通过工业企业数据库中企业养老和医疗保险费用指标除以工资总额得到；三是相对缴费率，主要是由于不同地区的政策缴费率差异较大，因此无法进行缴费率的直接比较，为保证可比性，同时也为了更好地度量企业的社保合规程度，本章通过企业实际缴费率与政策缴费率的差再除以政策缴费率得到企业的相对缴费率，用以度量企业的社保合规程度，企业相对缴费率越小则说明企业的参保程度越低。X_{ijt} 为企业层面的控制变量，主要包括企业的总资产、雇用规模等。Z_{it} 为城市层面随时间变化的一系列经济特征，包括职工平均工资水平、GDP 总量和人口总量等。λ_i、ν_j 和 ∂_t 分别表示企业、城市和年份固定效应，考虑可能与企业所处行业有关但无法观测到的遗漏变量的影响，本章还对企业所处行业的时间趋势进行控制。

第四节　描述性统计

表 4 - 2 为变量说明及描述性统计。从衡量企业社保合规程度的 3 个指标来看，企业的平均参保比例仅为 60%，实际缴费率仅为 7.57%，远低于国务院规定的 26% 的法定缴费率。从衡量企业社保逃费程度的相对缴费率来看，均值为 - 0.725%，表明企业的实际缴费率仅达到当地政策缴费率的37.5%。上述指标表明，2004 ~ 2007 年，规模以上工业企业的社保逃费现象十分突出，近 40% 的企业未参加养老和医疗保险中的任何一项社会保险，且参保企业的实际缴费率非常低，实际缴费率不足政策缴费率的 40%，说明在该时段企业的社保合规程度较低，企业逃避参保或缴费不足的现象普遍存在。从衡量社会保险费征缴体制改革的 policy 变量来看，其均值为 0.156，表明样本中有 15.6% 的企业所在地区完成了社保征缴主体由社保经办机构向税务部门的调整。此外，从各地社保政策缴费率来看，养老保险和医疗保险的合计政策缴费率的均值为 27.62%，略高于国务院规定的 26%，最低政策缴费率为 17%，而最高的政策缴费率则高达 34%，标准差也较高，说明各地的政策缴费率差异较大，这势必对企业的参保行为和合规程度产生影响

（封进，2013）。

表 4-2 　　　　　　　　　 变量描述性统计

变量名称	变量说明	均值	最小值	最大值	标准差
企业是否参保	"养老和医疗保险费用"大于 0 则取值为 1，否则为 0	0.605	0	1	0.489
企业实际缴费率（%）	企业"养老和医疗保险费用"/上年度职工工资总额	7.569	0	60.14	11.42
企业相对缴费率	（企业缴费率—政策缴费率）/政策缴费率	-0.725	-1	1.2	0.416
policy	社会保险费征缴体制改革	0.156	0	1	0.332
ln 雇用规模	企业从业人员总数取对数	4.643	2.485	7.679	1.051
ln 企业平均工资	企业人均月工资取对数	6.991	5.599	8.824	0.585
单位产值利润率	利润总额/当年总产值	3.935	-38.75	38.22	9.501
资产负债率	总负债/总资产	56.4	1.41	130.5	27.37
ln 人均固定资产	企业人均固定资产取对数	3.809	0.21	7.013	1.31
ln 总资产	企业总资产取对数	9.761	7.095	13.95	1.382
企业年龄	样本年份—企业开业年份	10.32	1	358	11
政策缴费率	企业所在地级市养老和医疗保险政策缴费率之和	27.62	17	34	3.404
ln 人均 GDP	地级市人均 GDP 取对数	10.12	7.802	11.5	0.688
ln 市年人均工资	地级市职工年均工资（元）取对数	9.991	8.73	10.81	0.386
财政收入比	地级市财政收入/GDP	7.554	1.979	17.67	3.919
ln 城市人口数	地级市人口总数（万人）取对数	6.355	3.392	7.229	0.599
ln 城市职工人数	地级市职工人数（万人）取对数	4.16	0.307	6.157	0.978
老年人口抚养比	地级市所在省份 65 岁以上人口比例	13.6	8.28	20.31	2.225

　　表 4-3 进一步给出了 2004~2007 年企业样本基本特征的描述性统计，易于发现，在这期间企业的平均雇用规模、工资水平和资产负债率等特征并无大幅波动，表明在样本期间内企业经营平稳，宏观经济形势和政策较为稳定，没有发生可能对企业生产经营产生影响的重大外生冲击。

表 4 - 3　　　　　　　　　企业样本基本特征描述性统计

变量名称	全样本		2004 年		2005 年		2006 年		2007 年	
	均值	方差	均值	方差	均值	方差	均值	方差	均值	方差
ln 雇用规模	4.643	1.051	4.655	1.07	4.677	1.051	4.639	1.046	4.611	1.039
ln 平均工资	6.991	0.585	6.808	0.569	6.943	0.559	7.035	0.571	7.136	0.582
单位产值利润率	3.935	9.501	3.503	10.23	3.672	9.779	3.784	9.251	4.599	8.828
资产负债率	56.4	27.37	57.9	27.37	56.78	26.92	56.49	27.21	54.83	27.74
ln 人均固定资产	3.809	1.31	3.649	1.317	3.759	1.31	3.843	1.306	3.946	1.291
ln 总资产	9.761	1.382	9.605	1.389	9.743	1.377	9.8	1.379	9.868	1.372
企业年龄	10.32	11	10.55	11.65	10.52	11.34	10.29	10.88	10.02	10.29
观测值	516947		122956		114231		126241		153520	

在社保政策的实际执行过程中，不同类型的企业所面临的社保监管程度可能存在差异，因而其社保合规程度可能有所不同。为此，本章根据企业的所有制类型、雇用规模、工资水平进行了分类，并比较其社保合规程度差异（见表 4 - 4）。从所有制来看，国有企业的参保比例（76.9%）和实际缴费率（17.1%）是最高的，其社保合规程度较高，其次是外资企业和集体企业的合规程度较高，而私营企业与法人企业的逃费现象较为严重，私营企业的实际缴费率仅有 5.9%，参保比例也不足 60%，而法人企业的参保比例仅为 55.8%，港澳台企业虽然参保比例相对较高，但实际缴费率和相对缴费率并不高[①]。本章根据企业的雇用人数、工资水平和劳动密集程度在其所在城市内分组计算了其所处四分位位置，并据此对企业进行分类。从雇用规模来看，企业雇用规模较大的企业，其参保比例和实际缴费率相对更高，社保合规程度也相对更高，这可能与社保部门对大企业的督查力度更强有关。从工资水平来看，高工资水平企业的社保合规程度相对较高，因为社会保险还具有激励的功能，工资水平较高的企业更愿意通过参加社会保险等来激励和稳定员工。

---

　　① 工业企业数据库中企业所有制的判别可以通过企业的注册类型和企业的资本来源等两种方法进行判定，根据聂辉华等（2012）的建议，采用后者能更为及时地反映企业的所有制类型变化，因此本章主要通过企业实收资本比例的相对比例来定义企业所有制。

表4-4 不同类型企业的社保合规程度差异

变量名称	观测值	参保比例	实际缴费率	相对缴费率
所有样本	516947	0.605	7.569	-0.725
所有制类型				
国有企业	31074	0.769	17.10	-0.371
集体企业	33677	0.581	9.014	-0.680
私营企业	261418	0.574	5.905	-0.778
港澳台企业	19613	0.748	7.451	-0.747
外资企业	40479	0.776	9.914	-0.667
法人企业	130686	0.558	7.551	-0.729
雇用规模				
四分位数1	129181	0.516	7.029	-0.743
四分位数2	129251	0.569	6.789	-0.753
四分位数3	129302	0.614	7.187	-0.740
四分位数4	129213	0.720	9.272	-0.665
工资水平				
四分位数1	129181	0.482	6.618	-0.758
四分位数2	129251	0.579	7.104	-0.741
四分位数3	129302	0.646	7.886	-0.714
四分位数4	129213	0.712	8.669	-0.688

注：企业雇用规模、工资水平和劳动密集程度按企业所处地级市分组计算得到。

为了直观展示社会保险费征缴体制改革对企业参保行为的影响，本章分别从企业层面和城市层面就处理组和控制组的参保变量进行描述性统计（见表4-5和表4-6）。根据表4-5，总体来看，处理组的参保比例要显著高于控制组，处理组的参保比例达到了82.2%，而控制组仅为56.4%，同时，处理组的实际缴费率和相对缴费率也要高于控制组，表明处理组的社保合规程度相对更高。从分年度的统计来看，处理组的参保比例呈持续上升的趋势，实际缴费率也逐步增长，合规程度不断提高，而控制组的参保比例和缴费率基本保持不变。表4-6中城市层面的统计结果同表4-5类似，差异甚至更为明显，其中实施了社会保险费征缴体制改革的城市内企业的参保比例达到了68.11%，而未实施改革的城市则只有46.56%，实际缴费率分别为9.96%和7.29%，年度统计中二者的差异也十分明显，表明实施了社会保险费征缴体制改革的城市内企业社保合规程度相对更高。

表 4 - 5　　　　　　　　　　企业层面主要因变量的描述性统计

变量名称	全样本			处理组			控制组		
	观测值	均值	标准差	观测值	均值	标准差	观测值	均值	标准差
A：2004 年									
参保比例	122956	0.559	0.497	11680	0.787	0.409	111276	0.535	0.499
实际缴费率	122956	6.984	11.42	11680	7.251	9.425	111276	6.956	11.61
相对缴费率	122956	-0.749	0.412	11680	-0.746	0.333	111276	-0.75	0.419
B：2005 年									
参保比例	114231	0.628	0.483	16695	0.791	0.407	97536	0.601	0.49
实际缴费率	114231	8.274	11.95	16695	7.37	9.559	97536	8.428	12.31
相对缴费率	114231	-0.702	0.433	16695	-0.728	0.348	97536	-0.697	0.445
C：2006 年									
参保比例	126241	0.636	0.481	24328	0.826	0.379	101913	0.591	0.492
实际缴费率	126241	7.922	11.54	24328	8.013	9.826	101913	7.901	11.91
相对缴费率	126241	-0.711	0.423	24328	-0.688	0.375	101913	-0.716	0.433
D：2007 年									
参保比例	153519	0.598	0.49	28184	0.85	0.357	125335	0.541	0.498
实际缴费率	153519	7.223	10.87	28184	8.479	9.055	125335	6.941	11.22
相对缴费率	153519	-0.735	0.399	28184	-0.662	0.355	125335	-0.751	0.407
E：所有年份									
参保比例	516947	0.605	0.489	80887	0.822	0.383	436060	0.564	0.496
实际缴费率	516947	7.569	11.42	80887	7.933	9.462	436060	7.502	11.75
相对缴费率	516947	-0.725	0.416	80887	-0.696	0.358	436060	-0.73	0.426

表 4 - 6　　　　　　　　　　城市层面主要因变量的描述性统计

变量名称	全样本			处理组			控制组		
	观测值	均值	标准差	观测值	均值	标准差	观测值	均值	标准差
A：2004 年									
参保比例（%）	158	49.23	19.55	6	69.27	14.16	152	48.44	19.34
实际缴费率	158	8.278	4.439	6	9.325	3.695	152	8.236	4.471

变量名称	全样本			处理组			控制组		
	观测值	均值	标准差	观测值	均值	标准差	观测值	均值	标准差
相对缴费率	158	−0.685	0.176	6	−0.676	0.123	152	−0.685	0.178
B：2005 年									
参保比例（%）	158	49.63	20.16	20	65.68	13.78	138	47.31	19.91
实际缴费率	158	7.915	3.984	20	10.73	4.224	138	7.506	3.793
相对缴费率	158	−0.698	0.158	20	−0.612	0.151	138	−0.71	0.156
C：2006 年									
参保比例（%）	158	49.38	22.43	22	68.85	14.64	136	46.23	21.9
实际缴费率	158	7.576	4.049	22	9.997	3.972	136	7.184	3.937
相对缴费率	158	−0.709	0.163	22	−0.629	0.141	136	−0.722	0.164
D：2007 年									
参保比例（%）	158	47.69	22.26	23	69.22	16.85	135	44.03	20.99
实际缴费率	158	6.593	3.273	23	9.417	2.806	135	6.111	3.108
相对缴费率	158	−0.748	0.129	23	−0.644	0.108	135	−0.766	0.124
E：所有年份									
参保比例（%）	632	48.98	21.1	71	68.11	14.89	561	46.56	20.53
实际缴费率	632	7.59	3.999	71	9.96	3.651	561	7.29	3.943
相对缴费率	632	−0.71	0.159	71	−0.633	0.131	561	−0.72	0.16

注：城市层面的因变量描述性统计是根据城市内企业参保指标的均值计算得到。

虽然 2004～2007 年云南省和浙江省均实行了由税务部门征收社会保险费的政策，但二者在征缴制度的设计上存在一定差异，云南省采用社保核定、税务代征的模式，而浙江省采用税务部门全责征收模式。为比较这两种征收模式的差异，本章分别以云南省和浙江省内的企业单独作为处理组进行了描述性统计，结果见表 4 - 7 和表 4 - 8。

表 4 - 7　　　　　以云南省企业为处理组的因变量描述性统计

变量名称	全样本			处理组			控制组		
	观测值	均值	标准差	观测值	均值	标准差	观测值	均值	标准差
A：2004 年									
参保比例	89669	0.480	0.500	1339	0.629	0.483	88330	0.478	0.500

续表

变量名称	全样本			处理组			控制组		
	观测值	均值	标准差	观测值	均值	标准差	观测值	均值	标准差
实际缴费率	89669	7.527	12.46	1339	12.37	15.35	88330	7.453	12.40
相对缴费率	89669	-0.734	0.445	1339	-0.588	0.519	88330	-0.737	0.444
B：2005 年									
参保比例	81619	0.560	0.496	2259	0.638	0.481	79360	0.558	0.497
实际缴费率	81619	9.028	13.07	2259	11.74	14.52	79360	8.951	13.02
相对缴费率	81619	-0.682	0.467	2259	-0.597	0.502	79360	-0.684	0.466
C：2006 年									
参保比例	88759	0.542	0.498	2522	0.641	0.480	86237	0.539	0.498
实际缴费率	88759	8.162	12.44	2522	10.99	13.87	86237	8.079	12.39
相对缴费率	88759	-0.711	0.447	2522	-0.622	0.483	86237	-0.714	0.445
D：2007 年									
参保比例	110996	0.491	0.500	2639	0.677	0.468	108357	0.486	0.500
实际缴费率	110996	7.089	11.74	2639	10.65	13.02	108357	7.002	11.70
相对缴费率	110996	-0.748	0.423	2639	-0.635	0.449	108357	-0.751	0.422
E：所有年份									
参保比例	371043	0.516	0.500	8759	0.649	0.477	362284	0.513	0.500
实际缴费率	371043	7.878	12.41	8759	11.29	14.04	362284	7.795	12.35
相对缴费率	371043	-0.721	0.445	8759	-0.614	0.484	362284	-0.724	0.443

从表4-7来看，以云南省内企业为处理组的社保合规程度相对更高，其参保比例要显著高于控制组，处理组的平均参保比例达到了68.11%，而控制组则仅有46.56%，而实际缴费率和相对缴费率也要高于控制组。但值得注意的是，自2004年7月1日完成社会保险费征缴体制改革后（表4-7中体现为2005年），处理组的实际缴费率呈下降趋势，且相对缴费率也呈减小趋势，表明其社保合规程度存在下降的趋势。从表4-8的结果来看，浙江省的社会保险费征缴体制改革也取得了较为显著的效果，处理组的平均参保比例高达82.3%，而控制组则仅为57.6%，虽然浙江省的政策缴费率相

对较低，处理组和控制组的实际缴费率差异并不大，但处理组的相对缴费率要显著大于控制组，从而说明处理组的社保合规程度相对更高。从表4-7和表4-8的结果来看，以云南省为代表的税务代征模式和以浙江省为代表的税务全责征收模式的政策效果可能存在差异，但这仍有待后面更为严谨的实证检验。

表4-8　　　　　　以浙江省企业为处理组的因变量描述性统计

变量名称	全样本			处理组			控制组		
	观测值	均值	标准差	观测值	均值	标准差	观测值	均值	标准差
A：2004 年									
参保比例	120748	0.557	0.497	10341	0.808	0.394	110407	0.534	0.499
实际缴费率	120748	6.876	11.31	10341	6.589	8.125	110407	6.903	11.56
相对缴费率	120748	-0.753	0.408	10341	-0.767	0.295	110407	-0.752	0.417
B：2005 年									
参保比例	111972	0.628	0.483	9983	0.784	0.412	101989	0.613	0.487
实际缴费率	111972	8.204	11.89	9983	6.628	8.875	101989	8.358	12.13
相对缴费率	111972	-0.704	0.431	9983	-0.737	0.341	101989	-0.701	0.439
C：2006 年									
参保比例	123719	0.636	0.481	16478	0.830	0.375	107241	0.606	0.489
实际缴费率	123719	7.860	11.48	16478	7.879	9.924	107241	7.857	11.70
相对缴费率	123719	-0.712	0.421	16478	-0.679	0.391	107241	-0.718	0.425
D：2007 年									
参保比例	150880	0.596	0.491	19612	0.846	0.361	131268	0.559	0.496
实际缴费率	150880	7.164	10.82	19612	8.069	9.084	131268	7.028	11.05
相对缴费率	150880	-0.736	0.398	19612	-0.659	0.373	131268	-0.748	0.400
E：所有年份									
参保比例	507319	0.604	0.489	56414	0.823	0.381	450905	0.576	0.494
实际缴费率	507319	7.494	11.35	56414	7.487	9.162	450905	7.495	11.59
相对缴费率	507319	-0.727	0.414	56414	-0.698	0.362	450905	-0.731	0.420

第五节 实证检验与结果分析

一、实证检验结果

（一）政策内生性与平行趋势假设检验

虽然社会保险费征缴体制的改革对于单个企业来说是外生的，但仍存在社会保险费征缴体制改革政策是内生的可能，即地方政府可能根据本地区内企业的缴费情况来决定是否改变征缴体制，辖区内企业社保逃费现象更为突出的地方可能更有动力进行社保征缴体制的改革。因此，本章首先需要排除的就是城市社会保险费征缴体制改革与辖区内企业的参保情况是否直接相关。对此，本章以城市是否实行社保征缴体制改革作为因变量，以城市内企业参保比例和缴费率作为解释变量回归，以检验社会保险费征缴体制的改革是否与辖区内企业的参保情况有关，回归结果见表4-9。从表4-9的回归结果可以看出，仅有城市内企业的平均参保比例与社会保险费征缴体制改革政策的实行有关，且是正向影响，即辖区内企业参保比例高的地区更有可能实施改革政策，而非预期的参保比例更低的地区更有可能实施改革政策。此外，企业的平均缴费率和相对缴费率并不影响政策的实行。表4-9的回归结果表明，社保征缴体制的改革与辖区内企业的参保情况并无直接关系，事实上社会保险费征缴体制改革的政策通常由省级政府进行决策，各地主要负责实施，因而地级市内企业的参保情况并不会直接影响社会保险费征缴体制改革政策的实行。此外，即使社保征缴体制的改革与企业参保情况存在一定相关性，其对于单个企业来说仍然是外生的政策冲击，并不会影响本章的因果推断结果。

表4-9　　　社会保险费征缴体制改革与企业参保情况的内生排除

变量名称	（1）	（2）	（3）
城市内企业平均参保比例	0.0036 *** (0.0009)		
城市内企业平均实际缴费率		0.0026 (0.0044)	
城市内企业平均相对缴费率			0.077 (0.1154)

续表

变量名称	(1)	(2)	(3)
城市职工平均工资	0.2431 ***	0.2670 ***	0.2665 ***
	(0.0766)	(0.0769)	(0.0772)
财政收入占比	− 0.0003	0.0006	0.0006
	(0.0010)	(0.0012)	(0.0012)
ln 总人口	0.0771	0.0162	0.0179
	(0.0475)	(0.0421)	(0.0425)
ln 城镇职工人数	− 0.0953 *	− 0.046	− 0.0467
	(0.0548)	(0.0453)	(0.0456)
ln 人均 GDP	− 0.0121	− 0.0285	− 0.0274
	(0.0509)	(0.0482)	(0.0485)
老年人口抚养比	− 0.0190 ***	− 0.0163 ***	− 0.0163 ***
	(0.0056)	(0.0054)	(0.0054)
政策缴费率	0.0278 **	0.0220 *	0.0228 *
	(0.0130)	(0.0132)	(0.0130)
常数项	− 2.9548 ***	− 2.5646 ***	− 2.5235 ***
	(0.6595)	(0.6447)	(0.6229)
观测值	632	632	632
R^2	0.0758	0.0753	0.0729

注：括号内为回归系数的稳健性标准误；＊、＊＊和＊＊＊分别表示 10%、5% 和 1% 的显著性水平。

相对于政策的内生性问题，平行趋势假设的检验更为重要，因为双重差分方法的有效性依赖于平行趋势假设的成立，即没有政策冲击的情况下，处理组和控制组的结果变量在政策发生时间节点的前后没有系统性的显著性差异，否则双重差分方法将会低估或高估政策效应（陈醉等，2018）。为检验社会保险费征缴体制改革政策实施前，对照组和处理组企业的社保合规程度是否存在系统性差异，本章参考李欣泽等（2017）、陈醉等（2018）、袁航和朱承亮（2018）的做法，通过构建虚拟政策变量 pseudopolicy 来进行反事实检验。若虚拟的政策变量对企业参保行为未产生显著影响，则说明在实行社保征缴体制之前处理组和控制组之间的参保行为不存在系统性差异；若虚拟的政策变量对企业参保行为存在显著影响，则说明在社会保险费征缴体制改革之前处理组和控制组之间就存在系统性差异，其他的政策可能影响了二者的共同变化趋势。具体来说，由于本章所使用的数据仅有 4 期，其将各地区社会保险费征缴体制改革的时间节点全部前推 1 年，从而构建虚拟政策变量 pseudopolicy，并对企业的参保指标进行回归。回归结果见表 4 - 10。从表 4 - 10 的回归结果来看，在控制企业、城市、年份固定效应以及行业时间趋势的情况下，虚拟政策变量 pseudopolicy 对企业的参保概率和缴费率的回归均不显著。这表明在未实施社会保险费征缴体制改革政策之前，虚拟的政策变量对企业参保行为并无显著影响，说明在政策实施之前处理组和控制组之间并不存在显著的系统性差异，平行趋势假设得以验证。

表 4 – 10　　　　　　　　　　平行趋势检验

变量名称	（1）	（2）	（3）
	参保概率	实际缴费率	相对缴费率
pseudopolicy	− 0.0172	− 0.104	− 0.0073
	(0.0106)	(0.8267)	(0.0332)
ln 企业雇用规模	0.0492 ***	− 1.6212 ***	− 0.0596 ***
	(0.0071)	(0.3038)	(0.0100)
ln 企业平均工资	0.0663 ***	− 2.4635 ***	− 0.0907 ***
	(0.0083)	(0.4131)	(0.0138)
单位产值利润率	0.0004 **	0.0024	0.0001
	(0.0002)	(0.0054)	(0.0002)
资产负债率	0.0001	(0.0010)	0.0001
	(0.0001)	(0.0020)	(0.0001)
ln 人均固定资产	0.0074 **	0.1707 *	0.0063 *
	(0.0034)	(0.0936)	(0.0035)
ln 总资产	0.0187 ***	0.8163 ***	0.0299 ***
	(0.0048)	(0.1220)	(0.0043)
企业年龄	0.0001	0.0024	0.0001
	(0.0013)	(0.0301)	(0.0011)
政策缴费率	0.0028	− 0.4568	− 0.0238 *
	(0.0141)	(0.3804)	(0.0138)
ln 城市平均工资	0.1449	6.1096 **	0.2437 **
	(0.1410)	(2.7968)	(0.1008)
财政收入占比	0.0001	0.0187	0.0004
	(0.0087)	(0.1408)	(0.0057)
ln 城市人口数	− 0.0642	− 3.4233	− 0.2092
	(0.4625)	(9.6072)	(0.3514)
ln 城市职工人数	0.0626	1.7336	0.052
	(0.0677)	(1.5280)	(0.0590)
老年人口抚养比	0.0061	0.0291	0.0008
	(0.0047)	(0.1025)	(0.0039)
企业固定效应	YES	YES	YES
城市固定效应	YES	YES	YES
年份固定效应	YES	YES	YES

续表

变量名称	(1)	(2)	(3)
	参保概率	实际缴费率	相对缴费率
行业时间趋势	YES	YES	YES
观测值	461051	461051	461051
R²	0.8785	0.7716	0.9131

注：括号内为回归系数聚类到城市层面的稳健性标准误；*、**和***分别表示10%、5%和1%的显著性水平。

(二) 基准回归结果

针对研究假设 H1，本章首先考察了社会保险费征缴体制改革对企业参保概率和缴费率的影响，从而评估社会保险费的征缴主体转移为税务部门后企业社保合规程度的变化。表4-11为社会保险费征缴体制改革对企业参保概率的回归结果，第1列为普通 OLS 的回归结果，只对企业经济特征和城市经济特征进行控制，此时回归系数正向显著；第（2）列对企业固定效应进行控制，回归系数大幅下降，但仍然正向显著；第（3）列、第（4）列逐步控制城市固定效应、年份固定效应和行业时间趋势，回归系数的变化较小，且在5%的显著性水平上显著，说明社保征缴体制的改革显著地提高了企业的参保概率，企业社保合规程度有所提高。具体来说，社保征缴主体由社保经办机构移交税务部门后，企业的平均参保概率将上升0.0486个百分点。

表4-11　　　　　　　社会保险费征缴体制改革与企业参保概率

变量名称	(1)	(2)	(3)	(4)	(5)
policy	0.1896***	0.0564***	0.0559***	0.0486**	0.0486**
	(0.0422)	(0.0203)	(0.0203)	(0.0206)	(0.0206)
ln 企业雇用规模	0.0216***	0.0492***	0.0491***	0.0491***	0.0491***
	(0.0075)	(0.0078)	(0.0078)	(0.0076)	(0.0076)
ln 企业平均工资	0.1254***	0.0668***	0.0667***	0.0671***	0.0671***
	(0.0103)	(0.0082)	(0.0081)	(0.0084)	(0.0084)
单位产值利润率	-0.0016***	0.0004*	0.0003	0.0004*	0.0004*
	(0.0003)	(0.0002)	(0.0002)	(0.0002)	(0.0002)
资产负债率	0.0006***	0.0001	0.0001	0.0001	0.0001
	(0.0002)	(0.0001)	(0.0001)	(0.0001)	(0.0001)
ln 人均固定资产	-0.0108***	0.0073*	0.0073*	0.0072*	0.0072*
	(0.0037)	(0.0037)	(0.0037)	(0.0037)	(0.0037)

续表

变量名称	（1）	（2）	（3）	（4）	（5）
ln 总资产	0.0465***	0.0197***	0.0196***	0.0190***	0.0190***
	(0.0082)	(0.0052)	(0.0052)	(0.0050)	(0.0050)
企业年龄	0.0050***	0.0015	0.0013	0.0001	0.0001
	(0.0003)	(0.0026)	(0.0025)	(0.0013)	(0.0013)
政策缴费率	−0.0043	−0.0038	−0.0037	−0.0056	−0.0056
	(0.0110)	(0.0136)	(0.0138)	(0.0142)	(0.0142)
ln 城市平均工资	0.2712**	0.0868**	0.0874*	0.0491	0.0492
	(0.1053)	(0.0368)	(0.0459)	(0.1322)	(0.1324)
财政收入占比	−0.0170**	−0.0114**	−0.0114**	−0.0087	−0.0087
	(0.0074)	(0.0045)	(0.0045)	(0.0058)	(0.0058)
ln 城市人口数	−0.1304***	−0.213	−0.2015	−0.2256	−0.2263
	(0.0371)	(0.2172)	(0.5207)	(0.5305)	(0.5304)
ln 城市职工人数	0.0969***	0.1868***	0.1897***	0.1462*	0.1460*
	(0.0334)	(0.0576)	(0.0600)	(0.0842)	(0.0842)
老年人口抚养比	0.0192***	0.0087**	0.0088**	0.0078*	0.0078*
	(0.0063)	(0.0043)	(0.0044)	(0.0043)	(0.0043)
企业固定效应	NO	YES	YES	YES	YES
城市固定效应	NO	NO	YES	YES	YES
年份固定效应	NO	NO	NO	YES	YES
行业时间趋势	NO	NO	NO	NO	YES
观测值	514754	461051	461051	461051	461051
R^2	0.1982	0.6759	0.676	0.6763	0.878

注：括号内为回归系数聚类到城市层面的稳健性标准误；*、**和***分别表示10%、5%和1%的显著性水平。

此外，在所有包含企业固定效应的回归中，控制变量的回归结果较为稳健，与描述性统计和现有文献的研究结论基本一致。从企业层面的控制变量来看，企业雇用规模、工资水平、单位产值利润率、人均固定资产和总资产等对企业参保概率有正向影响，这说明大型企业和利润水平较高的企业的参保概率相对更高，而从城市层面的控制变量来看，社保政策缴费率对企业参保概率存在负向影响，但并不具有统计显著性；而城市职工人数和老年人口抚养比对企业参保概率存在正向影响，其他变量则无显著影响。

表 4 − 12 为社保征缴体制对企业实际缴费率的回归结果，其回归思路与表 4 − 11 一致，第（1）列为 OLS 回归，第（2）～（5）列为逐步控制企业固定效应、城市固定效应、年份固定效应和行业时间趋势。从回归结果来看，在控制

企业固定效应后，policy 的回归系数和符合方向保持稳定，表明回归结果十分稳健。从第（5）列的回归结果来看，在严格控制有关固定效应和时间趋势的情况下，政策变量对企业实际缴费率的回归结果正向显著，且在 10% 的显著性水平上显著。具体来说，社会保险费征缴体制改革后，企业养老保险和医疗保险的实际缴费率将提升 0.93 个百分点，表明由税务部门征收社会保险费的征收效果相对更好，企业社保合规程度能得到有效提高，但同时也意味着企业的用工成本会大幅提升。从控制变量来看，企业雇用规模和企业工资水平对企业实际缴费率存在显著的负向影响，这一方面可能是因为雇用规模较大和工资水平较高的企业的社保负担相对更高，企业的逃费动机更强；另一方面与社会保险制度的再分配功能有关。对于高工资水平的企业而言，企业和员工缴纳较高的社保费用并不会使其社保待遇较低工资水平企业员工存在显著差异，但其社保费用却高得多，这种制度安排会挫伤高工资水平企业的参保积极性（赵绍阳和杨豪，2016）。此外，企业人均固定资产和总资产对企业实际缴费率具有正向影响。

表 4 - 12　　　　　社会保险费征缴体制改革与企业实际缴费率

变量名称	（1）	（2）	（3）	（4）	（5）
policy	0.3635	1.1249 ***	1.0865 ***	0.9322 *	0.9304 *
	(0.7669)	(0.3367)	(0.3300)	(0.4733)	(0.4750)
ln 企业雇用规模	-1.4587 ***	-1.5829 ***	-1.5893 ***	-1.5963 ***	-1.5973 ***
	(0.1547)	(0.3130)	(0.3125)	(0.3062)	(0.3063)
ln 企业平均工资	0.0266	-2.4413 ***	-2.4458 ***	-2.4299 ***	-2.4300 ***
	(0.2696)	(0.4102)	(0.4098)	(0.4117)	(0.4118)
单位产值利润率	-0.0848 ***	0.0014	0.0015	0.0012	0.0013
	(0.0091)	(0.0058)	(0.0058)	(0.0054)	(0.0054)
资产负债率	-0.0026	-0.0016	-0.0016	-0.0011	-0.0011
	(0.0048)	(0.0021)	(0.0021)	(0.0020)	(0.0020)
ln 人均固定资产	0.0044	0.1789 *	0.1779 *	0.1695 *	0.1701 *
	(0.0891)	(0.0968)	(0.0964)	(0.0964)	(0.0962)
ln 总资产	1.9732 ***	0.8066 ***	0.8062 ***	0.8061 ***	0.8057 ***
	(0.1810)	(0.1205)	(0.1207)	(0.1261)	(0.1262)
企业年龄	0.2703 ***	0.018	0.0128	0.0027	0.0026
	(0.0102)	(0.0532)	(0.0538)	(0.0302)	(0.0301)
政策缴费率	-0.0176	-0.4657	-0.462	-0.571	-0.5711
	(0.1075)	(0.3633)	(0.3720)	(0.3613)	(0.3612)
ln 城市平均工资	0.1142	4.4227 ***	4.7656 ***	3.9156	3.9298
	(1.0056)	(0.5901)	(0.7358)	(2.5107)	(2.5162)

续表

变量名称	（1）	（2）	（3）	（4）	（5）
财政收入占比	− 0. 1493	− 0. 1480 **	− 0. 1526 **	− 0. 0523	− 0. 0514
	(0. 1172)	(0. 0737)	(0. 0750)	(0. 0968)	(0. 0966)
ln 城市人口数	− 2. 1849 ***	− 9. 4047 **	− 14. 6094	− 13. 5553	− 13. 6039
	(0. 4858)	(4. 1045)	(9. 4532)	(9. 8100)	(9. 8086)
ln 城市职工人数	2. 0830 ***	5. 1067 ***	5. 2866 ***	3. 6150 **	3. 6174 **
	(0. 5880)	(1. 3769)	(1. 4285)	(1. 7937)	(1. 7936)
老年人口抚养比	0. 3335 ***	0. 1877 *	0. 1879 *	0. 1292	0. 1294
	(0. 0891)	(0. 1117)	(0. 1117)	(0. 0939)	(0. 0939)
企业固定效应	NO	YES	YES	YES	YES
城市固定效应	NO	NO	YES	YES	YES
年份固定效应	NO	NO	NO	YES	YES
行业时间趋势	NO	NO	NO	NO	YES
观测值	514754	461051	461051	461051	461051
R²	0. 1322	0. 6641	0. 6642	0. 6648	0. 771

注：括号内为回归系数聚类到城市层面的稳健性标准误；＊、＊＊和＊＊＊分别表示10%、5%和1%的显著性水平。

表4－13为社会保险费征缴体制改革对企业相对缴费率的回归结果，回归思路与表4－10和表4－11一致，通过逐渐增加约束条件来检验回归结果的稳健性，回归结果仍然稳健。从第（5）列的结果来看，在控制企业、城市和年份固定效应以及行业时间趋势的条件下，社保征缴体制改革对企业相对缴费率的回归正向显著，且在5%的显著性水平上显著，回归系数表明社保征缴主体转移至税务部门后，企业的相对缴费率将上升0.0497个百分点，说明税务部门负责征缴主体能显著提高企业的社保合规程度，与表4－12的回归结果相印证。从控制变量的回归结果来看，其回归结果与表4－12基本一致。

综合表4－11、表4－12、表4－13的回归结果发现，无论是从企业参保概率还是企业缴费率来看，社会保险费的征缴主体由社保经办机构调整为税务部门后，借助税务部门资源优势和信息优势，企业的社保逃费现象能够得到有效遏制，企业的参保概率和缴费率能得到有效显著提升，假设H1得到验证。社保征缴体制的改革对保障劳动者权益和增加社保基金收入具有重要意义，但同时也意味着会大幅提高企业的用工成本，政府部门应平衡好社保征缴体制改革和减轻企业税负之间的关系。

表 4 - 13	社会保险费征缴体制改革与企业相对缴费率				
变量名称	（1）	（2）	（3）	（4）	（5）
policy	0.0078	0.0575 ***	0.0561 ***	0.0498 **	0.0497 **
	（0.0278）	（0.0164）	（0.0161）	（0.0213）	（0.0214）
ln 企业雇用规模	- 0.0536 ***	- 0.0580 ***	- 0.0582 ***	- 0.0585 ***	- 0.0585 ***
	（0.0058）	（0.0103）	（0.0103）	（0.0101）	（0.0101）
ln 企业平均工资	- 0.0028	- 0.0898 ***	- 0.0900 ***	- 0.0895 ***	- 0.0895 ***
	（0.0098）	（0.0138）	（0.0137）	（0.0137）	（0.0137）
单位产值利润率	- 0.0031 ***	0.0001	0.0001	0.0001	0.0001
	（0.0004）	（0.0002）	（0.0002）	（0.0002）	（0.0002）
资产负债率	- 0.0001	- 0.0001	- 0.0001	- 0.0001	- 0.0001
	（0.0002）	（0.0001）	（0.0001）	（0.0001）	（0.0001）
ln 人均固定资产	0.0005	0.0067 *	0.0067 *	0.0064 *	0.0064 *
	（0.0032）	（0.0037）	（0.0036）	（0.0036）	（0.0036）
ln 总资产	0.0710 ***	0.0298 ***	0.0298 ***	0.0297 ***	0.0297 ***
	（0.0056）	（0.0043）	（0.0043）	（0.0045）	（0.0045）
企业年龄	0.0098 ***	0.0009	0.0007	0.0001	0.0001
	（0.0003）	（0.0020）	（0.0020）	（0.0011）	（0.0011）
政策缴费率	- 0.0102 ***	- 0.0250 *	- 0.0249 *	- 0.0288 **	- 0.0288 **
	（0.0037）	（0.0127）	（0.0131）	（0.0128）	（0.0128）
ln 城市平均工资	0.0237	0.1654 ***	0.1787 ***	0.1379	0.1385
	（0.0355）	（0.0224）	（0.0284）	（0.0930）	（0.0932）
财政收入占比	- 0.0063	- 0.0057 *	- 0.0058 **	- 0.0022	- 0.0022
	（0.0042）	（0.0029）	（0.0029）	（0.0038）	（0.0038）
ln 城市人口数	- 0.0849 ***	- 0.3882 **	- 0.5942	- 0.5722	- 0.5739
	（0.0187）	（0.1536）	（0.3612）	（0.3782）	（0.3782）
ln 城市职工人数	0.0750 ***	0.1867 ***	0.1934 ***	0.1277 *	0.1278 *
	（0.0220）	（0.0509）	（0.0528）	（0.0670）	（0.0670）
老年人口抚养比	0.0118 ***	0.0073 *	0.0073 *	0.0051	0.0051
	（ - 0.0032）	（ - 0.0041）	（ - 0.0041）	（ - 0.0034）	（ - 0.0034）
企业固定效应	NO	YES	YES	YES	YES
城市固定效应	NO	NO	YES	YES	YES
年份固定效应	NO	NO	NO	YES	YES
行业时间趋势	NO	NO	NO	NO	YES
观测值	514754	461051	461051	461051	461051
R^2	0.1322	0.6641	0.6642	0.6648	0.771

注：括号内为回归系数聚类到城市层面的稳健性标准误；* 、* * 和 * * * 分别表示 10% 、5% 和 1% 的显著性水平。

（三）税务代征和全责征收模式的效果差异

2004 ~ 2007 年，云南省和浙江省均实行了由税务部门征收社会保险费的政策，但二者在征缴制度的设计上存在一定差异，云南省采用社保核定、税务代征的模式，而浙江省采用税务部门全责征收模式，且在地级市层面均存在分批实施的特点，这为本章比较税务代征和税务全责征收两种模式的效果差异提供了契机。对此，本章对税务代征模式的云南省和税务全责征收的浙江省内的企业单独作为处理组进行回归，并比较回归结果的差异，回归结果见表 4 - 14。表 4 - 14 中第（1）~（3）列是以云南省为处理组的回归结果，评估的是社保征缴主体由社保经办机构调整为社保核定、税务代征模式后企业社保合规程度的变化，第（4）~（6）列是以浙江省为处理组的回归结果，评估的是由社保经办机构调整为税务全责征收模式后对企业社保合规程度的影响。从第（1）~（3）列的回归结果来看，税务代征模式对企业参保概率和缴费率存在显著的负向影响，企业参保概率、实际缴费率和相对缴费率将分别下降 0.0431 个、2.43 个和 0.088 个百分点，这说明社会保险费的征收主体由社保经办机构调整为税务部门代征后，征收效率反而有所下降。从第（4）~（6）列的回归结果来看，浙江省实施的税务全责征收模式的效果更为突出，该省社会保险费由社保经办机关征收调整为税务部门全责征收后，企业的社保合规程度大幅提升，企业参保概率、实际缴费率和相对缴费率分别上升 0.0668 个、1.477 个和 0.0692 个百分点。表 4 - 14 的结果表明，相比税务代征模式，税务部门全责征收的效果更佳（张雷，2010）。出现上述结果的原因可能在于以下几个方面：第一，在社保核定、税务代征的模式下，税务部门虽然在征收的强制性上更具优势，但由于其不直接核定费基和企业工资总额，而仅是根据社保经办机构核定的征收计划进行征收，并不具有对企业的直接信息优势，因而在征缴强度方面相对社保经办机构征收并无优势（彭雪梅等，2015）；第二，社保核定、税务代征的模式造成了费基核定和征收环节的脱节，无形中提高了信息传递的成本和机构间的协调成本，给企业逃避缴费提供了漏洞；第三，在税务代征模式下，税务部门仅仅作为代征主体，其征收结果与其职能和绩效并无直接关系，缺乏相应的激励，其征收努力程度相对全责征收更低（鲁全，2011；刘军强，2011）。反之，相对税务代征模式，税务部门全责征收模式则赋予了税务部门更为完整的权力职能，其不仅具有核定和征收的权力，还具有相应的处罚追缴权力，完全掌控社会保险费征收的全部流程，且直接与其工作绩效挂钩，因而对企业的信息优势更为明显，征收力度也更强，因而税务全责征收模式所取得的征收效果更好。

表 4 - 14　　　　　　税务代征和全责征收模式的效果差异

变量名称	云南省为处理组			浙江省为处理组		
	（1）	（2）	（3）	（4）	（5）	（6）
	参保概率	实际缴费率	相对缴费率	参保概率	实际缴费率	相对缴费率
policy	- 0.0431 ***	- 2.4275 ***	- 0.0885 ***	0.0668 ***	1.4769 ***	0.0692 ***
	（0.0135）	（0.3952）	（0.0144）	（0.0035）	（0.0719）	（0.0028）
ln 企业雇用规模	0.0483 ***	- 1.4324 ***	- 0.0508 ***	0.0483 ***	- 1.6030 ***	- 0.0588 ***
	（0.0030）	（0.0792）	（0.0029）	（0.0026）	（0.0667）	（0.0024）
ln 企业平均工资	0.0737 ***	- 2.1847 ***	- 0.0784 ***	0.0673 ***	- 2.3959 ***	- 0.0885 ***
	（0.0021）	（0.0617）	（0.0023）	（0.0019）	（0.0528）	（0.0019）
单位产值利润率	0.0003 ***	0.0032	0.0001	0.0004 ***	0.0019	0.0001
	（0.0001）	（0.0030）	（0.0001）	（0.0001）	（0.0028）	（0.0001）
资产负债率	0.0001	- 0.0009	0.0001	0.0001	- 0.0011	0.0001
	（0.0001）	（0.0012）	（0.0001）	（0.0001）	（0.0011）	（0.0001）
ln 人均固定资产	0.0057 ***	0.1326 ***	0.0050 ***	0.0068 ***	0.1641 ***	0.0062 ***
	（0.0018）	（0.0451）	（0.0016）	（0.0015）	（0.0368）	（0.0013）
ln 总资产	0.0188 ***	0.7867 ***	0.0286 ***	0.0186 ***	0.7912 ***	0.0291 ***
	（0.0026）	（0.0651）	（0.0024）	（0.0022）	（0.0549）	（0.0020）
企业年龄	0.0002	- 0.0056	- 0.0002	0.0002	0.0054	0.0002
	（0.0010）	（0.0293）	（0.0011）	（0.0010）	（0.0273）	（0.0010）
政策缴费率	- 0.0279 ***	- 0.9156 ***	- 0.0402 ***	- 0.0103 ***	- 0.6755 ***	- 0.0337 ***
	（0.0016）	（0.0402）	（0.0014）	（0.0011）	（0.0269）	（0.0010）
ln 城市平均工资	0.1830 ***	6.5675 ***	0.2348 ***	0.0615 ***	4.2813 ***	0.1500 ***
	（0.0186）	（0.4838）	（0.0178）	（0.0158）	（0.3787）	（0.0144）
财政收入占比	- 0.0027 ***	0.0887 ***	0.0031 ***	- 0.0088 ***	- 0.0594 ***	- 0.0025 ***
	（0.0010）	（0.0237）	（0.0009）	（0.0010）	（0.0218）	（0.0008）
ln 城市人口数	- 0.3778 ***	- 12.2805 ***	- 0.4652 ***	- 0.2698 ***	- 14.0650 ***	- 0.6085 ***
	（0.0778）	（2.2228）	（0.0858）	（0.0746）	（2.0746）	（0.0802）
ln 城市职工人数	0.1955 ***	4.8009 ***	0.1787 ***	0.1532 ***	3.7768 ***	0.1353 ***
	（0.0121）	（0.3141）	（0.0118）	（0.0108）	（0.2710）	（0.0103）
老年人口抚养比	0.0063 ***	0.1483 ***	0.0063 ***	0.0072 ***	0.1122 ***	0.0044 ***
	（0.0008）	（0.0191）	（0.0007）	（0.0007）	（0.0158）	（0.0006）
企业固定效应	YES	YES	YES	YES	YES	YES
城市固定效应	YES	YES	YES	YES	YES	YES
年份固定效应	YES	YES	YES	YES	YES	YES
行业时间趋势	YES	YES	YES	YES	YES	YES
观测值	328171	328171	328171	452226	452226	452226
R^2	0.8529	0.7762	0.9066	0.8774	0.7676	0.913

注：括号内为回归系数聚类到城市层面的稳健性标准误；*、**和***分别表示10%、5%和1%的显著性水平。

二、影响机制与异质性分析

（一）影响机制分析

关于社保征缴体制改革对企业社保合规程度的影响机制，本章认为其主要通过影响征管主体的征缴强度来实现，而征缴强度的变化则依赖于征缴主体所掌握的信息优势和制度激励。在社保征缴主体由社保经办机构转变为税务部门后，税务部门基于所掌握的企业信息优势和资源优势，社会保险费征缴的边际成本会下降，征缴力度自然会有所提高。但是，税务机关的征缴力度与制度设计和激励机制也有关，对于征缴主体由社保经办机构转变税务代征模式的云南省来说，由于税务机关不负责社会保险费的申报和核定等工作，相较于税务全责征收模式，税务部门对企业的信息优势并不明显，且缺乏相应的征缴激励，因而改革后其征缴主体的征缴力度可能会有所下降，导致企业逃费现象更为严重，从而出现表4-14中的实证结果。

为进一步检验社保征缴体制改革影响企业社保合规程度的具体机制，本章借鉴马双等（2017）的做法，通过计算企业所在城市内实际缴费率低于政策缴费率的企业占比，作为当地社保征缴强度的代理指标，占比越高则说明企业逃费程度较高、社保征缴强度较低，并据此检验社保征缴体制改革对社保征缴强度的影响。表4-15为地级市面板数据的回归结果，从第（1）列的全部地级市样本的回归结果来看，政策变量的回归系数并不显著，但这可能是因为浙江省和云南省的社保征缴体制改革所带来的社保征缴强度变化方向不一致。对此，本章基于表4-14的回归思路，分别单独以浙江省和云南省为处理组进行回归，结果表明以浙江省为处理组的回归系数负向显著，而以云南省为处理组的回归系数正向显著。这表明浙江省的社保征缴体制改革大幅提高了当地的社保征缴强度，使缴费不足的企业占比有了大幅下降，而云南省的改革却使当地的社保征缴强度下降，缴费不足的企业占比反而有所上升。表4-15的回归结果同表4-14的结果相印证，说明采用税务机关全责征收和代征模式对社保征缴强度和企业社保合规程度的影响是截然相反的，采用税务机关全责征收模式能有效提升社保征缴强度和企业的社保合规程度。

表 4 - 15 社保征缴体制改革与社保征缴强度

变量名称	(1)	(2)	(3)
	全部样本	以浙江省为处理组	以云南省为处理组
policy	2.7284	− 6.3336 **	5.8233 ***
	(2.0955)	(2.7704)	(1.9186)
政策缴费率	− 2.6445	− 2.7064	− 4.4351
	(3.3941)	(3.3953)	(4.2828)
ln 城市平均工资	1.8957	1.2898	− 2.3400
	(3.7817)	(4.7132)	(3.8161)
财政收入占比	− 0.3435	− 0.1639	− 0.4400
	(0.3066)	(0.2939)	(0.2918)
ln 城市人口数	31.8880	32.9865 *	17.9549
	(19.3659)	(19.4023)	(16.3280)
ln 城市职工人数	− 1.2892	− 0.5212	− 1.2222
	(2.1294)	(1.9011)	(1.9038)
老年人口抚养比	− 0.1219	0.0663	− 0.2292
	(0.3210)	(0.3206)	(0.3782)
年份固定效应	YES	YES	YES
常数项	− 33.0749	− 38.2012	135.4492
	(127.6585)	(125.9999)	(150.9988)
观测值	632	568	592
R^2	0.1417	0.1376	0.2045

注：括号内为回归系数的稳健性标准误；* 、** 和 *** 分别表示 10%、5% 和 1% 的显著性水平。

本章基于企业层面的数据，进一步检验社保征缴体制改革是否是通过影响当地的社保征缴强度来实现的，结果见表 4 - 16。表 4 - 16 中的机制检验思路在于比较是否控制社保征缴强度代理指标时政策变量回归系数的变化。首先，社保征缴强度的回归系数显著为负，表明征缴强度越弱，企业的社保合规程度越低。其次，从政策变量回归系数的变动来看，无论是参保概率还是缴费率，在控制社保征缴强度后，政策变量的回归系数数值和显著性大幅下降，其中企业实际缴费率的回归系数下降最为明显，说明社保征缴体制改革对企业社保合规程度的影响在很大程度上是通过改变社保征缴强度来实现的。

表 4 - 16 社保征缴体制改革影响企业社保合规程度的机制检验

变量名称	参保概率		实际缴费率		相对缴费率	
	(1)	(2)	(3)	(4)	(5)	(6)
policy	0.0486 **	0.0339 *	0.9304 *	0.4195	0.0497 **	0.0302 **
	(0.0206)	(0.0191)	(0.4750)	(0.3145)	(0.0214)	(0.0133)

续表

变量名称	参保概率		实际缴费率		相对缴费率	
	(1)	(2)	(3)	(4)	(5)	(6)
社保征缴强度		-0.0109 *** (0.0025)		-0.3804 *** (0.0472)		-0.0146 *** (0.0015)
企业经济特征	YES	YES	YES	YES	YES	YES
城市经济特征	YES	YES	YES	YES	YES	YES
企业固定效应	YES	YES	YES	YES	YES	YES
城市固定效应	YES	YES	YES	YES	YES	YES
年份固定效应	YES	YES	YES	YES	YES	YES
行业时间趋势	YES	YES	YES	YES	YES	YES
观测值	461051	461051	461051	461051	461051	461051
R^2	0.8780	0.8790	0.7710	0.7747	0.9128	0.9144

注：括号内为回归系数聚类到城市层面的稳健性标准误；＊、＊＊和＊＊＊分别表示 10%、5% 和 1% 的显著性水平。

(二) 异质性分析

在描述性统计中，本章发现不同类型企业的社保缴费合规程度存在差异，国有企业、雇用规模较大和工资水平较高的企业的社保合规程度相对较高。因此，社保征缴体制改革所带来的监管强度变化可能对合规程度较低的企业影响更为明显。因此，本章从企业的所有制、雇用规模、工资水平和劳动密集程度等几个方面进行了异质性分析。

首先，对于所有制而言，本章重点检验社保征缴体制变化对国有企业和非国有企业的影响差异，相应的检验结果见表 4 - 17。在表 4 - 17 中，本章引入了 DID 政策变量与企业是否为国有企业虚拟变量（是为 1，不是为 0）的交互项，通过其回归系数比较社保征缴体制对国有和非国有企业的异质性影响。从回归结果可以发现，无论是从参保概率还是从缴费率来看，政策变量 policy 的回归系数均正向显著，交互项的回归系数则显著为负，说明社保征缴体制的改革对非国有企业的影响更为显著，而对国有企业的影响相对较弱，这与国有企业的社保合规程度相对较高有关。

表4-17 社会保险费征缴体制改革与企业参保：所有制差异

变量名称	参保概率	实际缴费率	相对缴费率
	（1）	（2）	（3）
policy	0.0639 ***	1.3525 **	0.0641 ***
	(0.0236)	(0.5331)	(0.0215)
policy×是否为国企	-0.0859 ***	-2.5506 ***	-0.1084 ***
	(0.0250)	(0.7053)	(0.0298)
国有企业	0.0249 **	0.9576 ***	0.0347 ***
	(0.0108)	(0.2611)	(0.0095)
企业经济特征	YES	YES	YES
城市经济特征	YES	YES	YES
企业固定效应	YES	YES	YES
城市固定效应	YES	YES	YES
年份固定效应	YES	YES	YES
行业时间趋势	YES	YES	YES
观测值	461051	461051	461051
R^2	0.8781	0.7711	0.9129

注：括号内为回归系数聚类到城市层面的稳健性标准误；*、**和***分别表示10%、5%和1%的显著性水平。

其次，对于不同雇用规模的企业，本章采取了与表4-17类似的做法，引入了DID政策变量与企业雇用规模的交互项来比较社会保险费征缴体制改革的异质性影响。见表4-18，无论是从参保概率还是从缴费率来看，政策变量policy的回归系数均正向显著，而其与雇用规模的交互项的回归系数则显著为负，说明社保征缴体制的改革对企业社保合规程度的影响与企业的雇用规模有关。雇用规模较大的企业所受到的政策冲击相对更小，因为其历史合规程度相对更高，而合规程度低的中小企业则可能受到较大冲击。

表4-18 社会保险费征缴体制改革与企业参保：雇用规模差异

变量名称	参保概率	实际缴费率	相对缴费率
	（1）	（2）	（3）
policy	0.1855 ***	4.0048 **	0.1820 ***
	(0.0419)	(1.6519)	(0.0688)
policy×雇用规模	-0.0289 ***	-0.6481 **	-0.0279 **
	(0.0066)	(0.2793)	(0.0111)
ln 企业雇用规模	0.0524 ***	-1.5239 ***	-0.0554 ***
	(0.0080)	(0.3224)	(0.0106)

续表

变量名称	参保概率	实际缴费率	相对缴费率
	（1）	（2）	（3）
企业经济特征	YES	YES	YES
城市经济特征	YES	YES	YES
企业固定效应	YES	YES	YES
城市固定效应	YES	YES	YES
年份固定效应	YES	YES	YES
行业时间趋势	YES	YES	YES
观测值	461051	461051	461051
R^2	0.8781	0.7711	0.9129

注：括号内为回归系数聚类到城市层面的稳健性标准误；＊、＊＊和＊＊＊分别表示10%、5%和1%的显著性水平。

最后，本章还考察了社会保险费征缴体制改革对不同工资水平企业的影响差异，回归结果见表4-19。从政策变量 policy 的回归结果来看，参保概率和缴费率的回归均正向显著，表明总体上社会保险费征缴体制改革能够有效提升企业参保概率和缴费率，从而提高社保合规程度。从政策变量与工资水平的交互项的系数来看，其与工资水平的交互项负向显著。交互项的回归结果表明，社保征缴体制对企业参保行为的影响与企业工资水平有关，且对工资水平较高的企业的社保合规程度影响相对较小。出现上述现象的原因在于不同工资水平企业的社保合规程度差异明显，高工资水平企业合规程度更高，因而受征缴体制改革影响更小。

表4-19　　　社会保险费征缴体制改革与企业参保：工资水平差异

变量名称	参保概率	实际缴费率	相对缴费率
	（1）	（2）	（3）
policy	0.3599＊＊＊ （0.0704）	9.9241＊＊＊ （3.5400）	0.4130＊＊＊ （0.1147）
policy×工资水平	－0.0443＊＊＊ （0.0096）	－1.2812＊＊ （0.4938）	－0.0518＊＊＊ （0.0157）
ln 企业平均工资	0.0722＊＊＊	－2.2814＊＊＊	－0.0835＊＊＊
企业经济特征	YES	YES	YES
城市经济特征	YES	YES	YES

续表

变量名称	参保概率	实际缴费率	相对缴费率
	（1）	（2）	（3）
企业固定效应	YES	YES	YES
城市固定效应	YES	YES	YES
年份固定效应	YES	YES	YES
行业时间趋势	YES	YES	YES
观测值	461051	461051	461051
R^2	0.8781	0.7711	0.9129

注：括号内为回归系数聚类到城市层面的稳健性标准误；＊、＊＊和＊＊＊分别表示10%、5%和1%的显著性水平。

相对于资本密集型的企业，劳动密集型企业是用工大户，其所缴社保费是社保基金收入的重要来源，因而它是社保监管的重点对象，社保征缴体制改革对劳动密集型企业参保行为的影响可能更为明显。对此，本章参考田彬彬和陶东杰（2019）的做法，对所处行业代码在13～22的企业作为劳动密集型样本，所处行业代码在38～44的企业作为资本密集型样本，对这两个子样本进行分样本回归，结果见表4－20。从表4－20的回归结果可以发现，除参保概率外，社保征缴体制改革对于劳动密集型企业和资本密集型企业的社保缴费行为存在显著差异，其对劳动密集型企业的实际缴费率和相对缴费率均存在显著正向影响，而对资本密集型企业则无显著影响，从而表明社保征缴体制改革对劳动密集型企业成本冲击更为明显。

表4－20　　社会保险费征缴体制改革与企业参保：劳动密集度差异

变量名称	劳动密集型企业			资本密集型企业		
	参保概率	实际缴费率	相对缴费率	参保概率	实际缴费率	相对缴费率
	（1）	（2）	（3）	（4）	（5）	（6）
policy	0.0425＊＊	1.2616＊＊＊	0.0630＊＊＊	0.0588＊＊＊	0.5458	0.0337
	(0.0180)	(0.4144)	(0.0187)	(0.0216)	(0.4708)	(0.0204)
企业经济特征	YES	YES	YES	YES	YES	YES
城市经济特征	YES	YES	YES	YES	YES	YES
企业固定效应	YES	YES	YES	YES	YES	YES
城市固定效应	YES	YES	YES	YES	YES	YES

续表

变量名称	劳动密集型企业			资本密集型企业		
	参保概率	实际缴费率	相对缴费率	参保概率	实际缴费率	相对缴费率
	(1)	(2)	(3)	(4)	(5)	(6)
年份固定效应	YES	YES	YES	YES	YES	YES
行业时间趋势	YES	YES	YES	YES	YES	YES
观测值	135165	135165	135165	62399	62399	62399
R^2	0.8702	0.7417	0.9219	0.9016	0.8004	0.8997

注：括号内为回归系数聚类到城市层面的稳健性标准误；*、**和***分别表示10%、5%和1%的显著性水平。

第六节　稳健性检验

一、PSM-DID 检验

社会保险征缴体制改革政策的出台可能并不是完全随机的，而可能是企业和政府进行博弈的结果，那些辖区内企业参保情况更好的地区更可能选择由税务部门征收社会保险费，其他地区则可能存在一些不随时间变化的、不可观测的因素导致了处理组和控制组之间的差距，如直接比较可能会导致异质性偏差。因此，为排除上述混杂因素的影响，本章进一步使用倾向得分匹配法（propensity score matching，PSM）对样本进行匹配，之后再进行 DID 回归，匹配的企业特征变量包括企业年龄、资产负债率、所有制、资产规模、是否出口和雇用规模，匹配方法为 1∶4 最近邻匹配。在匹配过程中，本章分别使用平衡面板数据和非平衡面板数据，以比较结果的稳健性。PSM-DID 的检验结果见表 4-21，结果表明通过 PSM 排除混杂因素后，DID 的回归结果同基准回归的结果较为一致，policy 变量的回归系数大小和方向与基准回归差别不大，表明社保征缴体制改革确实能对企业社保合规程度产生显著正向影响。同时，基于平衡面板数据匹配后的回归结果与非平衡面板数据匹配后的回归结果也十分一致，这表明本章的研究结论较为稳健。

表 4 - 21   PSM-DID 检验结果

变量名称	平衡面板			非平衡面板		
	参保概率	实际缴费率	相对缴费率	参保概率	实际缴费率	相对缴费率
	(1)	(2)	(3)	(4)	(5)	(6)
policy	0.0521 *** (0.0178)	1.3196 *** (0.4887)	0.0648 *** (0.0217)	0.0558 *** (0.0212)	1.3726 ** (0.6005)	0.0677 ** (0.0268)
企业经济特征	YES	YES	YES	YES	YES	YES
城市经济特征	YES	YES	YES	YES	YES	YES
企业固定效应	YES	YES	YES	YES	YES	YES
城市固定效应	YES	YES	YES	YES	YES	YES
年份固定效应	YES	YES	YES	YES	YES	YES
行业时间趋势	YES	YES	YES	YES	YES	YES
观测值	170115	170115	170115	224082	224082	224082
R^2	0.6723	0.6883	0.6792	0.7109	0.6985	0.6908

注：括号内为回归系数聚类到城市层面的稳健性标准误；*、**和***分别表示10%、5%和1%的显著性水平。

二、考虑企业参保信息误差的影响

工业企业在报送信息的会计处理上可能存在差异，特别是在养老和医疗等社会保险方面。由于会计分录并没有确定的规则明确企业为职工缴纳的社保费用要如何细分，财务会计有可能会直接将这部分计入应付职工工资，而并不区分是社保还是工资，因而可能存在有些企业缴纳了社保费用但将其计入职工工资总额的情况，从而低估企业的参保比例，并影响本章评估结果的准确性。对此，为排除企业参保信息报送误差的影响，本章剔除了样本中社保缴费为0的样本进行回归，以检验前述结果的稳健性，回归结果见表4-22。从回归结果来看，在剔除未参保企业后，政策变量对企业实际缴费率的影响仍为正向，回归系数为0.6606，虽然系数值和统计显著性有所下降，但其p值仍然接近0.1，具有一定的统计显著性；且政策变量对相对缴费率的回归正向显著，回归系数和统计显著性变化较小，从而说明社保征缴体制的改革能够显著提高企业的社保回归程度，这种影响在考虑企业会计处理误差后仍然稳健。

表 4 - 22　　　　　　　　　　剔除未参保企业的稳健性检验

变量名称	实际缴费率	相对缴费率
	（1）	（2）
policy	0.6606	0.0389 **
	(0.4121)	(0.0173)
企业经济特征	YES	YES
城市经济特征	YES	YES
企业固定效应	YES	YES
城市固定效应	YES	YES
年份固定效应	YES	YES
行业时间趋势	YES	YES
观测值	266525	266525
R^2	0.8707	0.8888

　　注：括号内为回归系数聚类到城市层面的稳健性标准误；＊、＊＊和＊＊＊分别表示10%、5%和1%的显著性水平。

三、考虑企业迁移的影响

　　由于不同省份和城市的社保征缴制度和社保政策缴费率存在差异，一些对劳动力成本敏感的企业可能会因为社保征缴体制的改革而向未实施政策改革的地区迁移，这种迁移会给本章区分处理组和控制组带来困扰，同时也可能会影响DID估计结果的稳健性。因此，为排除企业跨地区迁移所带来的影响，本章剔除了在样本期间内新成立的企业，并进行相应回归，回归结果见表4-23。从表4-23的结果来看，在考虑企业跨地区迁移因素后，社会保险费征缴体制改革对企业社保合规的回归结果仍然稳健。征缴体制改革后，企业的参保概率、实际缴费率和相对缴费率将分别提高0.0472个、0.919个和0.0491个百分点，且均具有相当的统计显著性，与前面估计的结果一致，表明企业的跨地区迁移对回归结果的影响不大，回归结果较为稳健。

表 4 - 23　　　　　　　　考虑企业跨地区迁移后的稳健性检验

变量名称	参保概率	实际缴费率	相对缴费率
	（1）	（2）	（3）
policy	0.0472 **	0.9199 *	0.0491 **
	(0.0205)	(0.4909)	(0.0220)

续表

变量名称	参保概率	实际缴费率	相对缴费率
	（1）	（2）	（3）
企业经济特征	YES	YES	YES
城市经济特征	YES	YES	YES
企业固定效应	YES	YES	YES
城市固定效应	YES	YES	YES
年份固定效应	YES	YES	YES
行业时间趋势	YES	YES	YES
观测值	429484	429484	429484
R^2	0.8789	0.7737	0.9109

注：括号内为回归系数聚类到城市层面的稳健性标准误；＊、＊＊和＊＊＊分别表示10％、5％和1％的显著性水平。

第七节　本章小结

长期以来，我国社会保险制度存在统筹层次较低、征缴流程和征缴主体不一致等问题。社会保险费由社保经办机构和地方税务部门征收的二元征缴体制延续至今，而对于何种征缴体制更优也存在争论。随着社会保险费全部由税务部门征收的改革方案出台，关于社会保险费征缴体制改革带来的政策后果是备受全社会关注的焦点问题。本章以2004～2007年云南省和浙江省各地级市的社保征缴体制渐进改革作为准自然实验，利用中国工业企业数据库和双重差分方法评估了社会保险征缴体制改革对企业社保合规程度的影响，并比较了税务部门代征和全责征收这两种征收体制下的征收效果差异，为科学评估社会保险费征缴体制改革的政策效果提供了微观层面的经验证据。本章的实证结果有以下四个方面：一是社会保险费征缴主体由社保经办机构调整为地方税务部门后，企业的社保合规程度有所提升，说明社会保险费征缴体制改革对于提高社保基金收入和企业遵缴率存在正面意义，但同时也意味着会增加企业的成本与负担；二是回归结果表明，社会保险费征缴体制改革后，企业的参保概率、绝对缴费率和相对缴费率将分别上升0.0486个、0.9304个和0.0497个百分点，企业社保逃费现象得到有效遏制；三是进一步分析发现，社保征缴体制改革对企业社保合规程度的影响主要是通过影响社保征缴强度来实现的，通过对税务代征和全责征收模式的征收效果比较后，发现由于税务部门全责征收模式赋予了税务部门更为完整的权力职能，其对企业的信息掌握更为全面，且制度激励更强，征收效果更佳；四是由于社保合规程度的差异，社保征缴体制对企业参保行为的影响存在异质性，其对非国有企业、小规模企业和工资水平较低和劳动密集型企业的社保合规程度影响更为明显，这意味着社保征缴体制的全面改革将显著增加这些企业的用工成本。

第五章

基本养老保险统筹层次调整与企业遵缴率

第一节 问题提出

养老保险是我国社会保险制度体系中最重要的项目，实现基本养老保险全国统筹是社会保险制度健康发展和持续性发展的必然要求，也是促进社会公平性和福利最大化的必由之路。我国各省基本养老保险已陆续实现省级统筹，但在当前国内国际环境下仍然面临着严峻挑战：一是在人口老龄化逐年加剧、经济增速放缓、劳动力供给不足以及居民生育意愿下降的多重压力下，基金未来的可持续性遭遇极大挑战；二是由于各个省份经济发展水平、人口赡养率和劳动力流动分布的差别，各地区基本养老保险发展和负担不平衡，养老金不能在省份之间横向调剂的缺陷使资金效益不能最大化，地方条块化分割严重，与基本养老保险互济性的政策原则相违背。解决基本养老保险可持续性和不平衡性的问题使加快实现全国统筹的目标刻不容缓。

2017年，党的十九大报告指出，要完善我国的基本养老保险制度，并强调尽快实现全国统筹的改革目标。2018年，我国逐渐开始建立起中央调剂金制度来实现向全国统筹的过渡，各省份将一部分基金上解至中央，再由中央补贴基金有缺口的省份，这意味着当地养老保险基金的结存收益将会转移到其他地区，导致基金结余地区征缴积极性不高，从而影响当地企业基本养老保险缴费，不利于养老金统筹改革政策目标效果的充分发挥。党的二十大报告明确提出，要完善基本养老保险全国统筹制度，发展多层次、多支柱养老保险体系。全国统筹对于增强基本养老保险基金的抗风险能力和共济性具有重要意义，财政部宣布企业职工基本养老保险全国统筹已于 2022 年 1 月 1 日正式实施。但是，由于人口的跨区域流动，地区间基金收支差异显著，根据财政部的数据，2023 年全国企业职工基本养老保险调剂金总上缴规模为 2439.59 亿元，其中上缴资金最多的广东省上缴 1158.14 亿元，约占全部上缴资金的 47.47%，获得下拨资金最多的是辽宁省（844.31 亿元）和黑龙江省（829.32 亿元）。全国统筹将使地方政府的征管收益和支出责任上移，当前养老保险属地化管理的现实极易引发地方政府的"道德风险"，导致其征管激励下降，从而给基金可持续性带来挑战，如不完善相关配套制度，将使全国统筹的效果大打折扣。因此，从理论和实证层面探讨基本养老保险全国统筹对地方政府征管行为的影响机制及其效应，并完善相关配套制度来协调好各级政府的权责关系，提升地方政府的征管积极性，已成为当下亟待研究破解的关键问题，这对完善我国基本养老保险全国统筹制度具有重要的理论价值与现实意义。

学术界关于基本养老保险统筹层次调整的影响研究较少，但对养老保险统筹本身进行了较多的有益探索。为更好地理解统筹及企业社保缴费行为之间的影响，本章从三个方面对现有文献进行了梳理：一是基本养老保险统筹层次提升的影响；二是企业社保缴费的影响因素；三是统筹层次调整对企业社保缴费的影响。

统筹层次是一个富有中国特色的学术概念，国外基本上没有养老保险统筹这一说法，因此有关基本养老保险统筹层次调整相关影响的学术成果以国内文献为主。社会保障制度最先在西方建立，对于我国养老保险制度建设有一定的指导意义，如《贝弗里奇报告》中的统一性原则仍然是当前我国养老保险发展的重要建设性原则。威廉姆森和代特尔鲍姆（Williamson & Deitelbaum，2005）对新中国成立后的养老制度统筹层次的改革历程进行了回顾，认为由于各省经济水平不同，省级统筹仍然存在诸多问题。特里（Trinh，2006）认为，中国养老保险制度不同地区缴费的差异性会威胁企业竞争的公平性。卡尔沃和威廉姆森（Calvo & Williamson，2008）提出，发挥养老保险制度的社会功能是应对家庭养老功能弱化的有效办法，应当建立一个覆盖广、层次高的养老保障体系。

通过对现有国内文献梳理概括，发现基本养老保险统筹的社会影响主要有人口流动、劳动力市场供给和收入再分配等。在人口流动方面，苏明等（2016）认为，较低的养老保险统筹层次使劳动力人口会因为养老保险账户转移困难而难以流动，提升养老保险统筹层次有利于劳动力资源的有效配置。周心怡和蒋云赟（2021）研究全国统筹与人口流动和地区不平衡之间的关系，结果表明只有在中央政府建立中央调剂金的前提下，地方政府出台降低缴费率的政策才能通过影响劳动力流动来缩小地区间的收入不平衡。在劳动力市场方面，侯风云和马凯旋（2015）认为，积极推进养老保险统筹，提升统筹层次，统一全国性保险项目、收费口径以及业务办理可以优化劳动力供给资源配置。赵越（2018）考察基本养老保险统筹层次调整对劳动力市场两个方面的影响，即劳动力就业和人力资本投资，研究显示统筹层次提升能够促进劳动力流动并提高企业生产率，但是统筹层次提升使整体的人力资本投资增速放缓，其中低收入群体的教育投入反而超过了高收入群体。在收入分配方面，闫琳琳（2012）利用2010年辽宁省各城市面板数据，运用效用变动理论分析省级统筹前后的给付水平及再分配效应，认为经过物价修正后的全国统筹方案不仅能够克服由于名义养老金和物价水平差异带来的障碍，还能缩小地区间的收入差距。穆怀中等（2014）利用2011年各省份数据，计算全国统筹下不同养老金计发方案的收入再分配效果，最后得到选择10%替代率作为全国统筹、20%替代率作为省级统筹最优方案的结论。

已有大量研究从企业特征、政策缴费率、征缴主体和征缴激励等角度来讨论影响企业社保缴费率和参保程度的因素。在企业特征方面，现有文献是从企业规模和所有制来分析影响企业社保遵从度的因素。雅克勒和李（Jackle & Li，2006）利用秘鲁企业微观面板数据，发现企业社保参与度随着公司规模和企业年龄的增加而增加。尼兰德（Nyland et al.，2006）利用上海2200家企业的数据，结合公司规模、所有权结构和风险发生率对雇主在社会保障支付中逃避行为影响的经验证据，探讨企业性质和为遏制雇主逃避缴款而采取遵约机制的有效性之间的关系。此外，尼兰德（Nyland et al.，2011）还对上海的八个案例进行了定性研究，发现影响社保合规行为的三个企业特征分别是风险因素、劳动力技能构成和所有权形式，预计公司规模可能会影响合规行为，但没有给出明确的模式。

在政策缴费率方面，政策缴费率的高低将直接影响企业缴费率，学者们普遍认为，过高的政策缴费率导致了较低的企业缴费水平。费尔德斯坦和利布曼（Feldstein & Liebman，2006）认为，过高的名义缴费率是企业社保缴费低的主要原因。赵静等（2016）使用工业企业数据和居民调查数据，分析发现社会保险法定缴费率与企业参保率呈显著负相关，而职工参保率不受较高水平社会保险法定缴费率的影响。金刚和范洪敏（2018）通过分析经验数据和企业数据，同样得到了提高政策缴费率会导致企业缴费率降低的结论，并指出调整政策缴费率会同时具有正向和反向两方面的效应。宋弘等（2021）以2012年浙江省下调社会保险费为背景，指出养老保险法定缴费率的降低能同时导致企业参保水平的提高和社保基金收入的增加，此外降低缴费率也显著提高了企业的劳动力需求。贝利和特纳（Bailey & Turner，2001）指出，在亚洲、中东欧等发展中国家很多企业通过少报雇员人数和雇用临时工的方式来逃避社会保险缴费，提出可以通过各种混合策略，如设计激励机制、降低合规成本和保持低通胀并维持稳定的低失业率来减少雇主和工人的社会保险逃费行为。瓦塞斯等（Vlassis et al.，2019）则聚焦于未申报的劳动力，在工会双头垄断中，税收和社会保险缴费率之间的配置均衡可能会产生未申报的劳动力，从而导致社保缴费数额低。在征缴体制方面，亚当（Adam，2007）认为，整合个税和社会保险费可以提高信息透明度、降低管理和合规成本。蒋（Jang，2010）将征收社会保险的两种执行主体进行比较，发现税务部门比社保部门征收社会保险费有更强的征管刚性。恩诺夫和麦金农（Enoff & McKinnon，2011）通过调查社保机构和征收机构获得调研数据，分析发现除了社会保障制度的历史因素和制度覆盖范围，征缴主体的隶属关系也会影响社会保障供款和遵从度。在征缴主体方面，目前包括地方税务机关和社会保险经办机构两大征缴主体。刘军强（2011）梳理10年间不同省份征缴主体的历史变化过程，认为税务机构由于体制完善和信息丰富，比社保经办机构有更好地扩大社会保险覆盖范围和提高基金收入的效果。郑春荣和王聪（2014）从行政成本入手，发现由地税部门征收社会保险费，其行政成本不会显著增加，甚至降低了单位税费的征收成本。彭雪梅等（2015）手动收集 2002~2011 年 31 个省市数据，分别考察不同征收主体征收社会保险的足额征缴率和扩面率，发现社保经办机构作为征缴主体在足额征缴率上要显著好于地方税务机关，而在扩面率方面两者的效果是一样的。在征缴激励方面，养老保险逃费既与缴费主体消极的应对态度有关，也与地方征管激励有关。彭宅文（2010）基于地方分权的视角，认为经济考核与政治晋升相结合的地方治理模式，以及我国养老保险制度的转移支付体系，使地方政府拥有展开经济竞争而压缩劳动力成本的动机，从而产生养老保险征缴懈怠心理。妥宏武和杨燕绥（2020）从地方政府竞争动力的视角，对养老保险负担的三种地方政府竞争动力进行了实证检验，其中财政支出和 GDP 增速对养老保险负担有显著负向影响，而地方政府官员任期对其有显著正向影响。

学术界关于基本养老保险统筹层次调整对企业社保缴费的研究较少，但归纳已有文献可以发现，地方政府征缴积极性与统筹层次提升和企业社保缴费之间有很大的关系。李连芬和刘德伟（2013）指出，提高养老金统筹层次会降低地方政府对企业养老保险的征缴积极性，也可能会产生刺激员工提前退休的效应。彭浩然等（2018）基于 2005~2015 年的省级面板数据，搭建空间计量模型，验证地方政府存在养老保险征缴竞争行为，而养老保险统筹层次提升会带来本地养老保险征管收益的外部化，各区域养老保险征缴动力不足，出现"藏费于企业"的行为。朱恒鹏等（2020）从委托代理方面入手，发现提升统筹层次会导致地方征缴社会保险积极性的弱化，并对社会保险基金收支产生负面影响，但如果上级政府信息充分也能够达到风险分担的次优效果。赵仁杰和范子英（2020）利用 2008~2012 年全国税收调查数据，评估省级统筹改革与企业职工基本养老保险缴费之间的关系，指出省级统筹改革对企业养老保险缴费率有负向影响，影响的大小还与地方政府的激励有关，支付压力小的地区养老保险征缴力度更弱；养老保险统筹后，企业养老保险缴费由社会保险经办部门征收比由税务部门征收下降更为明显。最后提出养老保险需由税务部门征收，并构建央地利益补偿机制。

国内外学者的研究成果是当前基本养老保险统筹的重要理论基础，为本章研究基本养老保险统筹层次调整对企业遵缴率的影响提供了理论和研究方法的指导。通过梳理国内文献发现，国内对于基本养老保险统筹的研究内容集中在基本养老保险统筹的宏观环境影响和企业社保缴费的影响因素，基本养老保险统筹层次调整影响企业社保缴费的研究较少。由于其他国家尚未涉及统筹层次的问题，因此在国外研究中此主题非常少见，但部分外国学者对企业社保缴费或合规程度的影响因素作了探讨。综上，目前关于养老保险统筹的研究大多集中在其对宏观经济的影响上，鲜有文献从统筹层次提升影响企业微观行为的视角作出实证探索，这就为本章研究基本养老保险统筹层次调整对企业遵缴率的影响提供了创新的可能。

本章将以基本养老保险全国统筹为背景切入点，考察基本养老保险统筹层次调整对企业遵缴率的作用机制和影响，揭示在提升基本养老保险统筹层次的过程中可能造成的负面社会效应，并针对性地提出完善养老金全国统筹的对策建议，以加快实现基本养老保险全国统筹的战略目标。在理论层面，本章的研究有利于丰富基本养老保险统筹层次调整的相关研究，特别是统筹层次提升如何通过影响地方政府征缴激励从而影响企业遵缴率的研究。从现有文献来看，大部分集中在养老保险统筹对宏观环境，如劳动力市场和人口流动等方面的影响研究，以及企业社保缴费的影响研究。鲜有文献较为系统、全面、直接地探讨统筹层次调整对企业基本养老保险缴费行为的影响，本章的研究能够在理论上拓展相关研究成果。在实践层面上，有利于厘清地方政府层面和企业行为层面上基本养老保险统筹层次提升需要考虑的关键因素，针对统筹层次提升中可能产生的不利影响，为加快实现基本养老保险全国统筹提供政策建议，为统筹层次提升建立配套补偿措施和提高基本养老保险各参与主体激励提供一定的政策参考。

第二节　概念界定及理论基础

本节主要阐述相关概念和理论，首先对城镇职工基本养老保险、基本养老保险统筹层次和企业遵缴率这些概念进行界定，再介绍大数法则、财政职能分工理论和社会公平理论，以便进行后面的机制分析。

一、概念界定

（一）城镇职工基本养老保险

基本养老保险是我国多支柱养老保险体系的第一大支柱，其中城镇职工基本养老保险是养老保险中最主要的项目，是指城镇职工个人及其单位按照一定比例依法缴纳基本养老保险，并在达到退休年龄后领取养老金的一种强制性社会保险制度，能够保证劳动者退休后因年老失去劳动能力而获得的一定经济来源。随着养老保险制度建立以来，"城镇职工"的对象范围是在不断变化的，目前主要包括企业职工、机关事业单位人员、个体工商户和灵活就业人员。本章所提到的基本养老保险研究对象指的是企业职工所缴纳的城镇职工基本养老保险。

（二）基本养老保险统筹层次

基本养老保险统筹是指在某个层级范围内对基本养老保险基金统一征缴、统一管理和统一使用，实现在某一范围内的风险共济。基本养老保险统筹层次是指基本养老保险基金统一征缴、统一管理和统一使用并处于均衡状态的层次和范围。我国的统筹层次一般是以行政层级来划分的，并先后经历了县市级统筹和省级统筹。针对企业职工基本养老保险，2007年首次提出了省级统筹标准，即实现保险制度、缴费政策、待遇政策、基金使用、基金预算和经办管理的统一。在六个统一的基础上，实现全省基本养老保险基金的统收统支①。统筹层次越高，基本养老保险的互济性就越强，全国统筹是我国目前基本养老保险要实现的改革目标。值得注意的是，提升基本养老保险统筹层次是为了解决地区间养老保险不公平的问题，因此统筹改革涉及的是基本养老保险的统筹账户，不涉及个人账户。

（三）企业遵缴率

本章中的企业遵缴率特指的是企业职工基本养老保险的实际缴费率，不同于我国社会保险法律所规定的企业按照16%的比例缴纳的基本养老保险政策

---

① 《关于推进企业职工基本养老保险省级统筹有关问题的通知》（劳社部发〔2007〕3号）。

缴费率。企业遵缴率反映了企业的实际缴费水平和参加基本养老保险的遵从度。在实际中企业常有降低劳动力成本的动机，存在逃避社保缴费或参保不合规的行为，因此，企业职工基本养老保险实际缴费率往往同法定缴费率存在一定的差距。学术界多为研究的是企业社保实际缴费率，将其定义为企业社会保险缴费与职工工资之比（封进，2013），这为本章定义企业遵缴率提供了借鉴。

二、理论基础

（一）大数法则

大数法则是指不断重复随机实验，估计结果和客观结果之间的差异会逐渐趋向于零。保险行业就是以大数法则为理论依据的，因此基本养老保险也符合大数法则。随着参保人数的增加，基金的蓄水池越来越大，形成一个共同对抗老龄风险的社会整体，基金的抗风险能力就会越强，分散到每个个体的风险就越来越小。

养老保险的统筹改革也体现了大数法则。一方面，在进一步扩大养老保险覆盖面的前提下，统筹层次提升能够使基本养老保险基金由条块分割管理转变为统一管理，抵御风险的能力增强，实现基金收支的动态平衡。另一方面，统筹层次越高，收入再分配程度和互济性越高，能够实现养老金在经济发达地区和落后地区间的调剂，区域间由于经济发展不平衡导致的养老金负担差异将缩小，同时也有利于企业间的公平竞争。

（二）财政职能分工理论

马斯格雷夫认为资源配置职能、收入分配职能和经济稳定职能是现代财政的三大职能，无论是中央政府还是地方政府都需要承担起各自的职责，但两者具体承担的责任有所不同，地方政府主要承担资源配置职能，中央政府主要承担后两个职能。具有收入分配目标效应的改革措施和政策需要在国家层面来实施，否则地方分权会削弱收入再分配政策的效力。在较低的统筹层次下，地方政府负责承担当地养老保险基金的收支，只能实现统筹范围内的收入再分配和互助共济，高供给、低需求的地区不能向低供给、高需求的地区提供养老金调剂，地区间仍存在较大的养老待遇差距，因此需要提升基本养老保险统筹层次来达到更高层次的收入再分配水平。

（三）社会公平理论

社会公平理论是一种过程型激励理论，是由约翰·亚当斯提出来，主要关注报酬公平性和员工积极性之间的关系。该理论的核心观点是员工会将自己的投入产出比值与他人进行比较来衡量报酬分配的公平性，也就是说，员工对于报酬是否满意不只是看绝对值还要看相对值。当员工的投入产出比值大于其他人时，就会受到激励，反之感到不公平时，则会降低工作的积极性。

提升基本养老保险统筹层次有助于维护社会的公平性，企业基本养老保险的缴纳行为可以由社会公平理论来解释。由于各地经济水平和制度赡养比的不同，出现基金结余地区实际缴费率低、养老金待遇高，而基金有缺口的地区实际缴费率高、养老金待遇低的现象，不同地域的企业职工会进行横向比较从而产生不公平的心理，损害了参保积极性，出现企业逃费和欠缴行为。因此提升统筹层次时，应考虑消除因养老金待遇差距带来的不公平心理。

第三节　统筹层次调整与央地博弈分析

由前文的分析可以得知，提升统筹层次会弱化省级养老保险基金的征缴激励，地方政府因本位主义不愿将自己的养老保险基金加入一个更高的统筹层次中。如果一个省份的养老金结余要去冲销其他省份的赤字，那么这个省份会通过控制征缴政策参数来放松征管，尽可能不产生结余，或者通过依赖调剂金将养老金支付压力转移至其他省份，对中央政府提升统筹层次的改革政策产生抵触情绪。因此二者之间存在着利益博弈行为，本节从博弈论的视角分析中央和地方在提升统筹层次中相互博弈的内在逻辑，并分析怎样的决策才能达到均衡。

一、基本假设

参考邓悦和汪佳龙（2018）的做法，构建完全信息静态博弈模型来解构中央政府和地方政府之间的利益博弈。当中央政府推行提升统筹层次的改革时，地方政府可以采取积极或消极的应对态度，同时，中央政府可以根据地方政府的执行态度给予奖励或处罚。下面对模型作出以下假设。

（1）博弈的参与者是中央政府和地方政府，二者之间的博弈符合完全信息条件，且都是"理性经济人"。

（2）面对中央政府推行的提升基本养老保险统筹层次的政策，假设地方政府有"积极征缴"和"消极征缴"两种策略，中央政府有"处罚"和"不处罚"两种策略。

（3）假设地方政府积极征缴时获得的支付函数为 P_1，中央政府获得的支付函数为 P_2，中央政府对地方政府积极征缴的行为给予奖励成本 R。地方政府消极征缴时获得的支付函数为 P_3（$P_3 > P_1$），此时中央政府如果选择处罚，地方政府需要承担处罚成本 C_1，中央政府需要承担因实施处罚策略带来的成本 C_2；中央政府如果选择不处罚，中央政府获得的支付函数为 0。

二、博弈分析

基于以上假设构建中央政府和地方政府博弈的收益矩阵，见表 5 – 1。

表 5 – 1　　　　　　　　中央政府和地方政府博弈的收益矩阵

地方政府/中央政府	处罚	不处罚
积极征缴	P_1，$P_2 - R - C_2$	P_1，$P_2 - R$
消极征缴	$P_3 - C_1$，$P_2 - C_2$	P_3，0

通过以上矩阵可以发现：（1）当地方政府选择积极征缴，中央政府选择处罚的收益是 $P_2 - R - C_2$，选择不处罚的收益是 $P_2 - R$，由于 $P_2 - R > P_2 - R - C_2$，中央政府的最优选择是不处罚。当地方政府选择消极征缴时，中央政府选择处罚的收益是 $P_2 - C_2$，选择不处罚的收益是 0，若 $P_2 - C_2 > 0$，中央政府的最优选择是处罚；若 $P_2 - C_2 < 0$，中央政府的最优选择是不处罚，此时地方政府所选择的消极征缴获得的收益最大（$P_3 > P_3 - C_1$），整个社会的总福利也是损失最严重的，此时基本养老保险全国统筹难以实现。（2）当中央政府选择不处罚，地方政府选择积极征缴的收益是 P_1，选择消极征缴的收益是 P_3，由于 $P_3 > P_1$，地方政府的最优选择是消极征缴。当中央政府选择处罚策略时，地方政府选择积极征缴的收益是 P_1，选择消极征缴的收益是 $P_3 - C_1$，若 $P_1 > P_3 - C_1$，双方都不会选择固定策略；若 $P_3 - C_1 > P_1$，地方政府的最优选择消极

征缴，此时提升统筹层次的政策实施成本大，中央政府还要承担地方政府消极征缴态度带来的负面效应。

通过以上的分析可以发现，地方政府消极征缴需承担的处罚成本 C_1 越大，地方政府选择消极征缴的可能性越小；中央政府因实施处罚策略带来的成本 C_2 越大，中央政府选择不处罚的可能性越大，因此中央政府选择的策略和处罚力度影响着地方政府各项策略的预期收益。只有当中央政府和地方政府在博弈中寻求到了利益的均衡点，才能有效推进全国统筹，实现政策效果的最大化。

第四节　研究假设与基准回归

本章的研究对象是基本养老保险统筹层次调整对企业遵缴率的影响，通过前述机制分析，可以推断基本养老保险统筹层次提升可能会降低企业职工基本养老保险遵缴率。为了使本章更具有说服力，本节将参照以往文献做法和已有数据构建相关指标，对该假设进行实证分析。由于我国目前全国统筹的工作正在进行中，无法考察全国统筹这一层次调整对企业基本养老保险缴费的影响，因此本章借助省级统筹的经验数据，考察从县、市级到省级这一统筹层次调整过程对企业职工基本养老保险遵缴率的影响。

一、统筹背景和研究假设

（一）统筹背景

2007 年，国务院要求各省份在 2009 年底前完成基本养老保险省级统筹的工作。截至 2008 年底，北京、天津、吉林等省市完成了城镇职工基本养老保险省级统筹，到 2010 年底，各省均陆续实现省级统筹。但是审计署于 2012 年认定我国有 17 个省市并没有真正实现基本养老保险省级统筹，这说明不同省市实现省级统筹的方式和程度各有不同。在实现省级统筹的进程中，出现了两种省级统筹模式，一种是强调"统一调度"的预算管理模式，即部分省级统筹，省级政府统一调剂中央财政补助金和由各市县政府上解的调剂金，统一编制基本养老保险预算；另一种是"统收统支"模式下的完全省级统筹[①]，全省企业职工基本养老保险收归省级社会保险基金财政专户，按照"收支两条线"的原则实现基金的拨付。此外，对于省级统收统支下未完成基本养老保险预算收入的缺口，一般是由各市县政府自行承担或者由全省统筹结余基金和各市县政府按照一定的责任分担比例共同分担。

为研究省级统筹改革对企业遵缴率的影响，需明确各省份实施统筹改革的具体年份以便定义核心解释变量。结合相关文献和检索北大法宝法律数据库，将各省份实行省级统筹改革的时间和文件依据归纳见表 5－2，其中部分省份如北京、天津等省市较早实现了基本养老保险的完全省级统筹，大多数省份以开始实施部分省级统筹的时间作为定义解释变量的依据。

表 5－2　　　　　　　各省份基本养老保险实施省级统筹改革时间

省份	时间	依据	省份	时间	依据
北京	2002 年	赵仁杰（2020）	湖北	2009 年 11 月 16 日	鄂政发〔2009〕53 号
天津	2002 年	赵仁杰（2020）	湖南	2006 年 1 月 1 日	湘劳社政字〔2006〕9 号
河北	2009 年 7 月 1 日	冀政〔2009〕55 号	广东	2009 年 2 月 25 日	粤府办〔2009〕15 号
山西	2009 年 6 月 29 日	晋政发〔2009〕89 号	广西	2009 年 1 月 1 日	桂政发〔2009〕1 号
内蒙古	2009 年 10 月 1 日	内政发〔2009〕78 号	海南	2008 年 9 月 6 日	琼府〔2008〕60 号
辽宁	2009 年 10 月 20 日	辽政发〔2009〕25 号	重庆	2004 年 1 月 1 日	渝府发〔2004〕21 号
吉林	2004 年	赵仁杰（2020）	四川	2009 年 12 月 10 日	川府发〔2009〕43 号
黑龙江	2005 年 5 月 1 日	黑政发〔2005〕17 号	贵州	2009 年 7 月 1 日	黔府发〔2009〕26 号
上海	2002 年	赵仁杰（2020）	云南	2006 年 1 月 1 日	云政发〔2006〕139 号
江苏	2010 年 1 月 1 日	苏政发〔2009〕131 号	西藏	2008 年	赵仁杰（2020）
浙江	2009 年 6 月 5 日	浙政发〔2009〕34 号	陕西	2002 年	赵仁杰（2020）
安徽	2009 年 11 月 2 日	皖政〔2009〕109 号	甘肃	2005 年	赵仁杰（2020）
福建	2002 年	赵仁杰（2020）	青海	2005 年	赵仁杰（2020）
江西	2007 年 4 月 9 日	赣府厅发〔2007〕24 号	宁夏	2005 年	赵仁杰（2020）
山东	2009 年 10 月 1 日	鲁政发〔2009〕108 号	新疆	2005 年	赵仁杰（2020）
河南	2007 年 10 月 1 日	豫政〔2007〕63 号			

资料来源：北大法宝法律数据库。

---

① 《人力资源社会保障部、财政部关于进一步完善企业职工基本养老保险省级统筹制度的通知》（人社部发〔2017〕72 号）。

（二）研究假设

实行基本养老保险省级统筹意味着省级政府和市县级政府养老金收支管理责任范围的变化，而企业遵缴率水平的高低不仅仅是由企业自身缴纳意愿决定的，也与地方执行主体的征缴激励有关，地方政府征缴激励越弱，征缴力度就越小，企业遵缴率越低。在省级统筹改革下，市县级政府倾向于将支出压力外部化和收益内部化，会选择消极配合统筹改革，从而导致企业遵缴率的下降。据此本章提出假设 H0。

假设 H0：省级统筹改革下，基本养老保险统筹层次提升会降低企业遵缴率。

在第二章的文献梳理部分可以发现企业本身的特征会影响企业的社保缴费，考虑到不同类型的企业在所有制和规模大小方面的异质性，可以推断基本养老保险统筹层次调整对不同类型企业遵缴率的影响也存在差异。相较于非国有企业，国有企业的工资基数大，社会保险的缴纳能力更高，此外，国有企业往往具有一定的社会目标和较为强烈的社会责任感，缴纳社会保险的合规程度也更高，可以推测国有企业对统筹层次调整的变化更不敏感。据此本章提出假设 H1。

假设 H1：省级统筹改革下，基本养老保险统筹层次提升对企业遵缴率的负向影响在非国有企业中更为显著。

企业规模可以反映企业的生产经营状况以及企业组织结构和治理体系的完善程度。一般而言，大规模企业受到的征管更强，社保缴费遵从度高，小规模企业缴纳社会保险会受到较大的现金流约束，缴纳负担重会使小规模企业尽可能逃避社保缴费。据此本章提出假设 H2。

假设 H2：省级统筹改革下，基本养老保险统筹层次提升对企业遵缴率的负向影响在小规模企业中更为显著。

二、变量定义和模型设定

（一）变量定义

企业遵缴率（Y）指的是企业职工基本养老保险实际缴费率，是本章的核心被解释变量，其值越大表明企业职工基本养老保险缴纳水平和遵从度越高。

参考郭磊等（2021）的计算方法，将企业遵缴率定义为本期基本养老保险缴费与工资总额之比，"基本养老保险缴费"来源于"应付职工薪酬"附注中的明细项"基本养老保险"，"工资总额"来源于"应付职工薪酬"附注中的明细项"工资、奖金、津贴和补贴"。

省级统筹改革（Reform）是本章的核心解释变量，观测企业所在省份是否开始实行基本养老保险省级统筹改革，可以反映统筹层次的变化情况。既实行了部分省级统筹又实行了完全省级统筹的省份，以实行部分统筹的时间作为开始实行省级统筹改革的变量。由于部分省份实施省级统筹改革的时间只精确到年份，按照文献认定当年即为开始统筹改革的年份，其他能够检索到具体改革时间点的省份以 7 月 1 日为界，若该省份实施省级统筹改革的时间在 7 月 1 日以前，政策实施当年即为开始改革的年份，该变量取值为 1；若实施省级统筹的时间在 7 月 1 日之后，则将次年作为开始改革的年份并取值为 1，未实施统筹改革的年份该变量取值为 0。

参照赵仁杰和范子英（2020）的做法，选取企业微观层面的一系列经济特征作为控制变量：企业规模（SIZE）、资产负债率（LEV）、企业年龄（FirmAge）、职工平均工资（Wage）、资产收益率（ROA）。各项变量的具体定义见表 5 - 3。

表 5 - 3　　　　　　　　　　　　　变量定义

变量类型	变量代码	变量名称	变量定义
被解释变量	Y	企业遵缴率	基本养老保险缴费与工资总额之比
解释变量	Reform	省级统筹改革	企业所在省份实施改革取值 1，否则取值 0
控制变量	SIZE	企业规模	总资产取对数
	LEV	资产负债率	总负债与总资产之比
	FirmAge	企业年龄	样本年份减去企业成立年份取对数
	Wage	职工平均工资	支付给职工以及为职工支付的现金与员工人数之比取对数
	ROA	资产收益率	净利润与平均资产总额之比

（二）模型设定

本章使用渐进双重差分方法（DID）来检验基本养老保险统筹层次调整对企业遵缴率的影响，由于各省市实行省级统筹的年份存在差异，构建如式

（5-1）所示的固定效应模型来检验政策的实施效果。

$$Y_{ijt} = \beta_0 + \beta_1 Reform_{jt} + \sum \alpha_k X_{ijt} + Firm_i + Prov_j + Year_t + \varepsilon_{ijt} \quad (5-1)$$

式（5-1）中下标 i 表示企业，j 表示企业所在的省份，t 表示年份。被解释变量 Y_{ijt} 表示 j 省第 i 个企业在 t 年的企业遵缴率。解释变量 $Reform_{jt}$ 表示 j 省在 t 年是否实行了基本养老保险省级统筹改革。X_{ijt} 表示可能会对企业遵缴率产生影响的一些企业层面的控制变量，主要包括企业规模、资产负债率、企业年龄、职工平均工资和资产收益率。$Firm_i$、$Prov_j$ 和 $Year_t$ 分别表示个体固定效应、省份固定效应和年份固定效应，表示误差项。β_1 是需要重点关注的系数，反映了统筹层次提升对企业遵缴率的影响效果，表示实施省级统筹改革后企业遵缴率的变化程度，若其显著为正，表示统筹层次提升对企业遵缴率有正向影响；若其显著为负，表示统筹层次提升对企业遵缴率有负向影响。α_k 是企业控制变量的各项系数（其中 k = 0，1，2，3，…，n）。

（三）数据来源和数据处理

考虑到数据的可获取性，本章选取 2007～2020 年沪深 A 股上市公司为研究样本，企业各项财务数据和职工人数数据均来源于国泰安数据库（CSMAR）。选择从 2007 年开始是因为此时中国上市公司开始在财务报表附注中披露"应付职工薪酬"的明细项"基本养老保险"。将此变量计算所得的企业遵缴率同上市公司财务报表相关数据进行合并，并对样本数据进行整理。本章参考已有文献的做法，采用 Stata16 对数据库中不符合条件的样本进行以下处理。

（1）剔除北京等 14 个省市在 2007 年前已完成基本养老保险省级统筹的下辖企业样本。

（2）剔除固定资产净额和员工人数为 0，资产总计、负债合计和企业遵缴率小于等于 0 等不符合逻辑的企业样本。

（3）剔除期间交易异常的 ST、*ST 和 PT 类企业样本。

（4）剔除金融行业的企业样本[①]。

（5）剔除关键变量存在缺失的企业样本。

---

① 由于金融行业财务报表和财务指标同普通企业有差别，故选择剔除。

（6）对取值连续的变量在1%和99%分位数进行极端值的缩尾处理以减弱极端值对回归结果产生的偏误。

经过上述处理后，最终获得17个省市2179家企业的14年非平衡面板数据，共12471个观测值。

三、描述性统计与基准回归

（一）描述性统计

对所有变量进行描述性统计（见表5－4），可以看到所有上市公司样本在2007～2020年中企业遵缴率最大值为28.01%，均值仅为4.34%，远低于法定缴费率，说明很大一部分企业没有按照法定缴费率缴费，企业缴纳基本养老保险的遵从度低，少缴、欠缴企业占大多数。

表5－4 各变量描述性统计

变量	样本量	均值	标准差	最小值	最大值
Y	12471	0.0434	0.0722	0.0002	0.2801
SIZE	12471	22.2690	1.2408	19.9521	25.8709
LEV	12471	0.4375	0.1998	0.0653	0.9058
ROA	12471	0.0423	0.0703	－0.2882	0.2255
FirmAge	12471	2.8604	0.3408	1.7918	3.4965
Wage	12471	11.4900	0.5288	10.1541	13.0562
Reform	12471	0.9537	0.2101	0.0000	1.0000

（二）基准回归

表5－5给出了省级统筹改革下，基本养老保险统筹层次调整影响企业遵缴率的基准回归结果，为保证估计结果具有稳健性，逐步将固定效应和企业层面的控制变量加入模型。第（1）列是仅控制个体固定效应（Firm）条件下省级统筹改革对企业遵缴率的基准回归结果，第（2）列是同时控制个体固定效应（Firm）和年份固定效应（Year），第（3）列是仅控制个体固定效应并加入所有控制变量，以减少遗漏变量的偏误，第（4）列是同时控制个体固定效应和年份固定效应并加入所有控制变量，第（5）列是同时控制了个体固定效应、年份固定效应、省份固定效应并加入所有的控制变量。重点关注省级统筹

改革变量（Reform）的系数，可以发现省级统筹改革的估计系数在所有回归结果中始终显著为负，第（3）列通过5%的显著性水平检验，其余均通过1%的显著性水平检验。以第（5）列为例进一步对估计结果进行解释，省级统筹改革的估计系数为0.0229，即实施基本养老保险省级统筹改革后，企业遵缴率降低0.0229个单位，本章提出的基本养老保险统筹层次提升会降低企业遵缴率的假设 H_0 得到了验证。

表5-5　　　　　基本养老保险统筹层次调整对企业遵缴率的影响

变量	（1）	（2）	（3）	（4）	（5）
Reform	-0.0391*** (0.0050)	-0.0234*** (0.0087)	-0.0132** (0.0052)	-0.0229*** (0.0087)	-0.0229*** (0.0087)
SIZE			-0.0047 (0.0029)	-0.0024 (0.0030)	-0.0024 (0.0030)
LEV			0.0150 (0.0099)	0.0075 (0.0101)	0.0075 (0.0101)
ROA			-0.0236* (0.0126)	-0.0304** (0.0126)	-0.0304** (0.0126)
Wage			-0.0077** (0.0032)	-0.0046 (0.0034)	-0.0046 (0.0034)
FirmAge			-0.0410*** (0.0083)	0.0189 (0.0165)	0.0189 (0.0165)
N	12178	12178	12178	12178	12178
Firm	Yes	Yes	Yes	Yes	Yes
Year	No	Yes	No	Yes	Yes
Prov	No	No	No	No	Yes
R^2	0.5917	0.6103	0.6086	0.6115	0.6115

注：*、**和***分别表示10%、5%和1%的显著性水平；括号内是聚类到企业层面的稳健标准误。

第五节　异质性分析与稳健性检验

一、异质性分析

本节将从企业所有制和企业规模两个方面，进一步分析省级统筹改革下基本养老保险统筹层次调整对不同类型企业遵缴率的影响效果。

（一）企业所有制异质性分析

为验证基本养老保险统筹层次调整对不同所有制结构企业遵缴率的影响差异，本章重点关注国有企业和非国有企业。引入国有企业（SOE）变量，表示该企业是否为国有企业，国有企业赋值为 1，非国有企业赋值为 0，同时引入是否实行省级统筹改革和是否为国有企业的交互项（Reform × SOE）。SOE 变量来源于国泰安数据库（CSMAR）中的"股权性质"项目，其将企业性质分类为国有企业、民营企业、外资企业和其他企业。为研究方便，本章将民营企业、外资企业和其他类型的企业归为非国有企业。由于部分企业在样本期间发生了股权变更，很难界定该企业样本在当年的股权性质，因此将这类样本剔除。

表 5 - 6 给出了省级统筹改革下基本养老保险统筹层次调整对国有企业和非国有企业遵缴率的异质性影响。省级统筹改革变量的估计系数与基准回归结果一样，仍然是负向显著，交互项的估计系数显著为正，表明基本养老保险统筹层次调整对国有企业的影响不明显，对非国有企业的影响更为显著，即与国有企业相比，省级统筹改革更可能使非国有企业的养老保险遵缴率下降，假设 H_1 得到了验证。这可能是因为国有企业社会保险缴纳能力和合规程度更高，征缴体制完善，而非国有企业缴纳水平和参保比例普遍较低，对地方政府的征管敏感，同时非国有企业资本流动性强，地方政府有较为强烈的放松非国有企业基本养老保险征缴来招商引资的动机。

表 5 - 6　　　　　　　　　　异质性影响：企业所有制差异

变量	Y
Reform	− 0. 0309 ***
	（0. 0059）
SOE	− 0. 0163 ***
	（0. 0061）
Reform × SOE	0. 0124 **
	（0. 0050）
SIZE	− 0. 0022
	（0. 0014）
LEV	0. 0075
	（0. 0057）

续表

变量	Y
ROA	−0.0338 ***
	(0.0101)
Wage	−0.0044 **
	(0.0019)
FirmAge	0.0198 **
	(0.0096)
N	11706
Firm	Yes
Year	Yes
Prov	Yes
R^2	0.6147

注：*、**和***分别表示10%、5%和1%的显著性水平；括号内是聚类到企业层面的稳健标准误。

（二）企业规模异质性分析

为验证省级统筹改革下基本养老保险统筹层次调整对不同规模企业遵缴率的影响差异，引入一个新的虚拟变量，即企业是否为大规模企业（Big），大规模企业赋值为1，小规模企业赋值为0，同时引入是否实行省级统筹改革和是否为大规模企业的交互项（Reform × Big）。根据样本企业员工人数的分布特征，本章以员工人数的75%分位数来界定企业规模的大小，分位数以下是小规模企业，分位数以上是大规模企业。

表5-7给出了基本养老保险统筹层次调整对大规模企业和小规模企业遵缴率的异质性影响，省级统筹改革变量的估计系数同基准回归结果一样，仍然是负向显著，交互项的估计系数显著为正。这表明基本养老保险统筹层次调整对企业遵缴率的影响与企业规模有关，小规模企业受到省级统筹改革的政策冲击更大，政策带来的企业遵缴率下降效果更为显著，假设H_2得到了验证。这可能是因为大规模企业给整个社会带来的经济效应更大，面临的征管也越强，社会保险逃费会带来较高的逃费成本，并且大规模企业有着较为完善的组织结构和治理体系，财务管理方面更加合规，现金流较为充裕，会按照规定缴纳社会保险。而小规模企业的组织管理层次少，财务信息不一定准确，现金流受到约束，倾向少缴社会保险，因此省级统筹改革会显著降低小规模企业的基本养

老保险遵缴率。

表 5 - 7 　　　　　　　　异质性影响：企业规模差异

变量	Y
Reform	− 0. 0278 ***
	(0. 0051)
Big	− 0. 0226 ***
	(0. 0056)
Reform × Big	0. 0171 ***
	(0. 0053)
SIZE	− 0. 0013
	(0. 0014)
LEV	0. 0069
	(0. 0055)
ROA	− 0. 0310 ***
	(0. 0097)
Wage	− 0. 0058 ***
	(0. 0019)
FirmAge	0. 0201 **
	(0. 0092)
N	12178
Firm	Yes
Year	Yes
Prov	Yes
R^2	0. 6121

注：* 、** 和 *** 分别表示 10%、5% 和 1% 的显著性水平；括号内是聚类到企业层面的稳健标准误。

二、稳健性检验

本章的研究假设在基准回归部分已经得到验证，但实际中可能会存在一些没有考虑到的因素与基本养老保险省级统筹改革政策的实施重叠，从而误认为是省级统筹改革降低了企业遵缴率，对研究结果的稳健性产生影响。本章研究对象中的企业遵缴率是企业职工基本养老保险的缴费率，如果企业遵缴率的下降不是由省级统筹改革导致的，而是由其他因素，比如地区社会保险征缴的系统因素，那么除了基本养老保险，企业的医疗保险、失业保险、工伤保险和生育保险缴费率都会受到显著影响；反之，省级统筹改革只会对纳入统筹范围的直接统筹对象，即企业职工基本养老保险产生显著影响。因此，本章按照前面类似的处理方法，引入企业医疗保险缴费率（Y_1）、失业保险缴费率（Y_2）、工伤保险缴费率（Y_3）和生育保险缴费率（Y_4），分别进行回归，回归结果见表5–8。从表中可以看到，省级统筹改革不会对其他社会保险缴费率产生显著影响，因此可以进一步说明省级统筹改革下，统筹层次提升会降低企业职工基本养老保险遵缴率这一结论的有效性。

表5-8　　　　　省级统筹改革对企业其他社会保险缴费率的影响

变量	(1)	(2)	(3)	(4)
	Y_1	Y_2	Y_3	Y_4
Reform	−0.0058	−0.0032	−0.0004	−0.0005
	(0.0038)	(0.0020)	(0.0011)	(0.0006)
SIZE	−0.0005	−0.0005	−0.0006*	−0.0002
	(0.0013)	(0.0005)	(0.0003)	(0.0002)
LEV	0.0027	0.0000	−0.0008	−0.0012*
	(0.0049)	(0.0020)	(0.0012)	(0.0006)
ROA	−0.0180***	−0.0072***	−0.0022	−0.0030***
	(0.0060)	(0.0026)	(0.0016)	(0.0007)
Wage	−0.0007	−0.0010	−0.0007*	−0.0005***
	(0.0014)	(0.0007)	(0.0004)	(0.0002)
FirmAge	0.0052	0.0011	0.0013	0.0007
	(0.0074)	(0.0036)	(0.0020)	(0.0011)
N	12293	11910	11188	10918
Firm	Yes	Yes	Yes	Yes
Year	Yes	Yes	Yes	Yes
Prov	Yes	Yes	Yes	Yes
R^2	0.6167	0.6862	0.6214	0.6248

注：*、**和***分别表示10%、5%和1%的显著性水平；括号内是聚类到企业层面的稳健标准误。

第六节　本章小结

提升基本养老保险统筹层次不仅能够合理配置资金，提高养老金的使用效率，缩小省级养老金负担差距，而且能够充分发挥养老保险制度的互济性功能，提高全社会的风险分担能力以应对老龄化风险，因此实现基本养老保险全国统筹是非常有必要的。但是从企业的角度来看，统筹层次提升对企业的基本养老保险缴费有何影响有待于进一步研究。

　　本章在对文献进行梳理后，围绕基本养老保险统筹层次与企业职工基本养老保险缴费之间的关系开展理论分析和实证研究，重点阐述了基本养老保险统筹层次调整影响企业遵缴率的作用机制，从多个视角分析了地方政府征管养老保险的行为逻辑，并认为统筹层次提升会弱化地方政府征缴激励，从而导致企业遵缴率下降。最后通过实证分析检验省级统筹改革下，统筹层次提升对企业遵缴率的影响，验证了本章提出的假设，且这种影响在不同类型企业中存在明显的异质性，统筹层次提升会显著降低非国有企业和小规模企业的基本养老保险遵缴率。

　　由于我国基本养老保险统筹层次是逐步提升的，分步实行统筹改革政策。在各省份完成了省级统筹的基础之上开始实施全国统筹政策，此外"十四五"期间，全国统筹方案同样是以省级统筹标准的"七统一"（即实现养老保险政策、基金收支管理、预算管理、责任分担机制、信息系统、经办管理、激励约束机制的七个统一①）为制度框架。因此本章认为，省级统筹改革的经验可以为全国统筹提供借鉴，从省级统筹到全国统筹这一层次调整会有类似的政策效果，即全国统筹改革下基本养老保险统筹层次提升也可能会降低企业的遵缴率。但这并不是否定全国统筹改革的积极作用，而是为了发现全国统筹可能会对社会带来的不利影响。对企业来说，在企业逃费行为普遍的情况下，统筹改革会进一步加重这种现象，制约着养老保险全国统筹目标的实现，因此需要出台相关配套政策来完善基本养老保险的全国统筹改革。

---

　　① 《人力资源社会保障部财政部国家税务总局关于规范企业职工基本养老保险省级统筹制度的通知》（人社部发〔2019〕112号）。

第六章

社会保险缴费与企业成本转嫁

第一节　问题提出

就业是民生之本。从民生角度来看，在经济增速放缓、经济结构加快调整的关键时期，就业的"稳定器"作用尤为重要。经济增长源于有效需求增加进而推动扩大再生产，有效需求特别是内需的持续增加，则依赖于居民可支配收入的稳定增长，就业正是确保居民拥有工资性收入、拥有足够购买力的源泉。因此，稳就业既是一个社会问题、稳定问题，又是一个经济问题、发展问题，是全社会都极为关注的问题。2019 年 12 月 6 日，习近平总书记主持中共中央政治局会议，分析研究 2020 年经济工作，强调全面做好"六稳"工作，即"稳就业、稳金融、稳外贸、稳外资、稳投资、稳预期"六项工作，其中稳就业被放在了"六稳"工作之首，可见其地位之重要。因此，全面认识影响就业的制度因素对于提升就业水平和相关政策效果具有重要意义，而社会保险制度对就业的影响就是一个十分值得关注的课题，我国社会保险征缴体制的改革方案的提出更是使得该问题成为热门话题，备受民营企业等经济主体的关注。

自 20 世纪 90 年代以来，我国在社会保险征缴制度方面长期存在社保经办机构征收和税务机关征收的二元征缴体制，这种条块分割的征缴体制增加了社会保险制度的运行管理成本，同时降低了行政资源的利用效率。对此，2018年 2 月 28 日，党的十九届三中全会通过的《中共中央关于深化党和国家机构改革的决定》明确提出将基本养老保险费等各项社会保险费交由税务部门统一征收。此后，中共中央办公厅、国务院办公厅印发了《国税地税征管体制改革方案》，其中明确规定从 2019 年 1 月 1 日起各项社会保险费交由税务部门统一征收。这意味着连续运行了近 20 年的社保双主体征缴体制将终结，全面调整为税务部门征收。由于税务部门在社保费征收方面具有资源优势和对企业的信息优势，社会保险费征缴体制的全面改革意味着社保费的征收力度将大大增强，而目前企业社保合规程度较低，社会保险费征缴体制的全面改革可能对企业用工成本形成较大冲击，这种针对企业的成本冲击是否会通过工资和就业等可变因素转嫁给劳动者，是一个十分值得关注且具有现实意义的问题，对于合理评估社保征缴体制改革的就业效应具有重要意义。

本章进一步以征缴体制改革所导致的企业社会保险实际缴费率调整为识别条件，探究了企业社保负担受到外生冲击后的成本转嫁行为，本章的研究为评估社会保险制度改革对就业和职工工资的影响提供了实证支撑。

第二节　理论模型构建

本书参考库格勒和库格勒（Kugler & Kugler，2009）和葛结根（2018）的研究，构建如下的理论模型来讨论社会保险征缴体制改革所导致的企业实际社保缴费率调整对企业成本转嫁行为的影响。假设在一个完全竞争的市场中，企业的利润函数为：

$$\pi = pf(L) - w(1+r)L \qquad (6-1)$$

其中，p 表示产品价格，w 表示工资水平，f（L）表示规模报酬递减的生产函数，r 表示企业所支付的社会保险实际缴费率，从而根据可得企业最优化的一阶条件为：

$$pf'(L) = w(1+r) \qquad (6-2)$$

从而可知在产品价格水平不变时，企业劳动力需求是工资和社会保险缴费率的函数，假设劳动供给函数为：

$$L = [w(1+kr)]^e Q \qquad (6-3)$$

其中，e 表示劳动力供给弹性，k 表示工薪税与社会保险收益之间的联系强度，Q 表示人力资本数量。结合式（6-2）和式（6-3）可得社会保险缴费对企业工资的影响：

$$\frac{\mathrm{dln}w}{\mathrm{d}r} = \frac{-[-e(1+r)/\mu+1]}{-e(1+r)/\mu+(1+r)} \qquad (6-4)$$

其中，μ 表示劳动力的需求弹性，同样可得社会保险缴费对企业雇用规模的影响：

$$\frac{\mathrm{dln}l}{\mathrm{d}r} = \left[\frac{\mathrm{dln}w}{\mathrm{d}r}(1+r)+1\right]\frac{w}{l} \qquad (6-5)$$

基于式（6-4）和式（6-5）就可得到企业实现社会保险成本转嫁的条件。首先，如果社会保险缴费率与收益之间的联系很强，即 k=1，当劳动供给无弹性时，即 e=0 时，或者劳动需求弹性无穷大时，社会保险缴费对工资有转嫁效应，而对就业无影响，证明为：当 k=1 时，

$$\frac{\mathrm{dln}w}{\mathrm{d}r} = \frac{-\{-pf''(L)e[w(1+kr)]^{e-1}kQ+1\}}{-pf''(L)e[w(1+kr)]^{e-1}Q(1+kr)+(1+r)} = \frac{1}{1+r} < 0 \quad (6-6)$$

从而有：
$$\frac{\mathrm{dln}l}{\mathrm{d}r} = \left[-\frac{1}{1+r}(1+r)+1\right]\frac{w}{L} \qquad (6-7)$$

根据上述推导，企业实现成本转嫁的条件与社保缴费和收益之间的联系、劳动供给弹性和劳动需求弹性有关。当劳动供给无弹性或劳动需求弹性无穷大时，企业可实现社会保险成本的工资转嫁，但在实际中，劳动供给无弹性或劳动需求弹性无穷大较为罕见，因此，企业可能通过降低工资或者就业的形式实现劳动力成本的部分转嫁。由于税务机关征缴社会保险费后，企业的实际社保缴费率可能有所提升，根据式（6-6），企业可能会通过降低工资水平或劳动力需求的方式来实现劳动力成本的部分转嫁。

第三节　数据来源与模型设定

一、数据来源

本章所使用的企业数据为 2004~2007 年的中国工业企业数据库，该数据库涵盖了全部国有企业及年销售收入在 500 万元以上的非国有企业的基本情况和财务信息，具有样本容量大与代表性强的特点，该数据库 2004~2007 年的

数据中报告了企业的养老保险和医疗保险缴费情况。由于重庆等15个省份在2004年之前就已完成社会保险费征缴体制改革，本章剔除了位于这些省份的企业样本。在对工业企业数据库的清理过程中，本章参考已有文献的做法（封进，2013），对数据库中存在的异常样本进行了处理。[①] 在此基础上，本章对职工工资总额、职工人数、总资产、总产值最高1%和最低1%的样本做了缩尾处理。针对养老和医疗保险的实际缴费情况，本章对企业参保程度最高的1%样本进行了单边缩尾处理，最终获得516947个观测值的非平衡面板数据。

在城市层面，由于各地社会保险政策缴费率存在较大差异，为防止遗漏城市政策缴费率对企业社保缴费的影响，并计算企业的社保合规程度，本章通过劳动法宝等劳动咨询网站和北大法宝、北大法意等法律法规数据库搜集了281个地级市的政策缴费率数据，占334个地级市的84.13%。此外，本章通过中经网数据库收集了地级市层面的总人口数量、职工数量、职工平均工资等宏观经济数据。最后，本章将清理后的企业微观数据同城市面板数据合并，获得了最终数据库。

二、计量模型设定

2004～2007年，北京、河南等14个省市的社会保险费均由社保经办机构征收，且在此之前并未实施过由社保经办机构移交为税务部门的政策，而浙江省和云南省内的地级市则基本完成了社保征缴体制改革。因此，我们可以利用云南省和浙江省内地级市层面的社保征缴体制渐进改革作为一次准自然实验，以云南和浙江省内的企业作为处理组，将其他未实施改革的省份内的企业作为控制组，基于渐进双重差分（DID）方法来检验社会保险费征缴体制改革对企业社保合规程度的影响。本章参考周黎安和陈烨（2005）、郭峰和熊瑞祥（2018）等的做法，设定了如式（6-8）所示的DID模型：

$$Y_{ijt} = \beta_1 \, policy_{jt} + \beta_2 T_{jt} + \beta_3 X_{ijt} + \beta_4 Z_{jt} + \lambda_i + \nu_j + \partial_t + \varepsilon_{ijt} \qquad (6-8)$$

---

① 具体的处理规则为：剔除非营业状态和不适用企业会计制度的样本；剔除机构类型属于事业、机关、社会团体和民办非企业单位样本；剔除实收资本、固定资产、总资产、工业产值小于或等于0的样本；剔除应付职工福利、养老和医疗保险费小于0的样本；剔除固定资产大于总资产的样本；剔除企业负债为负数的样本。

其中，policy$_{jt}$表示 j 城市 t 年是否实施了社会保险费征缴体制改革政策，若征收主体为税务部门，则取值为 1，若为社保经办机构则取值为 0，其作用相当于一般 DID 模型中的交互项。由于各地政策执行的月份存在差异，参考郑春荣和王聪（2014）的做法，本章以 7 月 1 日为界限，若政策实施在 7 月 1 日之前，则从政策实施的当年开始取值为 1，若政策实施在 7 月 1 日之后，则从政策实施的次年开始取值为 1。Y$_{ijt}$表示 j 城市 i 企业在 t 时期的人均工资对数和雇用规模对数。X$_{ijt}$为企业层面的控制变量，主要包括企业的总资产、雇用规模、融资来源和外向度，其中融资来源为虚拟变量，若是外资企业为 1，否则为 0，外向度为企业是否出口虚拟变量，出口为 1，否则为 0。Z$_{it}$为城市层面的控制变量。λ$_i$、ν$_j$ 和 ∂$_t$ 分别表示企业、城市和年份固定效应，为控制可能与企业所处行业有关的共同趋势，本章还对企业所处行业的时间趋势进行控制。

第四节　描述性统计

表 6 - 1 为样本的基本特征描述性统计，2004～2007 年企业平均工资水平有所增长，而雇用规模则变化相对不大，从其他变量来看，总体变化较小，说明样本基本保持稳定。表 6 - 2 则为全样本描述性统计。

表 6 - 1　　　　　　　　　　　样本基本特征描述性统计

变量名称	全样本		2004 年		2005 年		2006 年		2007 年	
	均值	方差	均值	方差	均值	方差	均值	方差	均值	方差
企业平均工资对数	—	0.585	6.808	0.569	6.943	0.559	7.035	0.571	7.136	0.582
企业雇用规模对数	4.643	1.051	4.655	1.070	4.677	1.051	4.639	1.046	4.611	1.039
单位产值利润率	3.935	9.501	3.503	10.23	3.672	9.779	3.784	9.251	4.599	8.828
资产负债率	56.40	27.37	57.90	27.37	56.78	26.92	56.49	27.21	54.83	27.74
人均固定资产对数	3.809	1.310	3.649	1.317	3.759	1.310	3.843	1.306	3.946	1.291
总资产对数	9.761	1.382	9.605	1.389	9.743	1.377	9.800	1.379	9.868	1.372
企业年龄	8.435	9.862	8.613	10.68	8.606	10.22	8.420	9.676	8.179	9.017
融资来源	0.0783	0.269	0.0650	0.246	0.0683	0.252	0.0804	0.272	0.0947	0.293

续表

变量名称	全样本		2004 年		2005 年		2006 年		2007 年	
	均值	方差	均值	方差	均值	方差	均值	方差	均值	方差
外向度	0.249	0.433	0.262	0.440	0.263	0.440	0.254	0.435	0.226	0.418
参保比例	0.605	0.489	0.559	0.497	0.628	0.483	0.636	0.481	0.598	0.490
实际缴费率	7.569	11.42	6.984	11.42	8.274	11.95	7.922	11.54	7.223	10.87
相对缴费率	−0.725	0.416	−0.749	0.412	−0.702	0.433	−0.711	0.423	−0.735	0.399
观测值	516947		122956		114231		126241		153520	

表 6 - 2　　　　　　　　　全样本描述性统计

变量名称	均值	最小值	最大值	标准差
企业平均工资对数	6.991	5.599	8.824	0.585
企业雇用规模对数	4.643	2.485	7.679	1.051
单位产值利润率	3.935	−38.75	38.22	9.501
资产负债率	56.40	1.410	130.5	27.37
人均固定资产对数	3.809	0.210	7.013	1.310
总资产对数	9.761	7.095	13.95	1.382
企业年龄	8.435	0	290	9.862
融资来源	0.0783	0	1	0.269
外向度	0.249	0	1	0.433
参保比例	0.605	0	1	0.489
实际缴费率	7.569	0	60.14	11.42
相对缴费率	−0.725	−1	1.227	0.416
政策缴费率	27.62	17	34	3.404
人均 GDP 对数	10.12	7.802	11.50	0.688
市年人均工资对数	9.991	8.730	10.81	0.386
总人口对数	6.355	3.392	7.229	0.599
市职工人数对数	4.160	0.307	6.157	0.978

　　与前文类似，本章首先对企业层面的主要变量的处理组和控制组的差异进行了描述性统计，结果见表 6 - 3。总体来看，处理组的参保比例要显著高于

控制组，同时处理组的实际缴费率和相对缴费率也要高于控制组，表明处理组的社保合规程度相对更高。而从平均工资和雇用规模来看，整体来说处理组的工资水平和雇用规模均要明显低于控制组，且这种差距随时间的变化依然存在。

表 6 - 3　　　　　　　　　　主要变量的描述性统计

变量名称	全样本			处理组			控制组		
	观测值	均值	标准差	观测值	均值	标准差	观测值	均值	标准差
A：2004 年									
平均工资	122956	1093	881.7	11680	1056	652.3	111276	1097	902.3
雇用规模	122956	200.0	319.0	11680	157.4	238.7	111276	204.5	325.9
参保比例	122956	0.559	0.497	11680	0.787	0.409	111276	0.535	0.499
实际缴费率	122956	6.984	11.42	11680	7.251	9.425	111276	6.956	11.61
相对缴费率	122956	-0.749	0.412	11680	-0.746	0.333	111276	-0.75	0.419
B：2005 年									
平均工资	114231	1238	942.8	16695	1126	709.9	97536	1258	975.8
雇用规模	114231	201.9	322.4	16695	181.2	265.1	97536	205.5	331.1
参保比例	114231	0.628	0.483	16695	0.791	0.407	97536	0.601	0.49
实际缴费率	114231	8.274	11.95	16695	7.37	9.559	97536	8.428	12.31
相对缴费率	114231	-0.702	0.433	16695	-0.728	0.348	97536	-0.697	0.445
C：2006 年									
平均工资	126241	1362	1022	24328	1243	718.4	101913	1391	1080
雇用规模	126241	193.9	312.6	24328	172.4	265.2	101913	199.1	322.6
参保比例	126241	0.636	0.481	24328	0.826	0.379	101913	0.591	0.492
实际缴费率	126241	7.922	11.54	24328	8.013	9.826	101913	7.901	11.91
相对缴费率	126241	-0.711	0.423	24328	-0.688	0.375	101913	-0.716	0.433
D：2007 年									
平均工资	153519	1510	1105	28184	1414	811.1	125335	1532	1160
雇用规模	153519	188.0	305.2	28184	165.3	263.5	125335	193.1	313.6
参保比例	153519	0.598	0.49	28184	0.85	0.357	125335	0.541	0.498
实际缴费率	153519	7.223	10.87	28184	8.479	9.055	125335	6.941	11.22
相对缴费率	153519	-0.735	0.399	28184	-0.662	0.355	125335	-0.751	0.407

续表

变量名称	全样本			处理组			控制组		
	观测值	均值	标准差	观测值	均值	标准差	观测值	均值	标准差
E：所有年份									
平均工资	516947	1315	1012	80887	1252	753.6	436060	1327	1052
雇用规模	516947	195.4	314.2	80887	169.6	261.0	436060	200.2	322.9
参保比例	516947	0.605	0.489	80887	0.822	0.383	436060	0.564	0.496
实际缴费率	516947	7.569	11.42	80887	7.933	9.462	436060	7.502	11.75
相对缴费率	516947	-0.725	0.416	80887	-0.696	0.358	436060	-0.73	0.426

表 6-4 和表 6-5 为分别单独以云南省和浙江省作为处理组的描述性统计。表 6-4 中以云南省单独为处理组的样本在 2005 年和 2006 年处理组的平均工资水平显著低于控制组，但在其他年份差异并不明显。从表 6-5 来看，以浙江省单独为处理组的样本，处理组的工资水平和雇用规模均显著低于控制组，而企业社保合规程度显著高于控制组，表明企业可能通过降低工资或雇用规模等手段进行企业成本转嫁。

表 6-4　　　　　　　　**云南省为处理组的因变量描述性统计**

变量名称	全样本			处理组			控制组		
	观测值	均值	标准差	观测值	均值	标准差	观测值	均值	标准差
A：2004 年									
平均工资	89669	1087	945.8	1339	1186	929.3	88330	1085	946.0
雇用规模	89669	217.0	346.6	1339	250.4	378.0	88330	216.5	346.1
参保比例	89669	0.480	0.500	1339	0.629	0.483	88330	0.478	0.500
实际缴费率	89669	7.527	12.46	1339	12.37	15.35	88330	7.453	12.40
相对缴费率	89669	-0.734	0.445	1339	-0.588	0.519	88330	-0.737	0.444
B：2005 年									
平均工资	81619	1275	1040	2259	1204	851.9	79360	1277	1044
雇用规模	81619	217.1	347.9	2259	258.0	361.3	79360	215.9	347.4
参保比例	81619	0.560	0.496	2259	0.638	0.481	79360	0.558	0.497
实际缴费率	81619	9.028	13.07	2259	11.74	14.52	79360	8.951	13.02
相对缴费率	81619	-0.682	0.467	2259	-0.597	0.502	79360	-0.684	0.466

续表

变量名称	全样本			处理组			控制组		
	观测值	均值	标准差	观测值	均值	标准差	观测值	均值	标准差
C: 2006 年									
平均工资	88759	1401	1136	2522	1326	903.9	86237	1403	1142
雇用规模	88759	208.2	337.0	2522	246.7	353.7	86237	207.1	336.4
参保比例	88759	0.542	0.498	2522	0.641	0.480	86237	0.539	0.498
实际缴费率	88759	8.162	12.44	2522	10.99	13.87	86237	8.079	12.39
相对缴费率	88759	−0.711	0.447	2522	−0.622	0.483	86237	−0.714	0.445
D: 2007 年									
平均工资	110996	1536	1216	2639	1549	1121	108357	1536	1218
雇用规模	110996	201.0	325.7	2639	258.9	365.1	108357	199.6	324.6
参保比例	110996	0.491	0.500	2639	0.677	0.468	108357	0.486	0.500
实际缴费率	110996	7.089	11.74	2639	10.65	13.02	108357	7.002	11.70
相对缴费率	110996	−0.748	0.423	2639	−0.635	0.449	108357	−0.751	0.422
E: 所有年份									
平均工资	371043	1338	1111	8759	1340	976.8	362284	1338	1114
雇用规模	371043	210.1	338.5	8759	253.9	362.9	362284	209.1	337.8
参保比例	371043	0.516	0.500	8759	0.649	0.477	362284	0.513	0.500
实际缴费率	371043	7.878	12.41	8759	11.29	14.04	362284	7.795	12.35
相对缴费率	371043	−0.721	0.445	8759	−0.614	0.484	362284	−0.724	0.443

表 6 − 5 浙江省为处理组的因变量描述性统计

变量名称	全样本			处理组			控制组		
	观测值	均值	标准差	观测值	均值	标准差	观测值	均值	标准差
A: 2004 年									
平均工资	120748	1092	881.9	10341	1039	605.3	110407	1097	903.4
雇用规模	120748	199.1	318.1	10341	145.4	211.2	110407	204.2	325.9
参保比例	120748	0.557	0.497	10341	0.808	0.394	110407	0.534	0.499
实际缴费率	120748	6.876	11.31	10341	6.589	8.125	110407	6.903	11.56
相对缴费率	120748	−0.753	0.408	10341	−0.767	0.295	110407	−0.752	0.417

续表

变量名称	全样本			处理组			控制组		
	观测值	均值	标准差	观测值	均值	标准差	观测值	均值	标准差
B: 2005 年									
平均工资	111972	1239	944.5	9983	1114	684.2	101989	1258	975.8
雇用规模	111972	200.8	321.5	9983	169.1	244.5	101989	205.5	331.1
参保比例	111972	0.628	0.483	9983	0.784	0.412	101989	0.613	0.487
实际缴费率	111972	8.204	11.89	9983	6.628	8.875	101989	8.358	12.13
相对缴费率	111972	-0.704	0.431	9983	-0.737	0.341	101989	-0.701	0.439
C: 2006 年									
平均工资	123719	1363	1024	16478	1234	693.2	107241	1391	1080
雇用规模	123719	192.9	311.6	16478	163.9	251.6	107241	199.1	322.6
参保比例	123719	0.636	0.481	16478	0.830	0.375	107241	0.606	0.489
实际缴费率	123719	7.860	11.48	16478	7.879	9.924	107241	7.857	11.70
相对缴费率	123719	-0.712	0.421	16478	-0.679	0.391	107241	-0.718	0.425
D: 2007 年									
平均工资	150880	1510	1105	19612	1400	770.7	131268	1532	1160
雇用规模	150880	186.8	303.9	19612	155.7	248.6	131268	193.1	313.6
参保比例	150880	0.596	0.491	19612	0.846	0.361	131268	0.559	0.496
实际缴费率	150880	7.164	10.82	19612	8.069	9.084	131268	7.028	11.05
相对缴费率	150880	-0.736	0.398	19612	-0.659	0.373	131268	-0.748	0.400
E: 所有年份									
平均工资	507319	1315	1013	56414	1241	721.1	450905	1327	1053
雇用规模	507319	194.3	313.2	56414	159.4	243.8	450905	200.1	322.8
参保比例	507319	0.604	0.489	56414	0.823	0.381	450905	0.576	0.494
实际缴费率	507319	7.494	11.35	56414	7.487	9.162	450905	7.495	11.59
相对缴费率	507319	-0.727	0.414	56414	-0.698	0.362	450905	-0.731	0.420

第五节 实证结果

一、基准回归结果

双重差分方法的有效性依赖于平行趋势假设的成立，即没有政策冲击的情况下，处理组和控制组的结果变量在政策发生时间节点的前后没有系统性的显著性差异，否则双重差分方法将会低估或高估政策效应（陈醉等，2018）。对此，本章参考李欣泽等（2017）、陈醉等（2018）的做法，通过构建虚拟政策变量 pseudopolicy 来进行反事实检验。具体地，本章将各地区社会保险费征缴体制改革的时间节点全部前推 1 年，从而构建虚拟政策变量 pseudopolicy，并进行回归（见表6-6）。从表6-6来看，虚拟政策变量 pseudopolicy 对企业的平均工资和雇用规模的回归均不显著，表明在未实施改革政策之前，处理组和控制组之间并不存在显著的系统性差异，平行趋势假设得以验证。

表6-6 平行趋势假设检验

变量名称	（1）	（2）
	平均工资	雇用规模
pseudopolicy	0.0436	-0.0028
	(0.0503)	(0.0082)
ln 企业雇用规模	-0.3545 ***	
	(0.0166)	
ln 企业平均工资		-0.2319 ***
		(0.0219)
单位产值利润率	0.0021 ***	0.0019 ***
	(0.0006)	(0.0003)
资产负债率	0.0001	0.0002 **
	(0.0001)	(0.0001)
ln 总资产	0.1773 ***	0.2265 ***
	(0.0094)	(0.0153)
企业年龄	0.0005	0.0012 ***
	(0.0004)	(0.0004)
融资来源	0.0034	0.0023
	(0.0035)	(0.0027)
外向度	0.0449 ***	0.0552 ***
	(0.0066)	(0.0057)
政策缴费率	-0.0069	-0.0036
	(0.0126)	(0.0096)
lnpgdp	0.2930 ***	0.0705
	(0.0793)	(0.0693)
ln 城市平均工资	0.3065 **	0.0187
	(0.1494)	(0.0786)
ln 城市人口数	-0.7778	-0.5741
	(0.6590)	(0.4009)
ln 城市职工人数	0.0946	0.0752 **
	(0.0888)	(0.0337)

续表

变量名称	(1)	(2)
	平均工资	雇用规模
企业固定效应	YES	YES
城市固定效应	YES	YES
年份固定效应	YES	YES
观测值	463080	463080
R²	0.6261	0.9248

注：括号内为回归系数聚类到城市层面的稳健性标准误；＊、＊＊和＊＊＊分别表示10%、5%和1%的显著性水平。

在考察社保征缴体制改革对企业成本转嫁的影响之前，本章首先检验了其对企业参保行为的影响，其结果与前文基本一致，即社保征缴体制改革显著地提高了企业的参保概率和缴费率，提升了企业的社保合规程度（见表6-7）。表6-8则是关于企业工资水平的基准回归，其第（1）列为OLS回归，第（2）列进一步控制企业固定效应，第（3）列控制城市固定效应，第（4）列控制年份固定效应，以控制企业工资和雇用规模随时间变化的趋势。在OLS回归下，policy变量并不显著，一旦控制企业固定效应，回归系数即负向显著，且系数基本保持稳定，这说明社保征缴体制改革所导致的企业社保负担提升，使得企业通过降低员工工资水平的方式实现了成本转嫁。

表6-7 社保征缴体制转变与企业参保行为

变量名称	(1)	(2)	(3)
	参保概率	实际缴费率	相对缴费率
policy	0.0485 **	0.9400 **	0.0501 **
	(0.0199)	(0.4374)	(0.0199)
ln 企业平均工资	0.0663 ***	-2.4343 ***	-0.0896 ***
	(0.0083)	(0.4122)	(0.0138)
ln 企业雇用规模	0.0415 ***	-1.7679 ***	-0.0648 ***
	(0.0066)	(0.3022)	(0.0099)
单位产值利润率	0.0003	0.0002	0
	(0.0002)	(0.0054)	(0.0002)
资产负债率	0.0001	-0.0015	-0.0001
	(0.0001)	(0.0020)	(0.0001)
ln 总资产	0.0232 ***	0.9178 ***	0.0339 ***
	(0.0045)	(0.1102)	(0.0039)

续表

变量名称	(1)	(2)	(3)
	参保概率	实际缴费率	相对缴费率
企业年龄	0.0012 ***	0.0344 **	0.0013 **
	(0.0004)	(0.0138)	(0.0005)
融资来源	0.0024	-0.0322	-0.001
	(0.0028)	(0.0631)	(0.0023)
外向度	0.0238 ***	0.3031 **	0.0104 **
	(0.0040)	(0.1399)	(0.0048)
政策缴费率	-0.0057	-0.5596 *	-0.0286 **
	(0.0126)	(0.3320)	(0.0117)
lnpgdp	0.1598 *	2.8935 *	0.1067 *
	(0.0871)	(1.6991)	(0.0624)
ln 城市平均工资	0.0303	3.6556	0.1273
	(0.1227)	(2.3384)	(0.0861)
ln 城市人口数	-0.3472	-16.5116	-0.6817 *
	(0.5276)	(10.7554)	(0.4120)
ln 城市职工人数	0.1039	3.0638 **	0.1053 *
	(0.0700)	(1.4691)	(0.0561)
企业固定效应	YES	YES	YES
城市固定效应	YES	YES	YES
年份固定效应	YES	YES	YES
观测值	463080	463080	463080
R^2	0.6759	0.6641	0.6565

注：括号内为回归系数聚类到城市层面的稳健性标准误；*、**和***分别表示10%、5%和1%的显著性水平。

表6-8　　　　　　　　　　社保征缴体制改革与企业工资

变量名称	(1)	(2)	(3)	(4)
policy	-0.0146	-0.0713 **	-0.0736 **	-0.0778 **
	(0.0274)	(0.0292)	(0.0289)	(0.0302)
ln 企业雇用规模	-0.1617 ***	-0.3538 ***	-0.3541 ***	-0.3542 ***
	(0.0099)	(0.0166)	(0.0166)	(0.0166)
单位产值利润率	0.0039 ***	0.0021 ***	0.0021 ***	0.0021 ***
	(0.0008)	(0.0006)	(0.0006)	(0.0006)
资产负债率	-0.0007 ***	0.0001	0.0001	0.0001
	(0.0002)	(0.0001)	(0.0001)	(0.0001)
ln 总资产	0.1831 ***	0.1788 ***	0.1784 ***	0.1774 ***
	(0.0115)	(0.0095)	(0.0096)	(0.0095)
企业年龄	0.0021 ***	0.0009 **	0.0008 *	0.0006
	(0.0003)	(0.0005)	(0.0004)	(0.0004)

续表

变量名称	(1)	(2)	(3)	(4)
融资来源	0.0084	0.0036	0.0034	0.0035
	(0.0051)	(0.0035)	(0.0035)	(0.0035)
外向度	0.0940***	0.0453***	0.0453***	0.0450***
	(0.0234)	(0.0070)	(0.0070)	(0.0065)
政策缴费率	0.0055*	-0.0068	-0.0058	-0.0074
	(0.0029)	(0.0107)	(0.0113)	(0.0128)
lnpgdp	-0.0374*	0.3394***	0.3520***	0.2917***
	(0.0214)	(0.0705)	(0.0746)	(0.0807)
ln 城市平均工资	0.5101***	0.4117***	0.4212***	0.2944**
	(0.0307)	(0.0712)	(0.0769)	(0.1449)
ln 城市人口数	-0.0254	-0.4749*	-0.8241	-0.9357
	(0.0297)	(0.2784)	(0.6577)	(0.6694)
ln 城市职工人数	0.0305	0.1585***	0.1650***	0.0962
	(0.0214)	(0.0565)	(0.0573)	(0.0854)
企业固定效应	NO	YES	YES	YES
城市固定效应	NO	NO	YES	YES
年份固定效应	NO	NO	NO	YES
观测值	516947	463080	463080	463080
R²	0.2825	0.7417	0.7419	0.742

注：括号内为回归系数聚类到城市层面的稳健性标准误；*、**和***分别表示10%、5%和1%的显著性水平。

表6-9为社保征缴体制改革对企业雇用规模的影响，其回归思路与表6-8一致，从回归系数来看，全部不具有显著性。这说明，虽然企业在社保征缴制度改革后，在一定程度上能够通过降低员工工资来实现成本转嫁，但没有降低雇用规模，这或许与解雇成本较高和劳动力需求弹性较小有关。

表6-9　　　　　　　　社保征缴体制转变与企业雇用规模

变量名称	(1)	(2)	(3)	(4)
policy	-0.0624	0.0072	0.0055	0.0031
	(0.0461)	(0.0107)	(0.0103)	(0.0126)
ln 企业平均工资	-0.3484***	-0.2316***	-0.2318***	-0.2319***
	(0.0195)	(0.0220)	(0.0220)	(0.0220)
单位产值利润率	0.0016*	0.0019***	0.0019***	0.0019***
	(0.0008)	(0.0003)	(0.0003)	(0.0003)
资产负债率	0.0012***	0.0002**	0.0002**	0.0002**
	(0.0002)	(0.0001)	(0.0001)	(0.0001)

续表

变量名称	（1）	（2）	（3）	（4）
ln 总资产	0.5037 ***	0.2274 ***	0.2270 ***	0.2265 ***
	（0.0051）	（0.0154）	（0.0155）	（0.0153）
企业年龄	0.0113 ***	0.0013 ***	0.0013 ***	0.0012 ***
	（0.0006）	（0.0004）	（0.0004）	（0.0004）
融资来源	− 0.0046	0.0024	0.0023	0.0023
	（0.0058）	（0.0027）	（0.0027）	（0.0027）
外向度	0.4595 ***	0.0550 ***	0.0550 ***	0.0552 ***
	（0.0154）	（0.0059）	（0.0059）	（0.0057）
政策缴费率	0.0018	− 0.0035	− 0.0028	− 0.0036
	（0.0040）	（0.0090）	（0.0094）	（0.0097）
lnpgdp	0.0292	0.0774	0.0878	0.0706
	（0.0375）	（0.0622）	（0.0622）	（0.0695）
ln 城市平均工资	− 0.2553 ***	0.0625	0.0689	0.0187
	（0.0481）	（0.0736）	（0.0721）	（0.0783）
ln 城市人口数	0.1097 ***	− 0.2591	− 0.5278	− 0.5685
	（0.0338）	（0.1804）	（0.3917）	（0.4031）
ln 城市职工人数	− 0.0918 ***	0.1021 ***	0.1070 ***	0.0750 **
	（0.0324）	（0.0250）	（0.0255）	（0.0334）
企业固定效应	NO	YES	YES	YES
城市固定效应	NO	NO	YES	YES
年份固定效应	NO	NO	NO	YES
观测值	516947	463080	463080	463080
R^2	0.522	0.948	0.9481	0.9481

注：括号内为回归系数聚类到城市层面的稳健性标准误；＊、＊＊和＊＊＊分别表示 10%、5% 和 1% 的显著性水平。

二、机制分析

虽然有理由认为社会保险征缴体制改革的外生冲击整体上导致企业的社会保险负担上升，从而促使企业通过降低员工工资和压缩雇用规模等手段实现劳动力成本转嫁，但仍有必要进行更为严谨的实证检验。表 6 − 10 为社保征缴体制改革对工资水平的机制检验，其中第（1）列在控制 policy 的同时控制了企业参保概率，第（2）列、第（3）列控制了企业的相对缴费率。与表 6 − 8 进行比较后发现，第（1）列控制参保概率后 policy 变量的回归系数变化不明显，而控制企业社保实际缴费率后，policy 的回归系数由 0.0778 下降为 0.0724，控制相对缴费率后，系数进一步下降到 0.0705，这表明征缴体制改革对企业工资水平的影响主要是通过影响企业的社保缴费率来实现的，这也说明社会保险征缴主体制度改革虽然能够提高企业的社保合规程度，但实际上有一部分增加的社保成本可能会通过隐蔽的方式转移给劳动者。第（3）~（4）列关于雇用规模的检验仍然不显著，系数无显著变化，可见社保征缴体制改革并没有通过社保负担影响企业雇用规模。

表 6 – 10 社保征缴体制改革对工资水平的机制检验

变量名称	工资水平			雇用规模		
	（1）	（2）	（3）	（4）	（5）	（6）
policy	− 0.0811 *** (0.0299)	− 0.0724 ** (0.0315)	− 0.0705 ** (0.0319)	0.0015 (0.0126)	0.0052 (0.0130)	0.0061 (0.0131)
参保概率	0.0754 *** (0.0113)			0.0310 *** (0.0051)		
实际缴费率		− 0.0047 *** (0.0008)			− 0.0023 *** (0.0005)	
相对缴费率			− 0.1285 *** (0.0218)			− 0.0614 *** (0.0130)
ln 企业平均工资				− 0.2337 *** (0.0218)	− 0.2365 *** (0.0232)	− 0.2365 *** (0.0231)
ln 企业雇用规模	− 0.3555 *** (0.0164)	− 0.3584 *** (0.0173)	− 0.3584 *** (0.0173)			
单位产值利润率	0.0020 *** (0.0005)	0.0021 *** (0.0006)	0.0021 *** (0.0006)	0.0019 *** (0.0003)	0.0019 *** (0.0003)	0.0019 *** (0.0003)
资产负债率	0.0001 (0.0001)	0.0001 (0.0001)	0.0001 (0.0001)	0.0002 ** (0.0001)	0.0002 ** (0.0001)	0.0002 ** (0.0001)
ln 总资产	0.1748 *** (0.0096)	0.1797 *** (0.0095)	0.1797 *** (0.0095)	0.2255 *** (0.0153)	0.2277 *** (0.0154)	0.2277 *** (0.0154)
企业年龄	0.0005 (0.0004)	0.0007 * (0.0004)	0.0007 * (0.0004)	0.0011 *** (0.0004)	0.0013 *** (0.0004)	0.0013 *** (0.0004)
融资来源	0.0033 (0.0035)	0.0033 (0.0035)	0.0033 (0.0035)	0.0022 (0.0027)	0.0022 (0.0028)	0.0022 (0.0027)
外向度	0.0430 *** (0.0066)	0.0459 *** (0.0065)	0.0458 *** (0.0065)	0.0544 *** (0.0058)	0.0557 *** (0.0058)	0.0556 *** (0.0058)
政策缴费率	− 0.007 (0.0119)	− 0.01 (0.0140)	− 0.011 (0.0139)	− 0.0034 (0.0093)	− 0.0048 (0.0102)	− 0.0053 (0.0101)
lnpgdp	0.2782 *** (0.0780)	0.3020 *** (0.0833)	0.3020 *** (0.0836)	0.0655 (0.0694)	0.0769 (0.0701)	0.0768 (0.0697)
ln 城市平均工资	0.2907 ** (0.1404)	0.3083 ** (0.1482)	0.3074 ** (0.1485)	0.0178 (0.0775)	0.0269 (0.0797)	0.0265 (0.0793)

续表

变量名称	工资水平			雇用规模		
	（1）	（2）	（3）	（4）	（5）	（6）
ln 城市人口数	−0.9048 (0.6533)	−1.003 (0.6885)	−1.0125 (0.6904)	−0.557 (0.4056)	−0.6036 (0.4141)	−0.6081 (0.4151)
ln 城市职工人数	0.0879 (0.0808)	0.1096 (0.0884)	0.1086 (0.0886)	0.0717 ** (0.0328)	0.0816 ** (0.0344)	0.0812 ** (0.0343)
企业固定效应	YES	YES	YES	YES	YES	YES
城市固定效应	YES	YES	YES	YES	YES	YES
年份固定效应	YES	YES	YES	YES	YES	YES
观测值	463080	463080	463080	463080	463080	463080
R^2	0.7433	0.745	0.745	0.9481	0.9483	0.9483

注：括号内为回归系数聚类到城市层面的稳健性标准误；＊、＊＊和＊＊＊分别表示10%、5%和1%的显著性水平。

三、异质性分析

对于所有制而言，本章重点检验社保征缴体制改革对国有企业和非国有企业的成本转嫁的影响差异，表6－11为相应的分样本检验结果。可以发现，仅有非国有企业的 policy 变量显著为负，其他并不显著，这表明社保征缴体制改革所导致的企业成本转嫁行为在非国有企业中较为明显，而对于国有企业则不明显。白等（Bai et al.，2000）、李力行等（2018）认为，国有企业由于存在所有者缺位和政策性负担等问题，并不完全追求利润最大化和成本最小化，因而其对成本压力的变化相对不敏感，成本转嫁行为也不明显。

表6－11　　　　　　　　劳动力成本转嫁的所有制差异

变量名称	非国有企业		国有企业	
	工资水平	雇用规模	工资水平	雇用规模
	（1）	（2）	（3）	（4）
policy	−0.0784 *** (0.0297)	0.0029 (0.0128)	0.0087 (0.0390)	0.0236 (0.0279)
ln 企业雇用规模	−0.3540 *** (0.0169)		−0.3929 *** (0.0298)	
ln 企业平均工资		−0.2314 *** (0.0220)		−0.2503 *** (0.0335)

续表

变量名称	非国有企业		国有企业	
	工资水平	雇用规模	工资水平	雇用规模
	（1）	（2）	（3）	（4）
单位产值利润率	0.0021 ***	0.0019 ***	0.0022 *	0.0014
	（0.0006）	（0.0003）	（0.0012）	（0.0010）
资产负债率	0.0001	0.0002 **	0.0004	0.0008 *
	（0.0001）	（0.0001）	（0.0006）	（0.0004）
ln 总资产	0.1778 ***	0.2271 ***	0.1735 ***	0.1863 ***
	（0.0098）	（0.0157）	（0.0253）	（0.0268）
企业年龄	0.0007	0.0011 ***	− 0.0014	− 0.0012
	（0.0004）	（0.0004）	（0.0035）	（0.0038）
融资来源	0.003	0.0024		
	（0.0036）	（0.0029）		
外向度	0.0464 ***	0.0550 ***	0.0371	0.0745 **
	（0.0068）	（0.0063）	（0.0417）	（0.0314）
政策缴费率	− 0.0078	− 0.0041	− 0.0064	− 0.0017
	（0.0132）	（0.0096）	（0.0112）	（0.0198）
lnpgdp	0.2884 ***	0.0727	0.4195 **	− 0.1029
	（0.0827）	（0.0706）	（0.1744）	（0.0950）
ln 城市平均工资	0.2923 **	0.0163	0.4495 **	0.2248
	（0.1467）	（0.0794）	（0.2217）	（0.1606）
ln 城市人口数	− 0.8792	− 0.5362	− 1.1238	− 1.0925
	（0.6745）	（0.4021）	（0.8515）	（0.9249）
ln 城市职工人数	0.0901	0.0689 **	0.2225	0.2419 **
	（0.0859）	（0.0330）	（0.1535）	（0.0986）
企业固定效应	YES	YES	YES	YES
城市固定效应	YES	YES	YES	YES
年份固定效应	YES	YES	YES	YES
观测值	430069	430069	8526	8526
R^2	0.7454	0.9489	0.802	0.9622

注：括号内为回归系数聚类到城市层面的稳健性标准误；＊、＊＊和＊＊＊分别表示10％、5％和1％的显著性水平。

相对于资本密集型的企业，劳动密集型企业是用工大户，其所缴社保费是社保基金收入的重要来源，因而是社保监管的重点对象，社保征缴体制改革对劳动密集型企业的参保行为的影响可能更为明显，其成本转嫁行为也可能更强。对此，本章参考田彬彬和陶东杰（2019）的做法，对所处行业代码在13~22的企业作为劳动密集型样本，所处行业代码在38~44的企业作为资本密集型样本，对这两个子样本进行分样本回归，结果见表6-12。可以发现，社保征缴体制改革对于劳动密集型企业和资本密集型企业的成本转嫁行为存在一定差异，其对劳动密集型企业人均工资水平的挤出更为明显，从而表明社保征缴体制改革对劳动密集型企业成本冲击更为明显，其成本转嫁动机也更为强烈。

表6-12 劳动力成本的劳动密集和资本密集差异

变量名称	劳动密集型		资本密集型	
	工资水平	雇用规模	工资水平	雇用规模
	（1）	（2）	（3）	（4）
policy	-0.0757* (0.0419)	0.0042 (0.0185)	-0.0632* (0.0328)	0.0022 (0.0209)
ln 企业雇用规模	-0.3420*** (0.0206)		-0.3879*** (0.0161)	
ln 企业平均工资		-0.2239*** (0.0236)		-0.2922*** (0.0279)
单位产值利润率	0.0027*** (0.0007)	0.0028*** (0.0004)	0.0005 (0.0003)	0.0016*** (0.0004)
资产负债率	0.0001 (0.0001)	0.0001 (0.0001)	0.0001 (0.0002)	0.0004** (0.0002)
ln 总资产	0.1702*** (0.0110)	0.2180*** (0.0125)	0.2059*** (0.0140)	0.2582*** (0.0246)
企业年龄	0 (0.0008)	0.0016** (0.0007)	0.0009 (0.0009)	0.0007 (0.0009)
融资来源	0.0015 (0.0060)	0.0008 (0.0044)	0 (0.0095)	0.0036 (0.0063)
外向度	0.0420*** (0.0103)	0.0505*** (0.0076)	0.0477*** (0.0125)	0.0635*** (0.0105)
政策缴费率	-0.0109 (0.0143)	-0.0029 (0.0079)	-0.0079 (0.0143)	-0.0075 (0.0115)
lnpgdp	0.3455** (0.1327)	0.2187*** (0.0796)	0.2329** (0.1012)	-0.0179 (0.0983)
ln 城市平均工资	0.4142** (0.2022)	0.0511 (0.1117)	0.3168** (0.1314)	-0.0024 (0.1194)
ln 城市人口数	-0.9221 (0.8785)	-0.5605 (0.4810)	-0.8922 (0.7578)	-0.5385 (0.5662)
ln 城市职工人数	0.0699 (0.1144)	0.0769 (0.0548)	0.0992 (0.0770)	0.0783 (0.0548)
企业固定效应	YES	YES	YES	YES
城市固定效应	YES	YES	YES	YES

续表

变量名称	劳动密集型		资本密集型	
	工资水平	雇用规模	工资水平	雇用规模
	（1）	（2）	（3）	（4）
年份固定效应	YES	YES	YES	YES
观测值	135797	135797	62671	62671
R^2	0.6862	0.9436	0.7954	0.9514

注：括号内为回归系数聚类到城市层面的稳健性标准误；＊、＊＊和＊＊＊分别表示10%、5%和1%的显著性水平。

四、稳健性检验

由于不同省份和城市的社保征缴制度和社保政策缴费率存在差异，一些对劳动力成本敏感的企业可能会因为社保征缴体制的改革而向未实施政策改革的地区迁移，这种迁移会给本章区分处理组和控制组带来困扰，同时也可能会影响 DID 估计结果的稳健性。因此，为排除企业跨地区迁移所带来的影响，本章剔除了在样本期间内新成立的企业，并进行相应回归，回归结果见表 6 - 13，结果在考虑企业迁移的可能后，policy 变量仍然显著为负，且大小同前文基本一致，表明模型结果较为稳健。

表 6 - 13　　　　　　　　　剔除企业迁移的影响

变量名称	（1）	（2）
policy	- 0.0799 ***	0.0033
	（0.0268）	（0.0118）
ln 企业雇用规模	- 0.3657 ***	
	（0.0175）	
ln 企业平均工资		- 0.2457 ***
		（0.0245）
单位产值利润率	0.0018 ***	0.0017 ***
	（0.0005）	（0.0003）
资产负债率	0	0.0001
	（0.0001）	（0.0001）
ln 总资产	0.1756 ***	0.2328 ***
	（0.0093）	（0.0153）
企业年龄	0.0007 **	0.0011 ***
	（0.0003）	（0.0003）

变量名称	(1)	(2)
融资来源	0.006 (0.0038)	0.0015 (0.0034)
外向度	0.0389 *** (0.0066)	0.0539 *** (0.0060)
政策缴费率	− 0.0081 (0.0123)	− 0.0038 (0.0093)
lnpgdp	0.2492 *** (0.0780)	0.0458 (0.0659)
ln 城市平均工资	0.2769 * (0.1492)	0.0177 (0.0751)
ln 城市人口数	− 0.9767 (0.6802)	− 0.6659 (0.4109)
ln 城市职工人数	0.0916 (0.0883)	0.0718 ** (0.0322)
企业固定效应	YES	YES
城市固定效应	YES	YES
年份固定效应	YES	YES
观测值	392764	392764
R^2	0.7529	0.9509

注：括号内为回归系数聚类到城市层面的稳健性标准误；*、**和***分别表示10%、5%和1%的显著性水平。

值得指出的是，社会保险征缴体制改革政策的出台可能并不是完全随机的，而可能是企业和政府进行博弈的结果，那些辖区内企业参保情况更好的地区更可能选择由税务部门征收社会保险费，此外，还可能存在一些不随时间变化的不可观测的因素导致了处理组和控制组之间的差距，如直接比较可能会导致异质性偏差。基于此，本章进一步使用倾向得分匹配法（propensity score matching，PSM）对样本进行匹配，之后再进行 DID 回归，倾向得分匹配的变量包括企业年龄、资产负债率、所有制、资产规模、是否出口和雇用规模，匹配方法为 1∶4 最近邻匹配。PSM 匹配后 DID 回归结果见表 6 − 14。表 6 − 14 中分别以平衡面板和非平衡面板进行匹配后再做 DID，结果仍然与前文一致，只是系数略有下降，表明前文的实证结果较为稳健。

表 6 – 14 **PSM-DID 检验**

变量名称	平衡面板		非平衡面板	
	工资	雇用规模	工资	雇用规模
	（1）	（2）	（3）	（4）
policy	− 0. 0546 **	0. 0054	− 0. 0495 *	0. 0099
	（0. 0266）	（0. 0187）	（0. 0310）	（0. 0164）
ln 企业雇用规模	− 0. 3625 ***		− 0. 3693 ***	
	（0. 0206）		（0. 0184）	
ln 企业平均工资		− 0. 2333 ***		− 0. 2387 ***
		（0. 0253）		（0. 0228）
单位产值利润率	0. 0022 ***	0. 0015 ***	0. 0021 ***	0. 0022 ***
	（0. 0007）	（0. 0003）	（0. 0006）	（0. 0003）
资产负债率	− 0. 0002	0. 0001	0. 0001	0. 0001
	（0. 0002）	（0. 0001）	（0. 0002）	（0. 0001）
ln 总资产	0. 1884 ***	0. 2291 ***	0. 1892 ***	0. 2282 ***
	（0. 0126）	（0. 0187）	（0. 0115）	（0. 0177）
企业年龄	0. 0006	0. 0017 **	0. 0004	0. 0013 **
	（0. 0006）	（0. 0006）	（0. 0007）	（0. 0006）
融资来源	0. 0051	0. 0011	0. 0016	0. 0013
	（0. 0063）	（0. 0043）	（0. 0048）	（0. 0049）
外向度	0. 0358 ***	0. 0519 ***	0. 0436 ***	0. 0541 ***
	（0. 0069）	（0. 0072）	（0. 0076）	（0. 0082）
政策缴费率	− 0. 003	0. 0026	− 0. 0056	0. 0016
	（0. 0081）	（0. 0078）	（0. 0086）	（0. 0077）
lnpgdp	0. 3034 ***	0. 0652	0. 2946 ***	0. 0951
	（0. 0810）	（0. 0886）	（0. 0739）	（0. 0871）
ln 城市平均工资	0. 3327 **	− 0. 0042	0. 3222 **	− 0. 0411
	（0. 1573）	（0. 0791）	（0. 1567）	（0. 0876）
ln 城市人口数	− 0. 5309	− 0. 9672 *	− 0. 3351	− 0. 8171
	（0. 6626）	（0. 5282）	（0. 6254）	（0. 5285）
ln 城市职工人数	0. 0715	0. 0284	0. 0693	0. 0473
	（0. 0875）	（0. 0385）	（0. 0801）	（0. 0399）
企业固定效应	YES	YES	YES	YES
城市固定效应	YES	YES	YES	YES
年份固定效应	YES	YES	YES	YES
观测值	165399	165399	218854	218854
R^2	0. 7698	0. 9568	0. 774	0. 9571

注：括号内为回归系数聚类到城市层面的稳健性标准误；*、** 和 *** 分别表示 10%、5% 和 1% 的显著性水平。

第六节　本章小结

本章以第四章为基础，进一步以征缴体制改革所导致的企业社会保险实际缴费率调整为识别条件，探究了企业社保负担受到外生冲击后的成本转嫁行为。研究发现，社保征缴体制的改革导致了企业实际缴费率上升，进而促使企业通过降低职工工资等手段进行劳动力成本转嫁，这种转嫁行为仅在企业工资中出现，并未对企业雇用规模形成挤压。通过异质性分析发现，社会保险缴费的转嫁效应在非国有企业、劳动密集型企业中更为明显。

第七章

社会保险缴费与企业生产率

第一节 问题提出

长期以来，我国的社会保险政策缴费率相对较高。在社保费率全面下调政策实施前，根据国务院的相关文件规定，我国的养老、医疗、失业、工伤和生育五项社会保险的缴费率，企业合计为 30% ~ 36%，员工合计为 11%（封进，2013）。从与其他国家的横向比较来看，封进（2013）指出，我国的社会保险政策缴费率即使与 OECD 等发达国家相比也处于较高水平；赵静等（2015）也认为，我国社会政策缴费率超过企业用工成本的 30%，个别地区甚至达到了 40%，高于绝大多数 OECD 国家。以养老保险为例，2009 年我国城镇职工养老保险政策缴费率为 28%，而同期 OECD 国家平均为 19.6%，欧盟国家平均为 22.5%（OECD，2011）。此外，根据国际劳工组织（International Labour Organization，ILO）发布的《世界社会保障报告 2010/11》显示，我国社会保险政策缴费率在报告所纳入的国家中处于较高的水平。与高企的社保政策缴费率相对应的则是企业社保逃费日益严峻的现实，较高的政策缴费率使得企业有较强的动机通过各种手段逃避社保缴费，企业的社保合规程度持续走低，根据《中国企业社保白皮书 2017》的调查，2017 年社保缴费基数完全合规的企业仅占 24.1%，且合规企业占比从 2015 年开始不断下滑，全国工商联的抽样调查数据也发现，2016 年民企为全部职工缴纳五项社保的企业仅为 38.2%，比 2015 年的 40.5% 还下降了2.3 个百分点。为了减轻企业负担、提升企业活力，我国从 2016 年起逐步推进社保费率下调，其中基本养老保险单位缴费率已经下调至16%。全面下调社保率的政策出发点是通过降低企业的社会保险负担来降低企业用工成本，提升企业研发和技术改造等方面的投入，从而提高企业的全要素生产率，实现全社会生产力水平的提升。但是，这仅是政策制定者的主观意愿，实际上目前关于企业社保缴费的生产率效应仍存在诸多争论，相关研究仍有待拓展。

一些研究认为，企业的社会保险缴费有助于企业筛选出高质量的劳动力和提升企业的人力资本投资，还能减少劳动力流动与工作中的委托—代理问题，因而具有较强的生产率效应（阳义南，2012）。于新亮等（2019）利用 OLG 理论模型和上市公司数据，从资本—技能互补角度分析了企业养老保险缴费对全要素生产率的影响，结果发现，养老保险缴费同企业全要素生产率之间并不是简单的线性关系，而是存在倒"U"型关系，测算得到的能使企业全要素生产率最高的最优企业实际缴费率为 5.67%，但是总体上企业养老保险缴费对企业全要素生产率存在正向效应。于新亮等（2017）发现，企业年金能够显著提升中国企业的生产率，这一效应通过提高员工素质、增加培训投入和有利于企业财务宽松等机制实现，但没有表现出通过提升高管经营绩效而发挥作用。此外，单一年度的企业年金可持续影响此后的企业生产率，具有"滞后效应"，但会逐渐减弱。程远等（2017）利用员工数据发现，企业年金通过"甄别效应"和"激励效应"两个方面提高企业的劳动生产率。他们认为，高生产率员工更可能选择加入企业年金，说明企业年金具有在信息不对称情况下甄别高生产率员工的"甄别效应"，且参加企业年金令员工的生产效率更高，说明企业年金具有提高员工生产率的"激励效应"，且效果明显。除了社会保险外，还有些学者从劳动保护视角研究了劳动保护制度的生产率效应。陈祎和刘阳阳（2010）发现，签订劳动合同可以提高务工人员的收入，并且在一定条件下，企业也可以通过生产率的上升而获利。一些学者的观点则与之相反，他们认为企业社会保险缴费的增加或者劳动保护的增强对企业全要素生产率增长产生挤出效应。赵健宇和陆正飞（2018）利用 A 股上市公司的数据发现，较高的养老保险缴费比例增加了企业劳动力成本支出占收入的比重，同时却降低了员工当期可支配收入，也不利于企业创新，发现企业社保支出与企业全要素生产率存在负相关关系。刘海洋等（2013）利用第一次全国经济普查的数据发现，工会与企业劳动生产率、全要素生产率存在负相关关系，从而表明劳动保护会降低企业生产率。

由此可见，目前关于社会保险缴费与全要素生产率的效应及其机制并无定论，其原因可能在于，企业社保缴费和全要素生产率之间的存在较为严重的双向因果关系与遗漏变量问题，而这些研究在解决内生性问题的方法各异，仍然存在一定的改进空间。莫衷一是的研究结论对评估全面降低社会保险政策缴费率的潜在影响带来困扰，不利于进一步进行社会保险费率的调整和社会保险制度的深化改革。此外，现有研究采用上市公司的数据，其通常忽视了不同地区的社保政策缴费率差异给企业实际社保缴费带来的潜在影响，无法较好地解决研究过程中的内生性问题，即使收集了公司总部所在地的政策缴费率数据，也会受到企业中不同子公司所处监管强度和政策缴费率差异较大的影响。因此，本章采用 2004 ~ 2007 年的工业企业数据库、2008 ~ 2011 年的全国税收调查这两个大样本微观数据，结合地级市层面的社会保险政策缴费率数据，基于工具变量法识别了企业实际社保缴费对其全要素生产率的影响及其机制，本章的研究能够弥补使用上市公司数据的不足，有助于全面认识社会保险的生产率效应，从而为我国社会保险制度的改革和企业全要素生产率提升提供借鉴。

第二节　数据来源与模型设定

一、数据来源

本章所使用的数据主要来自 2004 ~ 2007 年的中国工业企业数据库，该数据库涵盖了全部国有企业及年销售收入在 500 万元以上的非国有企业的基本情况和财务信息，具有样本容量大与代表性强的特点，且样本以制造业企业为主，其对劳动力成本上涨更为敏感，是研究企业社会保险行为影响的理想数据库。中国工业企业数据库 2004 ~ 2007 年的数据中报告了企业的养老保险和医疗保险缴费情况，为我们度量企业的社会保险参保行为提供了指标依据。在对工业企业数据库的清理过程中，本章参考已有文献的做法（聂辉华等，2012；封进，2013；马双等，2014），对数据库中存在的异常样本进行了处理：剔除非营业状态和不适用企业会计制度的样本；剔除机构类型属于事业、机关、社会团体和民办非企业单位样本；剔除实收资本、固定资产、总资产、工业产值小于或等于 0 的样本；剔除应付职工福利、养老和医疗保险费小于 0 的样本；剔除固定资产大于总资产的样本；剔除企业负债为负数的样本。在此基础上，本章对职工工资总额，职工人数、总资产、总产值最高 1% 和最低 1% 的样本作了删除处理。针对养老和医疗保险的参保情况，本章剔除了企业参保程度最高 1% 的样本，最后得到了样本量为 1087903 个的非平衡面板数据。

除了企业层面数据，本章还收集了 2004~2007 年地级市层面的社会保险政策缴费率数据，本章通过劳动法宝、北大法宝以及地方政府人社局网站等查找地级市养老保险和医疗保险政策数据，共收集 1472 条数据，其中地级市数据 1124 条，共 281 个地级市，占 334 个地级市的 84.13%。此外，本章还收集了地级市层面的 GDP、FDI 和财政收入等宏观经济数据，所有数据均来自中经网数据库。

二、计量模型设定

本章设定如下的计量模型来实证检验社会保险缴费对企业参保行为的影响：

$$TFP_{ijt} = \beta_1 C_{ijt} + \beta_2 X_{ijt} + \beta_3 Z_{jt} + \varepsilon_{ijt} \qquad (7-1)$$

其中，下标 i 表示企业，j 表示企业所在的城市，t 为年份；TFP_{ijt} 表示 j 城市 i 企业在 t 时期的全要素生产率水平值，C_{ijt} 表示企业的参保行为，本章主要采用三个指标来加以度量，一是企业是否参加职工养老保险和医疗保险，如果企业当年缴纳的养老和医疗保险费用大于 0 表示企业参保，此时 C_{ijt} 取值为 1，否则取值为 0，更进一步地，虽然企业迫于政府监管或员工压力而参保，但企业仍有可能通过调整工资结构等手段降低缴费基数来逃避缴费，因此需要对企业的实际缴费水平进行计算，本章参考封进（2013）和赵静等（2016）的计算方法，通过工业企业数据库中企业养老和医疗保险费用指标除以工资总额得到其实际缴费水平，但由于不同地区的政策缴费率差异较大，因此无法进行缴费水平的直接比较，为保证可比性，本章通过企业实际缴费水平与政策缴费率的差再除以政策缴费率得到企业的相对缴费水平，用以度量企业的参保程度，企业相对缴费水平越小则说明企业的参保程度越低。式（7-1）中的回归系数 β_1

即本章所关心的核心系数，其反映了企业社保缴费对企业全要素生产率的影响方向和效应大小。X_{ijt}为企业层面的控制变量，主要包括企业的雇用规模、资产规模、是否为出口企业、年龄和资产负债率。Z_{jt}为城市层面随时间变化的一系列经济特征，考虑到城市的经济发展水平、财政状况和FDI输入可能会对企业全要素生产率产生影响，本节参考张莉等（2019）的研究，对城市层面的GDP总量、财政收入占GDP的比重、FDI占GDP的比重进行了控制。在控制城市经济特征的基础上，本节还将进一步对企业所在的两位数行业、城市和时间固定效应进行控制。

关于变量的定义，特别是企业全要素生产率（TFP）的计算方法，目前主要存在OLS法、固定效应法、OP法（Olley &Pakes，1996）和LP法（Levinsohn &Petrin，2003）等几种主要方法，由于OLS和固定效应方法在计算TFP时容易出现样本选择偏差和同时性偏差等问题，因而目前使用OP法和LP法计算TFP是主流方法。由于工业企业数据库中缺乏OP法计算TFP所需的可靠投资和企业退出概率数据，且为了最大限度地利用样本，本章基于LP法计算企业的TFP，并以固定效应法（FE）和OLS法计算的TFP结果作为稳健性检验。在TFP的计算中，本书参考鲁晓东和连玉君（2012）、刘贯春等（2017）的做法，以工业增加值作为产出变量，以年平均从业人员数量作为劳动投入变量，以固定资产净值余额作为企业资本投入。考虑到价格因素的变化，本节以2004年的工业品出厂价格指数（PPI）为基期对企业的工业增加值和中间投入进行了平减，固定资产净余额用固定资产投资价格指数进行平减。表7-1给出了基于LP法、FE法和OP法三种方法测算的TFP结果，可以发现，FE法和LP法测算的全要素生产率均值较为接近，从劳动的产出弹性来看，LP法测算的劳动产出弹性要明显低于另外两种方法，这与鲁晓东和连玉君（2012）的发现一致。

表7-1　　　　　　　　　　不同方法计算的TFP结果

计算方法	资本产出弹性	劳动产出弹性	TFP均值	标准差
LP法	0.1655	0.1718	6.581	1.136
FE法	0.138	0.379	5.833	1.071
OLS法	0.279	0.543	3.896	1.009

三、描述性统计

表 7 - 2 为全样本描述性统计。从 TFP 来看，TFP 的标准差较大，表明企业间的全要素生产率差别较大。从衡量企业参保指标的三个因变量指标来看，样本中企业参保的比例为 60.99%，说明仍有接近 40% 的企业未参加养老和医疗保险中的任何一项社会保险，企业逃避社保缴费的现象十分突出。从企业缴费水平来看，企业平均缴费水平为 7.269%，远低于国务院规定的 26% 的政策缴费率，而从企业的平均相对缴费水平来看，企业相对缴费水平均值为 - 0.7234，说明企业的实际缴费水平仅仅达到政策缴费率的 28%，缴费不足现象十分突出。

表 7 - 2　　　　　　　　　　全样本描述性统计

变量名称	变量定义	均值	最小值	最大值	标准差
TFP	LP 法计算得到的 TFP	6.58	- 3.334	14.93	1.136
企业是否参保	企业"养老和医疗保险费用"大于 0 则取值为 1，否则为 0	0.6099	0	1	0.487
实际社保缴费率	企业"养老和医疗保险费用"/职工工资总额	7.269	0	58.66	11.04
相对缴费率	（企业实际缴费率 - 政策缴费率）/政策缴费率	- 0.724	- 1	3.345	0.423
雇用规模	ln（企业雇员人数）	4.676	2.079	13.25	1.100
资产规模	ln（总资产）	9.741	2.485	20.15	1.430
所有制	是否为国有企业（=1）	0.051	0	1	0.219
是否出口	是否为出口企业（是 =1）	0.264	0	1	0.441
企业年龄	样本年份 - 企业开业年份	10.27	1	358	10.70
资产负债率	总负债/总资产	56.33	0	130.5	27.76
政策缴费率	企业所在地级市养老和医疗保险政策缴费率之和	26.00	13.50	33	3.953
lngdp	地级市地区生产总值（亿元）取对	16.42	13.09	18.13	0.965
FDI 占 GDP 之比	FDI（以当年汇率换算）/GDP	0.0456	0	0.182	0.0327
财政收入占比	地级市地方一般公共预算收入/GDP	0.0665	0.0178	0.172	0.0307

图 7 - 1 进一步比较了 2004 ~ 2007 年国有和非国有企业、出口和非出口企

业不同类型企业 TFP 的变动趋势差异。总体来看，从 2004 ~ 2007 年企业 TFP 呈稳步增长的趋势，而国有企业的全要素生产率要低于非国有企业，非出口企业的全要素生产率要显著低于出口企业，表明企业通过对外出口确实能够提升技术管理水平，实现全要素生产率增长。表 7 - 3 则进一步就不同类型企业的社保实际缴费率进行了描述性统计，显然国有企业的社会保险实际缴费率要显著高于非国有企业，其实际缴费率是非国有企业的两倍以上，这说明国有企业在社会保险参保方面的合规程度显著高于非国有企业。但是，从非出口和出口企业的缴费率差异来看，二者差异并不明显，基本处于同一水平。

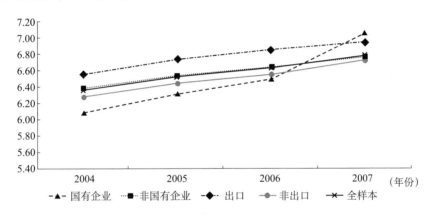

图 7 - 1　不同类型企业的 TFP 差异

资料来源：笔者整理计算得到。

表 7 - 3　　　　　　　　　　　企业实际缴费率的差异

年份	全样本	国有企业	非国有企业	出口	非出口
2004	6.716	16.848	5.917	6.758	6.700
2005	7.748	17.099	7.182	7.821	7.721
2006	7.418	17.033	6.958	7.738	7.306
2007	7.209	16.571	6.897	7.902	6.990

第三节　工业企业数据库实证结果分析

一、基准回归结果

根据计量模型设定，本节首先就企业是否参保、参保后的实际缴费水平和相对缴费水平对企业全要素生产率的影响进行了基准回归。表7-4为企业是否参保对 TFP 的影响，其中第1列在对企业固定效应进行控制的条件下，只控制企业是否参保这一核心解释变量，发现估计结果正向显著。第（2）列进一步控制企业层面的控制变量，回归系数大幅下降，但依然正向显著，第（3）~（6）列中逐渐增加控制条件，包括控制城市层面控制变量、行业固定效应、年份固定效应和时间固定效应，回归系数的大小和方向基本保持稳定。从第（6）列的回归结果来看，企业承担社会保险缴费对于提升企业全要素生产率具有正向作用，从而说明社会保险具有生产率效应。从其他控制变量来看，企业雇用规模和资产规模与全要素生产率之间存在正向显著关系，所有制以及企业年龄对全要素生产率的影响并不显著，而企业是否出口对企业 TFP 存在正向显著影响，企业的资产负债率则对 TFP 存在负向影响，表明过高的负债水平不利于企业 TFP 增长。

表7-4　　　　　　　　　企业是否参保与全要素生产率

变量名称	(1)	(2)	(3)	(4)	(5)	(6)
是否参保	0.1451***	0.0689***	0.0561***	0.0561***	0.0527***	0.0527***
	(0.0023)	(0.0022)	(0.0022)	(0.0022)	(0.0022)	(0.0022)
雇用规模		0.1272***	0.1264***	0.1264***	0.1270***	0.1268***
		(0.0031)	(0.0030)	(0.0030)	(0.0030)	(0.0030)
资产规模		0.3217***	0.2713***	0.2713***	0.2583***	0.2581***
		(0.0031)	(0.0026)	(0.0026)	(0.0026)	(0.0026)
所有制		-0.0305***	-0.0128	-0.0129	-0.0082	-0.0090
		(0.0084)	(0.0082)	(0.0082)	(0.0082)	(0.0082)
出口		0.0406***	0.0492***	0.0492***	0.0504***	0.0506***
		(0.0039)	(0.0039)	(0.0039)	(0.0039)	(0.0039)
企业年龄		0.0801***	0.0224***	0.0224***	0.0017*	0.0013
		(0.0014)	(0.0011)	(0.0011)	(0.0010)	(0.0010)
资产负债率		-0.0013***	-0.0011***	-0.0011***	-0.0011***	-0.0011***
		(0.0001)	(0.0001)	(0.0001)	(0.0001)	(0.0001)
lngdp			0.6621***	0.6622***	0.3408***	0.3631***
			(0.0078)	(0.0078)	(0.0104)	(0.0105)
FDI 占比			0.6223***	0.6225***	-0.0677	0.0025
			(0.0695)	(0.0695)	(0.0698)	(0.0697)
财政收入占比			-1.1400***	-1.1376***	-2.9786***	-2.9248***
			(0.1358)	(0.1358)	(0.1415)	(0.1419)
企业固定效应	YES	YES	YES	YES	YES	YES
行业固定效应	NO	NO	NO	YES	YES	YES

续表

变量名称	（1）	（2）	（3）	（4）	（5）	（6）
年份固定效应	NO	NO	NO	NO	YES	YES
城市固定效应	NO	NO	NO	NO	NO	YES
常数项	6.5331***	2.0388***	−7.6859***	−7.6868***	−1.9054***	−2.2718***
	（0.0016）	（0.0246）	（0.1163）	（0.1162）	（0.1740）	（0.1756）
观测值	981096	981089	981089	981089	981089	981087
调整的 R^2	0.6764	0.7138	0.7193	0.7193	0.7203	0.7204

注：*、** 和 *** 分别表示 10%、5% 和 1% 的显著性水平；括号内为稳健标准误。

　　表 7-5 为企业社保实际缴费率对全要素生产率的影响，其具体回归思路与表 7-4 一致，可以发现，随着控制变量和约束条件的增加，社保实际缴费率回归系数的显著性也基本稳定，符号方向一致，表明结果较为稳健。同样，表 7-5 的结果进一步证明企业社保缴费存在显著的生产率效应，企业社保实际缴费率的提升对于企业 TFP 的增长存在显著的推动作用。从控制变量的回归结果来看，其系数方向与表 7-4 基本一致。

表 7-5　　　　　　企业社保实际缴费率与全要素生产率

变量名称	（1）	（2）	（3）	（4）	（5）	（6）
社保缴费率	0.0036***	0.0016***	0.0012***	0.0012***	0.0011***	0.0011***
	（0.0001）	（0.0001）	（0.0001）	（0.0001）	（0.0001）	（0.0001）
雇用规模		0.1302***	0.1287***	0.1287***	0.1292***	0.1289***
		（0.0031）	（0.0030）	（0.0030）	（0.0030）	（0.0030）
资产规模		0.3238***	0.2727***	0.2727***	0.2595***	0.2593***
		（0.0031）	（0.0026）	（0.0026）	（0.0026）	（0.0026）
所有制		−0.0301***	−0.0124	−0.0124	−0.0077	−0.0085
		（0.0084）	（0.0082）	（0.0082）	（0.0082）	（0.0082）
出口		0.0418***	0.0503***	0.0503***	0.0515***	0.0517***
		（0.0039）	（0.0039）	（0.0039）	（0.0039）	（0.0039）
企业年龄		0.0809***	0.0226***	0.0226***	0.0017*	0.0014
		（0.0014）	（0.0011）	（0.0011）	（0.0010）	（0.0010）
资产负债率		−0.0013***	−0.0011***	−0.0011***	−0.0011***	−0.0011***
		（0.0001）	（0.0001）	（0.0001）	（0.0001）	（0.0001）
lngdp			0.6675***	0.6676***	0.3428***	0.3650***
			（0.0078）	（0.0078）	（0.0104）	（0.0105）
FDI 占比			0.6222***	0.6224***	−0.0726	−0.0027
			（0.0695）	（0.0695）	（0.0698）	（0.0697）
财政收入占比			−1.1608***	−1.1585***	−3.0201***	−2.9669***
			（0.1359）	（0.1359）	（0.1415）	（0.1419）

续表

变量名称	（1）	（2）	（3）	（4）	（5）	（6）
企业固定效应	YES	YES	YES	YES	YES	YES
行业固定效应	NO	NO	NO	YES	YES	YES
年份固定效应	NO	NO	NO	NO	YES	YES
城市固定效应	NO	NO	NO	NO	NO	YES
常数项	6.5968 ***	2.0262 ***	− 7.7743 ***	− 7.7751 ***	− 1.9331 ***	− 2.2991 ***
	（0.0010）	（0.0246）	（0.1164）	（0.1164）	（0.1740）	（0.1757）
观测值	981096	981089	981089	981089	981089	981087
调整的 R^2	0.6750	0.7134	0.7190	0.7191	0.7201	0.7202

注：*、**和***分别表示10%、5%和1%的显著性水平；括号内为稳健标准误。

表7-6为社保相对缴费率对 TFP 的回归结果，相较于实际缴费率，相对缴费率更能有效测度企业社保缴费的合规程度以及由此带来的员工激励效应，相对缴费率高的企业社保合规程度更高，其足额缴纳社会保险费能够减少企业内部的不公平感，从而提高员工的工作积极性，促进企业生产率的提高。表7-6的回归思路同前述一致，在控制企业固定效应的基础上逐渐增加控制条件，结果发现相对缴费率的回归结果较为稳健，回归系数的符号方向同前述一致。

表7-6　　　　　　　企业社保相对缴费率与全要素生产率

变量名称	（1）	（2）	（3）	（4）	（5）	（6）
相对缴费率	0.1003 ***	0.0439 ***	0.0344 ***	0.0344 ***	0.0321 ***	0.0321 ***
	（0.0027）	（0.0026）	（0.0026）	（0.0026）	（0.0026）	（0.0026）
雇用规模		0.1312 ***	0.1303 ***	0.1302 ***	0.1296 ***	0.1295 ***
		（0.0032）	（0.0032）	（0.0032）	（0.0032）	（0.0032）
资产规模		0.3186 ***	0.2604 ***	0.2603 ***	0.2520 ***	0.2518 ***
		（0.0033）	（0.0027）	（0.0027）	（0.0027）	（0.0027）
所有制		− 0.0327 ***	− 0.0104	− 0.0105	− 0.0059	− 0.0068
		（0.0093）	（0.0089）	（0.0089）	（0.0089）	（0.0089）
出口		0.0434 ***	0.0538 ***	0.0538 ***	0.0530 ***	0.0531 ***
		（0.0041）	（0.0040）	（0.0040）	（0.0040）	（0.0040）
企业年龄		0.0849 ***	0.0138 ***	0.0138 ***	0.0014	0.0009
		（0.0016）	（0.0011）	（0.0011）	（0.0010）	（0.0010）
资产负债率		− 0.0012 ***	− 0.0010 ***	− 0.0010 ***	− 0.0010 ***	− 0.0010 ***
		（0.0001）	（0.0001）	（0.0001）	（0.0001）	（0.0001）
lngdp			0.7141 ***	0.7142 ***	0.2378 ***	0.2589 ***
			（0.0077）	（0.0077）	（0.0151）	（0.0151）

续表

变量名称	（1）	（2）	（3）	（4）	（5）	（6）
FDI 占比			0. 3879 ***	0. 3878 ***	0. 0869	0. 1145
			（0. 0708）	（0. 0708）	（0. 0709）	（0. 0708）
财政收入占比			− 0. 6986 ***	− 0. 6958 ***	− 3. 9044 ***	− 3. 7953 ***
			（0. 1376）	（0. 1376）	（0. 1581）	（0. 1578）
企业固定效应	YES	YES	YES	YES	YES	YES
行业固定效应	NO	NO	NO	YES	YES	YES
年份固定效应	NO	NO	NO	NO	YES	YES
城市固定效应	NO	NO	NO	NO	NO	YES
常数项	6. 7043 ***	2. 0894 ***	− 8. 2108 ***	− 8. 2122 ***	− 0. 0400	− 0. 3859
	（0. 0021）	（0. 0255）	（0. 1137）	（0. 1137）	（0. 2508）	（0. 2511）
观测值	873811	873804	873804	873804	873804	873802
调整的 R^2	0. 6759	0. 7173	0. 7238	0. 7239	0. 7248	0. 7249

注：＊、＊＊和＊＊＊分别表示 10%、5% 和 1% 的显著性水平；括号内为稳健标准误。

二、工具变量回归

考察企业社会保险缴费率与企业的 TFP，最大的挑战在于内生性问题难以消除。一方面，存在明显的逆向因果，即 TFP 更高的企业更有实力承担较高的社保缴费率。另一方面，更为严重的是存在某些无法观察到的因素，如企业或区域特征同时影响了企业社保缴费情况与 TFP。由于社保缴费率具有一定刚性，企业在短期内通常不会大幅改变缴费比例，OLS 模型中对自变量进行滞后一期处理并不能完全解决这一问题。综合上述原因，本节选取企业所在城市的政策缴费率作为工具变量来解决潜在的内生性问题。选取政策缴费率作为工具变量的理由在于，地级市层面的社会保险政策缴费率同企业的参保行为之间存在显而易见的联系，直接决定了企业的社保缴费水平，工具变量的相关性能够得到满足，但其通常由省级或地级市人民政府确定，并不会考虑单个企业的全要素生产率，因而能够满足工具变量的外生性假设。

表 7 - 7 首先报告了工具变量回归的第一阶段回归结果，结果表明，在控制行业固定效应、年份固定效应、时间固定效应和城市固定效应的条件下，政策缴费率同企业参保行为之间存在显著的负向关系，即政策缴费率高的地区实际社保缴费率反而可能更低。赵静等（2015）也发现，社会保险政策缴费率

对企业社保缴费率的绝对差距和相对差距有正向影响，即高社保政策缴费率下企业逃避社保缴费的动机和行为会更为明显。这说明更高政策缴费率地区的企业其逃避社保缴费的动机反而更强，较低的政策缴费率反而可能提高企业的社保合规程度。表7-7的工具变量第一阶段回归结果表明，政策缴费率同企业参保行为之间存在显著的计量关系，工具变量的相关性能够得到满足。

表7-7   工具变量一阶段回归结果

变量名称	（1）	（2）	（3）
	是否参保	实际缴费率	相对缴费率
政策缴费率	-0.0113 ***	-0.3172 ***	-0.0275 ***
	(0.0007)	(0.0137)	(0.0007)
雇用规模	0.0247 ***	-0.8196 ***	-0.0334 ***
	(0.0016)	(0.0390)	(0.0016)
资产规模	0.0294 ***	0.4040 ***	0.0156 ***
	(0.0014)	(0.0317)	(0.0013)
所有制	0.0281 ***	0.7853 ***	0.0295 ***
	(0.0047)	(0.1535)	(0.0058)
出口	0.0236 ***	0.1516 ***	0.0066 ***
	(0.0025)	(0.0508)	(0.0021)
企业年龄	0.0011 *	0.0397 **	0.0015 **
	(0.0006)	(0.0170)	(0.0006)
资产负债率	0.0000	-0.0014 *	-0.0001 **
	(0.0000)	(0.0007)	(0.0000)
lngdp	0.0340 ***	-0.2309	-0.0073
	(0.0086)	(0.1911)	(0.0078)
FDI 占比	-0.4236 ***	-12.0140 ***	-0.4438 ***
	(0.0400)	(0.9021)	(0.0359)
财政收入占比	-0.6590 ***	8.8754 ***	0.2052 ***
	(0.0870)	(1.9706)	(0.0756)
企业固定效应	YES	YES	YES
行业固定效应	YES	YES	YES
年份固定效应	YES	YES	YES
城市固定效应	YES	YES	YES
常数项	-0.0095	18.7039 ***	0.1151
	(0.1419)	(3.1245)	(0.1284)
观测值	873802	873802	873802
调整的 R^2	0.4879	0.4669	0.4560

注：*、**和***分别表示10%、5%和1%的显著性水平；括号内为稳健标准误。

表7-8为工具变量第二阶段回归结果，从不可识别检验和弱工具变量检验的统计量来看，二者数值均较大，拒绝了不可识别和弱识别的原假设，表明不存在不可识别和弱工具变量的问题，工具变量的相关性能够得到满足。从工具变量的回归结果来看，是否参保的估计系数为0.1858，实际缴费率的系数为0.0066，相对缴费率的回归系数为0.0765，回归系数较基准回归的结果显著上升，同时在5%的显著性水平上显著，从而进一步验证了企业社会保险缴费的生产率效应的存在。

表7-8　　　　　　　　　　　　工具变量第二阶段回归结果

变量名称	（1）	（2）	（3）
是否参保	0.1858 **		
	（0.0944）		
实际缴费率		0.0066 **	
		（0.0034）	
相对缴费率			0.0765 **
			（0.0387）
雇用规模	0.1238 ***	0.1338 ***	0.1309 ***
	（0.0041）	（0.0044）	（0.0036）
资产规模	0.2468 ***	0.2496 ***	0.2511 ***
	（0.0041）	（0.0032）	（0.0030）
所有制	-0.0111	-0.0111	-0.0081
	（0.0096）	（0.0096）	（0.0093）
出口	0.0489 ***	0.0523 ***	0.0528 ***
	（0.0047）	（0.0042）	（0.0042）
企业年龄	0.0008	0.0007	0.0009
	（0.0011）	（0.0011）	（0.0011）
资产负债率	-0.0010 ***	-0.0010 ***	-0.0010 ***
	（0.0001）	（0.0001）	（0.0001）
lngdp	0.2551 ***	0.2630 ***	0.2620 ***
	（0.0160）	（0.0163）	（0.0162）
FDI 占比	0.1794 **	0.1804 **	0.1346 *
	（0.0850）	（0.0852）	（0.0767）
财政收入占比	-3.6680 ***	-3.8494 ***	-3.8062 ***
	（0.1790）	（0.1674）	（0.1653）
企业固定效应	YES	YES	YES
行业固定效应	YES	YES	YES
年份固定效应	YES	YES	YES
城市固定效应	YES	YES	YES

变量名称	（1）	（2）	（3）
不可识别检验 LM 统计量	311.55	575.80	1356.71
弱工具变量检验 F 统计量	297.39	532.55	1454.02
观测值	873802	873802	873802
调整的 R^2	0.0325	0.0323	0.0369

注：＊、＊＊和＊＊＊分别表示10%、5%和1%的显著性水平；括号内为稳健标准误。

第四节　基于全国税收调查数据的实证分析

工业企业数据库为本章考察企业社保缴费对全要素生产率的影响提供了较好的微观数据基础，但是工业企业数据库中的企业样本为国有企业和营业收入500万元以上的非国有企业，大量的中小企业没有纳入数据库，同时，样本范围在2008年金融危机之前，难以反映金融危机后企业经营行为和生产率的改变，而全国税收调查数据则是工业企业数据库的良好补充。全国税收调查由财政部联合国家税务总局组织实施，按照分层随机抽样的方法选取企业，数据调查由各地税务机关负责实施，具有较高的数据质量，同时数据样本不仅包括规模以上工业企业，而且包含众多的服务业企业等中小微企业，具有良好的数据代表性，此外，税收调查数据中不仅包含企业的社会保险缴费数据，而且还提供了企业为员工提供的补充养老保险（企业年金）及医疗保险信息，这有助于比较分析社会保险和补充保险的生产率激励效应的差异。因此，本节进一步使用2008~2011年的全国税收调查数据来考察企业社会保险对企业全要素生产率的影响，共近300万家企业样本。

在具体的数据处理方面，本章首先剔除了非企业样本，并对存在明显逻辑错误和违背会计原则的样本进行了剔除处理，如总资产小于零、利润总额大于营业收入、流动资产大于总资产的样本，同时对社保缴费、总资产、负债和所有制信息缺失的样本进行了剔除，最后用于实证分析的非平衡面板数据共包括194万个样本。

关于全要素生产率的计算，由于全国税收调查数据没有提供中间投入的有关数据，无法使用LP法计算企业TFP，但是提供了较为准确的企业投资数据，因此考虑使用 OP 法计算企业 TFP，其中企业投资数据参考汪德华和毛捷（2012）的做法，由当年新增的生产经营用固定资产加在建工程购入的生产经营机器设备得到，同时也基于 FE 法和 OLS 法计算了企业 TFP，并比较相应的估计结果差异。表 7-9 为相应的估计结果，其中基于 OP 法计算的资本产出弹性为 0.165，劳动产出弹性为 0.483，与基于 FE 法和 OLS 法估计的结果相近，与工业企业数据库中基于 LP 法估计的产出弹性比较来看，基于全国税收调查数据估计的劳动产出弹性要明显高于 LP 法估计的产出弹性，这与鲁晓东和连玉君（2012）的发现一致。此外，企业的社会保险缴费率以当年度基本养老保险和医疗保险计提额除以当年度职工全年工资奖金总额得到。同时，为比较社会保险和补充保险的生产率效应差异，本章还计算了企业的补充保险缴费率，等于当年度企业为员工缴纳的补充养老保险和医疗保险计提额除以当年度职工全年工资奖金总额。在计量回归中，控制变量包括企业的资产规模、是否为出口企业、年龄和资产负债率，并控制行业、年份和城市固定效应。表 7-10 为样本的描述性统计，可见社会保险的参保比例为 61.7%，与工业企业数据库相近，而补充保险的参保企业占比相对较低，仅有 20% 的企业为员工缴纳了补充养老保险和医疗保险。从社保缴费率来看，平均缴费比例为 10.26%，高于工业企业数据库的 7.269%，补充养老保险的平均缴费率相对较低，仅为职工工资总额的 0.255%。

表 7-9　　　　　　　　全国税收调查数据 TFP 估计结果

计算方法	资本产出弹性	劳动产出弹性	TFP 均值	标准差
OP 法	0.165	0.483	1.662	4.56
FE 法	0.145	0.379	2.49	4.59
OLS 法	0.129	0.526	1.63	4.57

表 7-10　　　　　　　　全国税收调查数据样本描述性统计

特征	均值	最小值	最大值	标准差
TFP	2.496	-5.508	9.190	4.594
社会保险参保比例	0.617	0	1	0.486
补充保险参保比例	0.202	0	1	0.402
社会保险缴费率	10.26	0	75.56	14.40
补充保险缴费率	0.255	0	8.306	1.191

续表

特征	均值	最小值	最大值	标准差
ln 总资产	9.696	5.481	15.40	2.117
国有企业比例	0.0613	0	1	0.240
出口企业比例	0.243	0	1	0.429
企业年龄	13.7	4	333	70.33
资产负债率	65.43	0	245.9	39.73

表 7 – 11 为社保缴费对企业 TFP 的影响，其中第（1）列为混合 OLS 回归，第（2）~（5）列逐步控制企业固定效应、行业固定效应、年份固定效应和城市固定效应。从估计结果来看，社保缴费率的回归系数正向显著，在控制企业固定效应后，基本保持稳定，估计结果较为稳健，表明企业社保缴费存在较为显著的生产率效应，企业向员工缴纳社会保险有助于企业生产率的提高，这与前文中基于工业企业数据库的分析结论相一致。

表 7 – 11　　　　　　　　社保缴费对企业 TFP 的影响

变量名称	（1）	（2）	（3）	（4）	（5）
社保缴费率	0.0030 ***	0.0173 ***	0.0169 ***	0.0166 ***	0.0166 ***
	(0.0002)	(0.0004)	(0.0004)	(0.0004)	(0.0004)
ln 总资产	0.0679 ***	0.1476 ***	0.1373 ***	0.1372 ***	0.1372 ***
	(0.0018)	(0.0087)	(0.0087)	(0.0087)	(0.0087)
所有制	− 2.4060 ***	0.0083	0.0018	− 0.0254	− 0.0254
	(0.0165)	(0.0396)	(0.0395)	(0.0393)	(0.0393)
出口	0.8243 ***	− 0.1817 ***	− 0.2249 ***	− 0.0161	− 0.0161
	(0.0076)	(0.0136)	(0.0136)	(0.0141)	(0.0141)
企业年龄	0.0022 ***	0.0282 ***	0.0237 ***	− 0.0122 ***	− 0.0122 ***
	(0.0001)	(0.0003)	(0.0003)	(0.0018)	(0.0018)
资产负债率	− 0.0037 ***	− 0.0000	− 0.0001	0.0001	0.0001
	(0.0001)	(0.0002)	(0.0002)	(0.0002)	(0.0002)
企业固定效应	NO	YES	YES	YES	YES
行业固定效应	NO	NO	YES	YES	YES
年份固定效应	NO	NO	NO	YES	YES
城市固定效应	NO	NO	NO	NO	YES
常数项	0.9346 ***	− 2.9001 ***	− 2.2852 ***	1.5870 ***	1.5870 ***
	(0.0166)	(0.0848)	(0.0851)	(0.2116)	(0.2116)
观测值	1947142	1492028	1492025	1492025	1492025
调整的 R^2	0.0229	0.4496	0.4517	0.4547	0.4547

注：*、**和***分别表示10%、5%和1%的显著性水平；括号内为稳健标准误。

全国税收调查数据中企业为员工缴纳的补充保险包括养老保险和医疗保险，其中补充养老保险以企业年金为主，同时也包括企业为员工购买的商业补充养老保险，已有研究目前使用上市公司数据考察了企业年金的生产率效应（于新亮等，2017），通过分析企业的补充保险缴费对企业 TFP 的影响，并与社保缴费的生产率效应进行比较，有助于企业更好地调整人员激励策略，提升员工的劳动生产率。表 7 - 12 为企业补充保险缴费对企业 TFP 的影响，其回归思路与表 7 - 11 一致。从表 7 - 12 来看，在控制企业固定效应后，补充保险缴费的回归系数均是正向显著，从回归系数来看，其系数较基本社会保险缴费率更高，这表明补充保险缴费相对于社会保险的生产率效应更高，其对员工的激励作用更强。

表 7 - 12　　　　　　　　　　补充保险缴费对企业 TFP 的影响

变量名称	（1）	（2）	（3）	（4）	（5）
补充保险缴费率	- 0. 1174 ***	0. 0713 ***	0. 0707 ***	0. 0694 ***	0. 0694 ***
	（0. 0037）	（0. 0059）	（0. 0059）	（0. 0059）	（0. 0059）
ln 总资产	0. 0840 ***	0. 1590 ***	0. 1488 ***	0. 1449 ***	0. 1449 ***
	（0. 0019）	（0. 0094）	（0. 0094）	（0. 0094）	（0. 0094）
所有制	- 2. 0890 ***	0. 0521	0. 0443	0. 0087	0. 0087
	（0. 0186）	（0. 0458）	（0. 0456）	（0. 0455）	（0. 0455）
出口	1. 3768 ***	- 0. 0502 **	- 0. 0849 ***	0. 0452 **	0. 0452 **
	（0. 0088）	（0. 0212）	（0. 0212）	（0. 0213）	（0. 0213）
企业年龄	0. 0025 ***	0. 0217 ***	0. 0165 ***	- 0. 0133 ***	- 0. 0133 ***
	（0. 0001）	（0. 0003）	（0. 0003）	（0. 0020）	（0. 0020）
资产负债率	- 0. 0030 ***	- 0. 0002	- 0. 0002	0. 0001	0. 0001
	（0. 0001）	（0. 0002）	（0. 0002）	（0. 0002）	（0. 0002）
企业固定效应	NO	YES	YES	YES	YES
行业固定效应	NO	NO	YES	YES	YES
年份固定效应	NO	NO	NO	YES	YES
城市固定效应	NO	NO	NO	NO	YES
常数项	0. 7607 ***	- 2. 0613 ***	- 1. 4029 ***	1. 8085 ***	1. 8085 ***
	（0. 0175）	（0. 0902）	（0. 0905）	（0. 2325）	（0. 2325）
观测值	1695068	1254616	1254614	1254614	1254614
调整的 R^2	0. 0284	0. 4602	0. 4626	0. 4652	0. 4652

注：* 、** 和 *** 分别表示10% 、5%和1%的显著性水平；括号内为稳健标准误。

表 7 - 13 对基于税收调查数据计算的企业 TFP 指标进行了替换，分别以基于 OLS 和 FE 方法计算的 TFP 作为因变量，并对社保缴费率和补充保险缴费回

归。从表 7 - 13 来看，替换 TFP 指标后，缴费率的回归系数与表 7 - 11 和表 7 - 12 使用 OP 法计算企业 TFP 基本一致，不仅回归系数的符号相同，其系数也相近，表明实证结果较为稳健。

表 7 -13 社会保险缴费对企业 TFP 的影响：替换 TFP 计算指标

变量名称	(1)	(2)	(3)	(4)
	OLS_ TFP	FE_ TFP	OLS_ TFP	FE_ TFP
社保缴费率	0.0173 ***	0.0149 ***		
	(0.0004)	(0.0004)		
补充保险缴费率			0.0704 ***	0.0670 ***
			(0.0059)	(0.0059)
ln 总资产	0.1430 ***	0.1777 ***	0.1513 ***	0.1838 ***
	(0.0087)	(0.0087)	(0.0094)	(0.0094)
所有制	- 0.0262	- 0.0212	0.0079	0.0123
	(0.0393)	(0.0394)	(0.0455)	(0.0455)
出口	- 0.0180	- 0.0093	0.0434 **	0.0524 **
	(0.0141)	(0.0141)	(0.0213)	(0.0213)
企业年龄	- 0.0122 ***	- 0.0120 ***	- 0.0133 ***	- 0.0132 ***
	(0.0018)	(0.0018)	(0.0020)	(0.0020)
资产负债率	0.0001	0.0002	0.0000	0.0001
	(0.0002)	(0.0002)	(0.0002)	(0.0002)
企业固定效应	YES	YES	YES	YES
行业固定效应	YES	YES	YES	YES
年份固定效应	YES	YES	YES	YES
城市固定效应	YES	YES	YES	YES
常数项	1.4906 ***	2.0423 ***	1.7114 ***	2.2549 ***
	(0.2115)	(0.2117)	(0.2325)	(0.2327)
观测值	1492025	1492025	1254614	1254614
调整的 R^2	0.4563	0.4621	0.4667	0.4731

注：*、** 和 *** 分别表示 10%、5% 和 1% 的显著性水平；括号内为稳健标准误。

同样，使用全国税收调查数据考察社保缴费对企业 TFP 的影响也存在内生性的问题。针对此，本节同样使用工具变量方法加以解决，所选取的工具变量为企业所在城市同一行业内除本企业外其他企业的社保缴费率均值，选取该工具变量的理由在于：同一城市内相同行业的企业所面临的政策缴费率和监管程度类似，其社保缴费存在一定的相关性，而除本企业外其他企业的缴费率均值与本企业的全要素生产率并无直接相关性，因而具有较强的外生性。表 7 - 14

为工具变量的回归结果，其中第（1）列为社保缴费率的回归结果，第（2）列为补充保险缴费率结果。从不可识别检验和弱工具变量检验的统计量来看，二者数值均较大，拒绝了不可识别和弱识别的原假设，表明不存在不可识别和弱工具变量的问题，工具变量的相关性能够得到满足。从具体的回归系数来看，社保缴费率的回归系数为0.0416，补充保险缴费率的回归系数为0.6146，与基准回归进行比较后发现，社保缴费率的回归系数有所上升，而补充保险缴费率则基本不变，但均具有较高的显著性水平。表7-14的结果表明，在考虑内生性问题后，社会保险缴费对企业TFP的影响仍然是正向显著的，且企业为员工提供的补充保险相较于社会保险更具有生产率效应。

表7-14　　　　　　社会保险缴费对企业TFP的影响：工具变量回归

变量名称	（1）	（2）
社保缴费率	0.0416 ***	
	(0.0033)	
补充保险缴费率		0.6146 ***
		(0.1075)
ln 总资产	0.1327 ***	0.1399 ***
	(0.0079)	(0.0086)
所有制	-0.0334	0.0160
	(0.0322)	(0.0375)
出口	-0.0455 ***	-0.0141
	(0.0130)	(0.0217)
企业年龄	-0.0132 ***	-0.0138 ***
	(0.0016)	(0.0019)
资产负债率	0.0001	0.0001
	(0.0002)	(0.0002)
企业固定效应	YES	YES
行业固定效应	YES	YES
年份固定效应	YES	YES
城市固定效应	YES	YES
不可识别检验 LM 统计量	1.7e +04	2655.034
弱工具变量检验 F 统计量	1.1e +04	1629.75
观测值	1492025	1254614
调整的 R^2	-0.5850	-0.6576

注：*、**和***分别表示10%、5%和1%的显著性水平；括号内为稳健标准误。

第五节 机制分析

企业的社会保险缴费对其 TFP 的影响机制较为复杂，企业为员工缴纳的社会保险费具有劳动力成本和人力资本投资的双重属性，会对企业和员工的行为决策均产生影响。对于企业而言，社会保险缴费的提高使得企业的劳动力成本上升，企业可能会采取要素替代决策，通过技术创新和资本投入来提高生产率（封进、张素蓉，2012；唐珏和封进，2019），但是过高的企业社保负担也可能会挤占企业的现金流，挤出企业的研发投入和设备投资，阻碍了企业技术进步。从企业雇用决策来看，企业可能会通过降低员工工资的形式将劳动力成本转移至员工身上，使得员工成为社保缴费的最终承担者，这在一定程度可能会导致员工当期收入下降，降低员工的工作激励，从而不利于生产率水平的提高（Nielsen & Smyth，2008）。除了降低员工工资外，企业还可能主动压缩雇用规模来提升单个员工的收入水平，从而提升工作激励，促使员工劳动生产率提升（刘苓玲和慕欣芸，2015）。对于员工而言，较高的当期可支配收入具有较强的激励效果，对于提升其劳动生产率具有重要意义，企业为员工提供社会保险可能导致员工的当期收入减少，如果员工对预期的社会保险待遇认同度不高，则可能使得员工的工作积极性下降，不利于劳动生产率的提升。因此，企业存在压缩雇用规模和降低新增雇用需求等手段来提升员工当期收入与福利水平，达到强化劳动激励来提升生产率的目标。此外，通过社会保险的延期支付功能，企业和员工之间能够形成长期较为稳定的雇佣关系，能够有效降低企业的人力资本投资风险，增强企业进行人员培训等人力资本投资的意愿，从而提升企业的生产率水平。因此，本章从研发投入、员工工资和福利水平、人力资本投入等几个方面就社保缴费对企业全要素生产率的影响机制进行检验①。

表7-15 为社保缴费与企业研发支出的回归结果，显然，实际缴费率和相对缴费率的回归系数均显著为负，即企业社会保险缴费并没有促使其增加研发投入来提升企业的全要素生产率，反而挤占了企业的现金流和盈利水

---

① 考虑到企业社保缴费与企业研发支出、工资水平和培训投入等之间的内生性，后续的机制检验和异质性分析均是基于工具变量的回归结果，所选取的工具变量为企业所在地的社保政策缴费率。

平，降低了企业的研发投入，而这并不利于企业 TFP 的提升，因此，劳动力成本上升所引发的要素替代可能并不是社保缴费影响企业全要素生产率的机制。

表 7 – 15　　　　　　　　社保缴费与企业研发支出

变量名称	(1)	(2)
实际缴费率	− 0. 0653 ***	
	(0. 0192)	
相对缴费率		− 0. 3700 ***
		(0. 0959)
雇用规模	0. 0307 *	0. 0751 ***
	(0. 0185)	(0. 0072)
资产规模	0. 1197 ***	0. 1106 ***
	(0. 0069)	(0. 0052)
所有制	0. 0090	− 0. 0099
	(0. 0319)	(0. 0282)
出口	0. 1292 ***	0. 1198 ***
	(0. 0125)	(0. 0110)
企业年龄	0. 0006	− 0. 0017
	(0. 0039)	(0. 0033)
资产负债率	− 0. 0005 ***	− 0. 0004 ***
	(0. 0001)	(0. 0001)
lngdp	− 0. 1129 *	− 0. 1467 **
	(0. 0649)	(0. 0571)
FDI 占比	− 0. 4297	0. 0846
	(0. 2970)	(0. 1987)
财政收入占比	4. 4496 ***	3. 2807 ***
雇用规模	(0. 6302)	(0. 4551)
企业固定效应	YES	YES
行业固定效应	YES	YES
年份固定效应	YES	YES
城市固定效应	YES	YES
观测值	658354	658354
调整的 R^2	− 0. 2574	− 0. 0160

　　注：* 、** 和 *** 分别表示 10% 、5% 和 1% 的显著性水平；括号内为稳健标准误；本表及后续所有表格均是基于工具变量的回归结果。

　　表 7 - 16 为企业社保缴费对企业人均工资和福利支出的影响，结果表明，社保缴费提升了企业人均工资与福利水平，这说明社保缴费的提升可能会促使

企业通过增加人员工资和人均福利支出等方式来激励员工和获取优质人力资源，从而提升企业的人力资源优势和全要素生产率。进一步地，表 7 – 17 检验了社保缴费对企业培训支出的影响，发现社保缴费显著地提升了企业的培训支出占工资总额的比重，说明社会保险缴费降低了企业的培训风险，提高了企业的人力资本投入水平，从而提升了企业 TFP。

表 7 – 16 社保缴费对人均工资和福利支出的影响

变量名称	人均工资		人均福利支出	
	（1）	（2）	（3）	（4）
实际缴费率	0.0250 ***		0.1014 ***	
	（0.0027）		（0.0142）	
相对缴费率		0.2877 ***		1.1678 ***
		（0.0286）		（0.1596）
雇用规模	− 0.3323 ***	− 0.3431 ***	− 0.0908 ***	− 0.1348 ***
	（0.0035）	（0.0027）	（0.0164）	（0.0124）
资产规模	0.1808 ***	0.1864 ***	0.2573 ***	0.2800 ***
	（0.0023）	（0.0019）	（0.0112）	（0.0097）
所有制	− 0.0012	0.0099 *	0.1127 ***	0.1578 ***
	（0.0073）	（0.0059）	（0.0362）	（0.0325）
出口	0.0331 ***	0.0350 ***	0.0133	0.0209
	（0.0031）	（0.0027）	（0.0164）	（0.0159）
企业年龄	− 0.0004	0.0002	− 0.0016	0.0007
	（0.0008）	（0.0006）	（0.0037）	（0.0034）
资产负债率	− 0.0001	− 0.0001 *	0.0009 ***	0.0009 ***
	（0.0000）	（0.0000）	（0.0002）	（0.0002）
lngdp	0.2237 ***	0.2200 ***	0.1421 **	0.1272 **
	（0.0113）	（0.0102）	（0.0608）	（0.0590）
FDI 占比	− 0.1155 *	− 0.2878 ***	− 7.6702 ***	− 8.3698 ***
	（0.0624）	（0.0493）	（0.3134）	（0.2639）
财政收入占比	− 0.9331 ***	− 0.7705 ***	− 10.9021 ***	− 10.2420 ***
	（0.1142）	（0.1000）	（0.6215）	（0.5926）
企业固定效应	YES	YES	YES	YES
行业固定效应	YES	YES	YES	YES
年份固定效应	YES	YES	YES	YES
城市固定效应	YES	YES	YES	YES
观测值	873802	873802	873802	873802
调整的 R^2	− 0.2626	− 0.0098	− 0.0701	0.0034

注：*、** 和 *** 分别表示 10%、5% 和 1% 的显著性水平；括号内为稳健标准误。

表 7 - 17 社保缴费对企业培训支出的影响

变量名称	（1）	（2）
	培训支出占工资总额之比	培训支出占工资总额之比
实际缴费率	0.0314 * （0.0171）	
相对缴费率		0.3612 * （0.1963）
雇用规模	0.9765 *** （0.0240）	0.9902 *** （0.0205）
资产规模	0.2523 *** （0.0165）	0.2453 *** （0.0152）
所有制	0.2328 *** （0.0753）	0.2189 *** （0.0739）
出口	0.1252 *** （0.0260）	0.1229 *** （0.0258）
企业年龄	0.0027 （0.0103）	0.0020 （0.0103）
资产负债率	− 0.0000 （0.0003）	− 0.0000 （0.0003）
lngdp	− 0.6747 *** （0.0945）	− 0.6701 *** （0.0935）
FDI 占比	0.1930 （0.4649）	0.4093 （0.4223）
财政收入占比	− 0.8404 （0.9957）	− 1.0446 （0.9826）
企业固定效应	YES	YES
行业固定效应	YES	YES
年份固定效应	YES	YES
城市固定效应	YES	YES
观测值	873802	873802
调整的 R^2	− 0.0043	0.0039

注：*、**和***分别表示10%、5%和1%的显著性水平；括号内为稳健标准误。

第六节 异质性分析与稳健性检验

一、异质性分析

社会保险缴费对于不同类型的企业 TFP 的影响可能存在差异，对于一些企业来说，社会保险缴费更多的是成本负担，而非降低员工流失率和提升工作积极性的人力资本投资，另外一些企业则将企业社保负担视为激励员工的重要措施，是促使企业通过技术创新提升全要素生产率的推动力。本节从企业的劳动密集程度、所有制和工资水平三个方面分析了社保缴费影响企业生产率的异质性。表7－18为劳动密集型企业和资本密集型企业的差异性分析，本节参考田彬彬和陶东杰（2019）的做法，对所处行业代码在13～22的企业作为劳动密集型样本，所处行业代码在38～44的企业作为资本密集型样本，对这两个子样本进行分样本回归，结果十分有趣。我们可以发现，企业社保缴费对劳动密集型企业的TFP而言，存在显著的挤出效应，对资本密集型企业则存在显著的正向作用。这表明社会保险缴费对劳动密集型企业而言是主要的劳动成本负担，挤出了其企业现金流和资本投入，不利于TFP增长，反之，对于资本密集型企业则能够促使企业重视技术研发和人力资本投入，提升企业生产效率。同时，表7－18的结果还可与第六章的结果相联系，第六章中发现，社保缴费的转嫁效应主要存在于非国有企业和劳动密集型企业，企业的社保缴费会挤出员工的工资收入，而劳动密集型企业的员工流动性较大，对社会保险所带来的预期收益认可度并不高，因而当期收入的减少可能会导致其工作积极性下降，从而使得企业生产率下降。因此，政府和企业在提供社会保险时有必要向员工普及社会保险的重要功能，提升其对社会保险的认同度，从而提升其劳动生产率。

表7－18　社保缴费影响全要素生产率的异质性：劳动密集型和资本密集型

变量名称	劳动密集型企业			资本密集型企业		
	（1）	（2）	（3）	（4）	（5）	（6）
是否参保	－ 0.2980 ** (0.1310)			13.3160 (22.3599)		
实际缴费率		－ 0.0132 ** (0.0057)			0.0418 *** (0.0105)	
相对缴费率			－ 0.1693 ** (0.0735)			0.4724 *** (0.1086)
雇用规模	0.1277 *** (0.0067)	0.1095 *** (0.0073)	0.1147 *** (0.0061)	－ 0.1058 (0.4214)	0.1871 *** (0.0151)	0.1636 *** (0.0106)
资产规模	0.2326 *** (0.0064)	0.2299 *** (0.0057)	0.2267 *** (0.0051)	－ 0.1298 (0.7341)	0.2897 *** (0.0104)	0.2997 *** (0.0091)

续表

变量名称	劳动密集型企业			资本密集型企业		
	（1）	（2）	（3）	（4）	（5）	（6）
所有制	0.0278	0.0282	0.0188	− 0.0631	− 0.0170	− 0.0252
	(0.0245)	(0.0246)	(0.0233)	(0.1484)	(0.0246)	(0.0206)
出口	0.0679 ***	0.0642 ***	0.0642 ***	− 0.4184	0.0129	0.0193 *
	(0.0073)	(0.0070)	(0.0069)	(0.7465)	(0.0126)	(0.0115)
企业年龄	− 0.0003	− 0.0004	− 0.0006	− 0.0006	0.0003	0.0009
	(0.0019)	(0.0019)	(0.0019)	(0.0274)	(0.0043)	(0.0042)
资产负债率	− 0.0008 ***	− 0.0008 ***	− 0.0008 ***	− 0.0010	− 0.0013 ***	− 0.0013 ***
	(0.0001)	(0.0001)	(0.0001)	(0.0014)	(0.0002)	(0.0002)
lngdp	0.1467 ***	0.1380 ***	0.1394 ***	− 0.3016	0.3944 ***	0.3921 ***
	(0.0314)	(0.0319)	(0.0314)	(1.1656)	(0.0493)	(0.0446)
FDI 占比	− 0.1495	− 0.1681	− 0.0770	0.8477	0.3892	0.1511
	(0.1535)	(0.1562)	(0.1399)	(1.9528)	(0.2427)	(0.2045)
财政收入占比	− 6.2609 ***	− 6.0911 ***	− 6.1842 ***	13.4206	− 1.1277 **	− 0.6980
	(0.3246)	(0.3229)	(0.3177)	(23.6880)	(0.5073)	(0.4440)
企业固定效应	YES	YES	YES	YES	YES	YES
行业固定效应	YES	YES	YES	YES	YES	YES
年份固定效应	YES	YES	YES	YES	YES	YES
城市固定效应	YES	YES	YES	YES	YES	YES
观测值	266638	266638	266638	123196	123196	123196
调整的 R²	− 0.0096	− 0.0005	0.0234	− 56.1323	− 0.2555	− 0.0155

注：*、**和***分别表示10%、5%和1%的显著性水平；括号内为稳健标准误。

表 7 – 19 的结果也存在类似的差异，第（1）~（3）列的结果表明，社保缴费率对国有企业的全要素生产率的影响并不显著，对非国有企业的全要素生产率影响则是正向显著的，这说明国有企业中社保缴费的生产率效应并不明显，社保缴费可能更多是国有企业承担社会责任的体现，而非出于提升员工激励方面的考虑，同时这也可能与国有企业对成本变化的相对不敏感有关。白等（Bai et al.，2000）、李力行等（2018）认为，国有企业由于存在所有者缺位和政策性负担等问题，并不完全追求利润最大化和成本最小化。

表 7 – 19　　社保缴费影响全要素生产率的异质性：国有和非国有

变量名称	国有企业			非国有企业		
	（1）	（2）	（3）	（4）	（5）	（6）
是否参保	1.3113			0.1602 *		
	(1.1858)			(0.0955)		

续表

变量名称	国有企业			非国有企业		
	（1）	（2）	（3）	（4）	（5）	（6）
实际缴费率		0.0317			0.0057 *	
		(0.0298)			(0.0034)	
相对缴费率			0.2241			0.0669 *
			(0.1825)			(0.0398)
雇用规模	0.0725 **	0.1581 **	0.1131 ***	0.1225 ***	0.1310 ***	0.1286 ***
	(0.0337)	(0.0634)	(0.0271)	(0.0041)	(0.0043)	(0.0036)
资产规模	0.2143 ***	0.2346 ***	0.2389 ***	0.2461 ***	0.2484 ***	0.2496 ***
	(0.0330)	(0.0237)	(0.0217)	(0.0040)	(0.0032)	(0.0030)
所有制	0.1317 ***	0.1573 ***	0.1627 ***	0.0483 ***	0.0513 ***	0.0517 ***
	(0.0498)	(0.0413)	(0.0365)	(0.0048)	(0.0042)	(0.0042)
出口	0.0039	0.0055	0.0054	0.0006	0.0006	0.0007
	(0.0046)	(0.0038)	(0.0037)	(0.0011)	(0.0011)	(0.0011)
企业年龄	− 0.0023 ***	− 0.0022 ***	− 0.0021 ***	− 0.0009 ***	− 0.0009 ***	− 0.0009 ***
	(0.0005)	(0.0005)	(0.0004)	(0.0001)	(0.0001)	(0.0001)
资产负债率	0.0869	0.0595	0.0650	0.2612 ***	0.2680 ***	0.2669 ***
	(0.0758)	(0.0699)	(0.0605)	(0.0167)	(0.0171)	(0.0170)
lngdp	0.3657	− 0.1880	− 0.2492	0.2744 ***	0.2827 ***	0.2454 ***
	(0.7141)	(0.4152)	(0.3550)	(0.0844)	(0.0866)	(0.0789)
FDI 占比	0.2866	0.5953	0.1044	− 4.2049 ***	− 4.3910 ***	− 4.3565 ***
	(0.8162)	(0.9561)	(0.6652)	(0.1964)	(0.1747)	(0.1734)
企业固定效应	YES	YES	YES	YES	YES	YES
行业固定效应	YES	YES	YES	YES	YES	YES
年份固定效应	YES	YES	YES	YES	YES	YES
城市固定效应	YES	YES	YES	YES	YES	YES
观测值	38898	38898	38898	827632	827632	827632
调整的 R^2	− 0.4132	− 0.3719	− 0.0173	0.0348	0.0348	0.0376

注：*、**和***分别表示10%、5%和1%的显著性水平；括号内为稳健标准误。

表7-20从工资水平角度分析了社会保险缴费生产率效应的异质性，我们以企业人均工资水平高于该行业年均工资中位数的企业视为高工资水平企业，反之则为低工资水平企业。分样本回归的结果表明，社会保险缴费显著提升了高工资水平企业的TFP，但是对低工资水平企业的TFP反而存在挤出效应。对于低工资水平企业来说，社保缴费对其企业成本压力的影响更大，容易产生挤出效应，而对于高工资企业来说，社保缴费是提升员工工作积极性的重要手段，同时也有利于其通过增加人员培训和员工福利等手段提升企业TFP。

表 7 - 20　　　　　社保缴费影响全要素生产率的异质性：工资水平

变量名称	高工资企业			低工资企业		
	（1）	（2）	（3）	（4）	（5）	（6）
是否参保	0.8672 *** (0.1592)			- 0.9216 *** (0.1716)		
实际缴费率		0.0314 *** (0.0055)			- 0.0343 *** (0.0060)	
相对缴费率			0.3602 *** (0.0601)			- 0.4098 *** (0.0674)
雇用规模	0.1261 *** (0.0074)	0.1820 *** (0.0075)	0.1667 *** (0.0057)	0.2291 *** (0.0089)	0.1612 *** (0.0092)	0.1808 *** (0.0069)
资产规模	0.2418 *** (0.0058)	0.2450 *** (0.0054)	0.2517 *** (0.0048)	0.2148 *** (0.0065)	0.2115 *** (0.0059)	0.2016 *** (0.0049)
所有制	- 0.0198 (0.0125)	- 0.0264 ** (0.0131)	- 0.0156 (0.0117)	0.0531 *** (0.0204)	0.0428 ** (0.0204)	0.0276 (0.0177)
出口	0.0213 *** (0.0074)	0.0331 *** (0.0064)	0.0354 *** (0.0060)	0.0718 *** (0.0088)	0.0586 *** (0.0078)	0.0558 *** (0.0072)
企业年龄	- 0.0016 (0.0017)	- 0.0025 (0.0018)	- 0.0014 (0.0016)	0.0025 (0.0017)	0.0026 (0.0018)	0.0022 (0.0017)
资产负债率	- 0.0013 *** (0.0001)	- 0.0012 *** (0.0001)	- 0.0013 *** (0.0001)	- 0.0008 *** (0.0001)	- 0.0009 *** (0.0001)	- 0.0009 *** (0.0001)
lngdp	0.2545 *** (0.0265)	0.2900 *** (0.0265)	0.2755 *** (0.0247)	0.2449 *** (0.0281)	0.2370 *** (0.0271)	0.2300 *** (0.0257)
FDI 占比	0.3416 *** (0.1240)	0.4263 *** (0.1243)	0.2833 ** (0.1115)	- 0.9315 *** (0.1989)	- 0.7578 *** (0.1689)	- 0.4195 *** (0.1332)
财政收入占比	- 1.8819 *** (0.3469)	- 2.8802 *** (0.2555)	- 2.9367 *** (0.2420)	- 2.1141 *** (0.3315)	- 1.6352 *** (0.3572)	- 2.2951 *** (0.2908)
企业固定效应	YES	YES	YES	YES	YES	YES
行业固定效应	YES	YES	YES	YES	YES	YES
年份固定效应	YES	YES	YES	YES	YES	YES
城市固定效应	YES	YES	YES	YES	YES	YES
观测值	364522	364522	364522	386512	386512	386512
调整的 R^2	- 0.2237	- 0.1224	0.0125	- 0.2705	- 0.1946	- 0.0228

注：＊、＊＊和＊＊＊分别表示10%、5%和1%的显著性水平；括号内为稳健标准误。

二、稳健性检验

　　稳健性检验中，本节对因变量进行了替换，并进行了子样本分析，结果仍然稳健。表 7 - 21 将 LP 法计算 TFP 替换为 FE 法和 OLS 法计算 TFP，结果发现，基于 FE 法计算的 TFP 的回归结果与 LP 法十分一致，而基于 OLS 法计算的 TFP 则正向不显著，可能与 OLS 法计算 TFP 误差较大内生性较强等有关。

表 7 – 21　　　　　　　　稳健性检验：替换全要素生产率指标

变量名称	（1）	（2）	（3）	（4）	（5）	（6）
	FE 法计算的 TFP			OLS 法计算的 TFP		
是否参保	0.2067 **			0.0980		
	(0.0942)			(0.0958)		
实际缴费率		0.0074 **			0.0035	
		(0.0034)			(0.0034)	
相对缴费率			0.0851 **			0.0404
			(0.0386)			(0.0394)
雇用规模	– 0.0819 ***	– 0.0707 ***	– 0.0739 ***	– 0.2562 ***	– 0.2509 ***	– 0.2524 ***
	(0.0041)	(0.0043)	(0.0036)	(0.0041)	(0.0044)	(0.0036)
资产规模	0.2658 ***	0.2689 ***	0.2706 ***	0.1672 ***	0.1686 ***	0.1694 ***
	(0.0040)	(0.0032)	(0.0030)	(0.0041)	(0.0033)	(0.0031)
所有制	– 0.0106	– 0.0106	– 0.0073	– 0.0132	– 0.0132	– 0.0116
	(0.0096)	(0.0096)	(0.0093)	(0.0097)	(0.0097)	(0.0094)
出口	0.0488 ***	0.0526 ***	0.0531 ***	0.0493 ***	0.0511 ***	0.0513 ***
	(0.0047)	(0.0042)	(0.0042)	(0.0048)	(0.0043)	(0.0042)
企业年龄	0.0007	0.0007	0.0009	0.0009	0.0009	0.0010
	(0.0011)	(0.0011)	(0.0011)	(0.0011)	(0.0011)	(0.0011)
资产负债率	– 0.0011 ***	– 0.0010 ***	– 0.0011 ***	– 0.0007 ***	– 0.0007 ***	– 0.0007 ***
	(0.0001)	(0.0001)	(0.0001)	(0.0001)	(0.0001)	(0.0001)
lngdp	0.2538 ***	0.2626 ***	0.2615 ***	0.2605 ***	0.2646 ***	0.2641 ***
	(0.0160)	(0.0163)	(0.0162)	(0.0162)	(0.0165)	(0.0164)
FDI 占比	0.1970 **	0.1982 **	0.1472 *	0.1054	0.1060	0.0818
	(0.0849)	(0.0851)	(0.0766)	(0.0860)	(0.0863)	(0.0777)
财政收入占比	– 3.6287 ***	– 3.8304 ***	– 3.7823 ***	– 3.8332 ***	– 3.9290 ***	– 3.9061 ***
	(0.1788)	(0.1671)	(0.1650)	(0.1812)	(0.1695)	(0.1676)
企业固定效应	YES	YES	YES	YES	YES	YES
行业固定效应	YES	YES	YES	YES	YES	YES
年份固定效应	YES	YES	YES	YES	YES	YES
城市固定效应	YES	YES	YES	YES	YES	YES
观测值	873802	873802	873802	873802	873802	873802
调整的 R^2	0.0242	0.0245	0.0304	0.0253	0.0243	0.0252

注：*、** 和 *** 分别表示 10%、5% 和 1% 的显著性水平；括号内为稳健标准误。

值得注意的是，由于会计分录并没有确定的规则规定社保费用的处理，财务会计有可能会直接将企业为职工缴纳的社会保险费用计入应付职工工资，从而导致工业企业数据库中的企业参保率偏低。为了排除企业在会计处理方面存在的问题对实证结果的影响，本节在稳健性检验部分剔除了社保缴费为 0 的样本，结果表明，实证结果仍然稳健。实证结果见表 7 - 22。可以发现，在剔除缴费为 0 的企业样本后，无论基于何种方法计算的 TFP，企业社保缴费率的回归系数均正向显著，表明实证结果稳健。

表 7 - 22　　　　　　　　　稳健性检验：剔除未参保企业

变量名称	(1)	(2)	(3)	(4)	(5)	(6)
	Lp 法计算的 TFP		FE 法计算的 TFP		OLS 法计算的 TFP	
实际缴费率	0.0455 ***		0.0477 ***		0.0365 ***	
	(0.0130)		(0.0131)		(0.0125)	
相对缴费率		0.1693 ***		0.1773 ***		0.1356 ***
		(0.0412)		(0.0412)		(0.0420)
雇用规模	0.2200 ***	0.1471 ***	0.0193	- 0.0570 ***	- 0.1810 ***	- 0.2394 ***
	(0.0251)	(0.0056)	(0.0254)	(0.0056)	(0.0242)	(0.0056)
资产规模	0.2849 ***	0.2916 ***	0.3029 ***	0.3099 ***	0.2098 ***	0.2151 ***
	(0.0052)	(0.0041)	(0.0053)	(0.0041)	(0.0051)	(0.0043)
所有制	- 0.0432 ***	- 0.0214 **	- 0.0432 ***	- 0.0204 **	- 0.0429 ***	- 0.0255 **
	(0.0148)	(0.0103)	(0.0151)	(0.0103)	(0.0140)	(0.0104)
出口	0.0497 ***	0.0463 ***	0.0504 ***	0.0469 ***	0.0465 ***	0.0438 ***
	(0.0061)	(0.0051)	(0.0061)	(0.0051)	(0.0058)	(0.0052)
企业年龄	- 0.0002	0.0017	- 0.0003	0.0017	0.0002	0.0017
	(0.0018)	(0.0013)	(0.0018)	(0.0013)	(0.0017)	(0.0014)
资产负债率	- 0.0014 ***	- 0.0014 ***	- 0.0014 ***	- 0.0014 ***	- 0.0011 ***	- 0.0011 ***
	(0.0001)	(0.0001)	(0.0001)	(0.0001)	(0.0001)	(0.0001)
lngdp	0.4505 ***	0.3613 ***	0.4549 ***	0.3615 ***	0.4317 ***	0.3603 ***
	(0.0431)	(0.0228)	(0.0436)	(0.0227)	(0.0414)	(0.0230)
FDI 占比	0.0769	- 0.2529 ***	0.1006	- 0.2447 ***	- 0.0230	- 0.2872 ***
	(0.1534)	(0.0951)	(0.1552)	(0.0949)	(0.1476)	(0.0961)
财政收入占比	- 2.4322 ***	- 1.8104 ***	- 2.4311 ***	- 1.7799 ***	- 2.4365 ***	- 1.9382 ***
	(0.3054)	(0.2112)	(0.3086)	(0.2109)	(0.2950)	(0.2137)
企业固定效应	YES	YES	YES	YES	YES	YES
行业固定效应	YES	YES	YES	YES	YES	YES
年份固定效应	YES	YES	YES	YES	YES	YES
城市固定效应	YES	YES	YES	YES	YES	YES
观测值	500010	500010	500010	500010	500010	500010
调整的 R²	- 0.3933	0.0335	- 0.4493	0.0245	- 0.2501	0.0217

注：*、**和***分别表示10%、5%和1%的显著性水平；括号内为稳健标准误。

在前述的实证分析中，为了保证足够的样本容量，本章采用的是非平衡面板数据，因为各种原因，有些企业在后续年份没有进入工业企业数据库，如果这些企业样本缺失的原因是内生的，则有可能影响样本的随机性，从而导致估计量不一致。为此，本节进一步使用样本中的平衡面板数据和固定效应模型再次进行估计，以检验前述回归结果的稳健性。表7-23给出了基于平衡面板数据的稳健性检验的回归结果，结果仍然与前述一致，企业社保缴费对企业全要素生产率存在正向显著影响。

表7-23   稳健性检验：平衡面板数据分析

变量名称	（1）	（2）	（3）
是否参保	0.3427 ***		
	（0.0921）		
实际缴费率		0.0132 ***	
		（0.0036）	
相对缴费率			0.1530 ***
			（0.0406）
雇用规模	0.1126 ***	0.1325 ***	0.1264 ***
	（0.0046）	（0.0051）	（0.0043）
资产规模	0.2290 ***	0.2334 ***	0.2363 ***
	（0.0044）	（0.0038）	（0.0036）
所有制	− 0.0182 *	− 0.0195 *	− 0.0146
	（0.0104）	（0.0106）	（0.0102）
出口	0.0267 ***	0.0321 ***	0.0329 ***
	（0.0051）	（0.0047）	（0.0047）
企业年龄	− 0.0249	− 0.0256	− 0.0226
	（0.0246）	（0.0249）	（0.0242）
资产负债率	− 0.0010 ***	− 0.0010 ***	− 0.0010 ***
	（0.0001）	（0.0001）	（0.0001）
lngdp	0.2390 ***	0.2468 ***	0.2445 ***
	（0.0178）	（0.0181）	（0.0179）
FDI 占比	0.0177	0.0041	− 0.0840
	（0.0944）	（0.0928）	（0.0845）
财政收入占比	− 2.5367 ***	− 2.9541 ***	− 2.8701 ***
	（0.2100）	（0.1909）	（0.1878）
企业固定效应	YES	YES	YES
行业固定效应	YES	YES	YES
年份固定效应	YES	YES	YES
城市固定效应	YES	YES	YES
观测值	575375	575375	575375
调整的 R^2	0.0014	0.0039	0.0292

注：*、**和***分别表示10%、5%和1%的显著性水平；括号内为稳健标准误。

第七节　本章小结

　　本章利用中国工业企业数据库、全国税收调查数据库和地级市层面社会保险政策缴费等数据，结合面板数据模型和工具变量等方法，实证检验了企业社会保险缴费对企业全要素生产率的影响。实证结果表明，总体来看，企业社会保险缴费对企业全要素生产率存在显著的正向影响，其影响机制主要在于促使企业增加员工工资福利水平和人力资本投入等来提升企业生产率，但是其总体上挤出了企业的研发投入。通过全国税收调查数据的分析，本书还比较了基本社会保险缴费和补充保险缴费的生产率效应差异，发现企业为员工提供的企业年金等补充养老保险缴费相对于社会保险缴费更具有生产率效应，其对员工的激励作用相对更强。在异质性分析中，本章发现了很多有意思且具有政策含义的结论：社会保险缴费能够有效提升资本密集型、高工资水平企业和非国有企业的全要素生产率，而对劳动密集型、低工资水平企业的全要素生产率则存在负向效应，对国有企业则影响不显著。本章还通过替换因变量和更换子样本等方式检验了研究结论的稳健性。

第八章

研究结论、政策建议与研究展望

第一节　主要研究发现

本书依据制度经济学理论、社会保险理论和企业避税理论，围绕社会保险制度与企业应对行为展开理论和实证研究，重点探讨社会保险制度下企业的成本转嫁机制及潜在影响。通过构建相应的理论框架和对我国社会保险制度的全面梳理，本书重点就企业社会保险缴费与全要素生产率、社会保险征缴体制改革与企业社保合规和企业社保成本的转嫁等进行了实证分析。研究结论如下。

（1）社会保险费征缴主体由社保经办机构调整为地方税务部门后，企业的社保合规程度有所提升，说明社会保险费征缴体制改革对于提高社保基金收入和企业遵缴率存在正面意义，但同时也意味着会增加企业的成本与负担。进一步的机制分析发现，社保征缴体制改革对企业社保合规程度的影响主要是通过影响社保征缴强度来实现的，通过对税务代征和全责征收模式的征收效果比较后发现，由于税务部门全责征收模式赋予了税务部门更为完整的权力职能，其对企业的信息掌握更为全面，且制度激励更强，其征收效果更佳。由于社保合规程度的差异，社保征缴体制改革对企业参保行为的影响存在异质性，其对非国有企业、小规模企业、工资水平较低和劳动密集型企业的社保合规程度影响更为明显，这意味着社保征缴体制的全面改革将显著增加这些企业的用工成本。

（2）本书围绕基本养老保险统筹层次与企业职工基本养老保险缴费之间的关系开展理论分析和实证研究，重点阐述了基本养老保险统筹层次调整影响企业遵缴率的作用机制，从多个视角分析了地方政府征管养老保险的行为逻辑，认为统筹层次提升会弱化地方政府征缴激励，从而导致企业遵缴率下降。通过实证分析检验省级统筹改革下统筹层次提升对企业遵缴率的影响，验证了本书提出的假设，且这种影响在不同类型企业中存在明显的异质性，统筹层次提升会显著降低非国有企业和小规模企业的基本养老保险遵缴率。

（3）本书进一步运用云南省和浙江省的社会保险征缴体制改革为准自然实验，基于工业企业微观数据库和地级市层面的征缴体制改革数据库，检验了社保征缴体制改革所导致的劳动力成本冲击和企业的潜在社保转嫁行为，结果发现，社保征缴体制的改革所导致的企业实际缴费率上升，进而促使企业通过降低职工工资等手段进行劳动力成本转嫁，这种转嫁行为仅在企业工资中发现，并未对企业雇用规模形成挤压。通过异质性分析发现，社会保险缴费的转嫁效应在非国有企业、劳动密集型企业中更为明显。

（4）总体来看，企业社会保险缴费对企业全要素生产率存在显著的正向影响，其影响机制主要在于促使企业增加员工工资福利水平和人力资本投入等来提升企业生产率，但是其总体上挤出了企业的研发投入。在异质性分析中，本书发现了一些具有政策含义的结论：社会保险缴费能够有效提升资本密集型、高工资水平企业和非国有企业的全要素生产率，而对劳动密集型、低工资水平企业的全要素生产率则存在负向效应，对国有企业则影响不显著。

第二节　政策建议

一、坚持税费同征同管，提升社保征缴效率

统一社会保险征缴体制是我国社会保障制度改革的重要一步，因而需要坚定不移地推进社保征缴体制改革，逐步将征缴主体由社保经办机构调整为税务部门，充分利用税务部门的资源和信息优势，提高企业遵缴率，遏制社保逃费，但在征缴主体的改革过程中可能会造成企业的社保负担大幅增加，因而需要适时逐步推进，以给企业留出缓冲空间。目前很多已经完成了社会保险费征缴体制改革的省份实施的是税务代征模式，本书的研究发现这种模式增加了部门间的协调成本，且无法充分利用税务部门的信息优势，在实际运行中存在较

多问题，反而不利于企业社会保险遵缴率的提高。因此，本书建议，应全面统一为税务部门全责征收，形成全国社会保险费征管体制的统一，防止从旧的二元征缴体制走向新的二元征缴体制。

二、以做实费基为契机实现社保费率下调

长期以来，我国企业在社会保险参保方面存在缴费基数不实或者过低的问题，本书在描述性统计中也发现，工业企业数据库和全国税收调查数据库中企业的实际社保缴费率相对政策缴费率严重偏低，同时，近年来上市公司的参保率也呈下降趋势，这说明费基不实的问题仍然困扰着我国的社会保险制度的可持续性。企业通过低报费基进行隐性逃费的行为，不仅导致我国社会保险名义政策缴费率畸高，同时也损害了制度的公平性，使得那些如实缴费的企业和职工的利益受损，而逃避社保缴费的企业则实际上获得了相应的经济利益，实际上造成了道德风险问题。因此，应从制度上做实社会保险费基，除了通过税务机关征缴社会保险费外，还有如下途径：第一，应进一步明确参保单位缴费工资的具体范围，规范企业社保缴费基数的计算方法和依据，降低参保单位的遵从成本；第二，应加强社会保险费征缴信息系统建设，运用大数据技术等手段对社会保险费、企业所得税和个人所得税等系统进行整合，并确立三者的勾稽关系，同时健全社会保险稽核制度，督促企业如实申报缴纳社保费；第三，当前制度下劳动者对于自身缴费同社保待遇之间的联系缺乏预期，导致缴费积极性并不强，因此应加强社会保险缴费同社会保险待遇之间的联系，建立"多缴多得"的制度体系，鼓励劳动者自身主动缴费，同时还能提高劳动者举报企业社保违规行为来维护自身权益的动力。通过做实社会保险费基和社保征缴体制统一，企业的遵缴率将大幅提升，社保基金收入也将有所提升，这为社会保险费率的下降提供了契机，在确保社保基金收支平衡的基础上，适当下调社会保险费率十分必要，从而确保企业负担不大幅增加。此外，应出台相关配套政策措施帮助企业减税降负，以减轻社会保险费征缴体制改革对民营企业和小微企业等经营主体的冲击。

三、完善激励机制，提升企业参保积极性

企业以利润最大化为根本目的，过高的社会保险缴费率增加了企业的劳动

力成本，对企业利润产生了"挤出效应"，大部分企业存在逃避社会保险缴费的动机，就城镇职工基本养老保险而言，一般企业要负担16%的法定缴费率，这对企业来说是一个相对较重的负担，由此产生了企业逃费、欠费、拒缴等问题，使得企业实际缴费率与法定缴费率之间存在较大差距。为此，政府应从多方面完善激励机制，建立相关的配套措施来补偿企业包括社保缴费在内的劳动力成本，鼓励企业积极缴纳社会保险费。

首先，政府应加强对社会保险制度的宣传，帮助企业更好地认识社会保险的功能，改变企业单纯地将社会保险缴费视为一种成本负担的看法，而应使其认识到社会保险在分散企业风险和激励员工方面的积极作用。事实上，企业的社会保险缴费不仅具有成本属性，而且具有分散企业和员工风险、促进可劳动力生产可持续的功能。对于企业而言，社会保险福利不仅能够对员工起到较好的激励作用，而且能够有效解决企业管理中的委托代理问题，有助于降低企业的管理成本，同时也能够帮助企业甄别和挽留劳动生产率更高的优质员工，对于提升企业的全要素生产率具有重要作用，这在本书的实证研究中也得到了印证。其次，应建立适当的缴费激励机制，对如实缴纳社会保险费的企业可考虑基于一定的税收优惠或返还，而对于恶意逃避社会保险缴费的企业，则应依法从重给予处罚并追缴社会保险费和滞纳金，提高其违法成本，以此来激励企业如实申报费基，充分调动企业的社保缴费积极性。对于那些确实缴费困难、现金流受约束的企业，如果该企业此前缴纳保费信用良好，税务部门可以采取一系列帮扶措施，如延缓缴纳、分期缴纳甚至减免税收等多种方式来减轻企业缴纳养老保险的负担，以此来激励企业特别是逃费倾向严重的企业积极、主动、足额缴纳养老保险。最后，应充分调动企业和职工参与社会保险制度改革的积极性，通过建立由政府、用人单位代表、工会代表和专家等在内的社保监督委员会，就与职工社保有关的事项进行监督和决策，提高政府决策和社保制度运行的透明度。

四、提高社会保险统筹层次

当前，我国社会保险制度的统筹层次仍然不高，虽然实现了名义上的省级统筹，且建立起了养老保险的省级调剂金制度，但离真正意义上的全国统筹目标还有较远的距离。统筹层次较低和历史上条块分割导致当前我国社会保险制度存在碎片化的风险，不同群体的社会保险缴费责任和待遇差异较大，使得制度的公平性大打折扣，同时也增加了制度运行的成本，一些社会保障支出压力较大的地区易形成隐形的政府债务，潜藏着较大的财政风险，同时较低的统筹层次也不利于劳动力的自由流动，损害了流动人口的社会保障权益。因此，提高社会保险的统筹层次，实现全国统筹势在必行。实现全国统筹，应从统一缴费基数、缴费率和统一管理运营等方面入手。首先，应明确统一的社保缴费基数和缴费率，当前各地对职工工资总额的口径和范围的相关规定千差万别，同时社保缴费基数的上下限和缴费率方面也有所差异，导致各地的社保缴费基数差异较大，企业的社保负担也存在不公平之处，因此要明确工资总额的匡算范围和口径，并统一社保缴费基数的上下限，在逐步提高统筹层次的基础上和保证收支平衡的前提下，逐步统一各险种的缴款比例，改变地区间和行业间缴款比例不一致的格局，有助于增强政策的稳定性，公平企业负担水平。

五、精准施策，降低企业社保负担

社会保险制度对企业行为的影响同企业所处的行业、所有制以及自身的规模等密切相关。不同类型企业受到社保制度改革冲击的影响并不一致，同时社会保险缴费对企业全要素生产率的影响也具有高度的异质性。因此，政府应针对不同类型的企业精准施策，通过降低社保费率和出台帮扶政策等多种手段切实降低企业的社保负担。针对社会保险征缴体制改革可能对民营企业和小微企业等造成较大冲击的问题，可考虑为其设置一个政策过渡期，在一定期限内暂缓实施按职工实际工资总额据实缴纳各项社保费的规定，降低短期内的成本冲击。对于生产经营困难、纳税信用良好的民营企业，其确有特殊困难而不能按期缴纳社保费的，税务机关可以比照各项税款征收，为企业办理延期缴纳或提供分期缴纳社保费计划，主动帮助困难企业依法足额缴费。此外，针对劳动密集型企业等缴费能力较低、征缴体制改革后成本负担增加明显的行业和企业，可采取减（免）税、税收返还、财政补贴等手段缓解企业受到的改革冲击。从提升企业生产率水平的角度来说，政府也应鼓励和监督企业积极主动缴纳社会保险费，以充分发挥社会保险制度的激励作用，提升整体的全要素生产率水平。

六、协调中央地方利益关系

人口老龄化、地区间养老负担不均衡以及企业参保遵从度低使得以现收现付制为财务模式的基本养老保险统筹账户面临越来越严峻的挑战，实现基本养老保险全国统筹是我国整个养老保险制度体系建设的重要改革方向。在加快实现全国统筹的背景下，借鉴省级统筹改革经验，面对统筹改革对基本养老保险缴费水平造成的不利影响，本书提出相关建议。

在整个社会保险制度体系中，无论是中央和地方政府还是企业和参保者个人，都会存在利益冲突。中央和地方在养老保险方面的财权和事权不对等会导致利益的冲突和博弈，因此特别要注重协调好央地政府之间的利益关系。面对全国统筹，中央政府是主要的执行者，负责推进全国统筹，而地方政府会因为经济竞争或保护地方养老保险福利而不愿意实行全国统筹。在这种情况下，首先，应该做好基本养老保险全国统筹改革的顶层设计，用于指导统筹改革的路线和方针。其次，对于中央政府来说，应该始终坚持提升统筹层次的理念，在遵循财权和事权统一的原则下，合理划分各级政府养老金的管辖范围和责任分担机制。中央政府负责全国基本养老保险基金的预算管理和拨付，在保持财政补贴合理增长的同时，不增加地方政府财政补贴压力。全国统筹意味着中央政府权责的扩大，承担兜底责任，中央政府可以通过补贴的方式填补地方预算内自然形成的收支缺口，但这并不意味着地方政府可以消极征缴过度依赖中央，对于应收未收或违规列支部分产生的预算外缺口需要地方政府自行承担。最后，对于地方政府来说，应加快转变属地观念，明确自身应对承担的职责，积极配合统筹改革政策的实施，按照预算足额征缴养老金，助力我国养老保险制度的可持续性发展。

七、建立地方激励约束机制

地方政府对于中央政府实行养老保险统筹改革的态度直接影响到地方部门征缴积极性和执行力度，政策制定者可以考虑从制度设计方面来调动地方政府或税务部门等相关执行主体的征缴积极性。本书认为，可以建立一套完善的政府和部门人员激励约束机制，在减少地方本位主义行为的同时激励地方政府官员积极征收养老保险。首先，要将各省份统筹工作的完成状况作为考核地方政府官员的重要标准，与其他经济考核指标共同作为官员绩效的考评依据。可以重点考核各省份在基金征缴、支出结构和缺口分担等项目的完成情况，让地方政府明确基本养老保险统筹层次改革这项社会政策的实施不仅涉及自身利益，而且关系到整个社会的福利。其次，将激励约束机制与地方绩效考核挂钩。按照地方政府征缴基本养老保险工作的完成情况给予相应的奖励补偿或惩罚。考虑到各省份不愿自身收益外部化，如果各省份能够按时积极完成征缴工作，那么对这些省份给予奖励补偿能够降低统筹改革导致企业遵缴率下降的负面影响，因此，可以根据各省份上交至中央的基本养老保险基金的贡献程度给予相应的返还，在统筹的基础上建立差异化的地区养老分配体系。对于没有按时达标征缴的省份给予惩罚，可以要求在规定期限内补缴，并按照一定的比例征收滞纳金，预期内仍不缴纳的，按照欠缴数额征收相应的罚款，以促进基本养老保险全国统筹的顺利进行，但要合理把握惩罚的力度。通过博弈分析可以发现，虽然中央政府对地方政府的惩罚力度越大，地方政府产生消极征缴情绪的可能性越低，但同时给中央政府带来的调整成本也越大。

第三节　研究展望

本书从社会保险制度缴费率、征缴体制和统筹层次三个主要切入点分析了社会保险制度对企业行为的影响，但社会保险制度还包括缴费基数的确定与调整、社会保险基金的统筹层次与运营、征缴主体的制度激励等多个方面，这些制度因素对企业行为的影响均是后续十分值得关注的问题，但由于缺乏相应的缴费基数数据，本书没有过多地探讨缴费基数的变化对企业行为的影响，而这将在后续研究中进一步拓展和思考。同时，本书重点探讨了社保征缴体制改革对企业社保合规的影响，并以此为基数识别了企业社保缴费的外生变动对其成本转嫁的影响，最后以全国税收调查数据作为补充探讨了企业社保缴费的生产率效应。上述因果效应的识别在一定程度上依赖于 2003 ~ 2007 年云南省和浙江省的社保征缴体制的准自然实验，而同时 2004 ~ 2007 年的工业企业数据库提供了企业社保缴费的微观数据，二者在时间维度上契合度较高。在关于企业社保缴费的生产率效应章节中，为弥补工业企业数据库中缺乏中小微企业的不足，同时也为更好反映金融危机后企业经营行为和生产率的变化，本书结合使用了工业企业数据库和 2008~2011 年的全国税收调查数据库，使得研究数据样本得到了拓展，弥补了已有研究使用上市公司数据代表性不强的不足。虽然整体上上述数据涵盖了规模以上工业企业和大量中小企业，具有较强的代表性，但由于全国税收调查缺乏 2011 年后的可信数据来源，这使得本书的研究在时效性方面存在一定局限，因此在后续的研究中需要进一步地使用时效性较强的微观数据进行研究拓展。

参考文献

［1］安体富. 我国社会保险"费改税"：紧迫性、必要性和可行性［J］. 山东经济，2007（06）：5-8.

［2］白重恩. 公共财政与结构转变［J］. 中国财政，2011（09）：45-49.

［3］边恕，李东阳. 推进职工基本养老保险全国统筹的方案设计与实施路径［J］. 华中农业大学学报（社会科学版），2019（05）：156-163.

［4］曾益，李殊琦，李晓琳. 税务部门全责征收社保费对养老保险缴费率下调空间的影响研究［J］. 财政研究，2020（02）：96-112.

［5］陈祎，刘阳阳. 劳动合同对于进城务工人员收入影响的有效性分析［J］. 经济学（季刊），2010，9（02）：687-712.

［6］陈醉，宋泽，张川川. 医药分开改革的政策效果——基于医疗保险报销数据的经验分析［J］. 金融研究，2018（10）：72-88.

［7］程远，于新亮，胡秋阳. 年金如何提升企业劳动生产率？——"甄别效应"和"激励效应"双重机制的实证分析［J］. 世界经济文汇，2017（06）：106-120.

［8］邓悦，汪佳龙. 城镇职工基础养老金全国统筹中的央地关系研究——基于博弈论的分析视角［J］. 社会保障研究，2018（04）：3-12.

［9］董树奎. 对我国社会保险费征收管理体制的分析［J］. 税务研究，2001（11）：2-6.

［10］杜鹏程，徐舒，吴明琴. 劳动保护与农民工福利改善——基于新《劳动合同法》的视角［J］. 经济研究，2018（03）：64-78.

［11］段亚伟. 企业、职工和政府合谋逃避参保的动机——基于三方博弈

模型的分析［J］. 江西财经大学学报, 2015 (02): 59-68.

［12］封进. 社会保险对工资的影响——基于人力资本差异的视角［J］. 金融研究, 2014 (07): 109-123.

［13］封进. 中国城镇职工社会保险制度的参与激励［J］. 经济研究, 2013 (07): 104-117.

［14］封进, 张素蓉. 社会保险缴费率对企业参保行为的影响——基于上海社保政策的研究［J］. 上海经济研究, 2012, 24 (03): 47-55.

［15］傅鸿翔. 社会保险费地税征收现状透视——以浙江省为例［J］. 中国医疗保险, 2012 (05): 34-37.

［16］傅勇, 张晏. 中国式分权与财政支出结构偏向: 为增长而竞争的代价［J］. 管理世界, 2007 (03): 4-12.

［17］葛结根. 社会保险缴费对工资和就业的转嫁效应——基于行业特征和经济周期的考察［J］. 财政研究, 2018 (08): 93-104.

［18］郭磊, 周颖, 宋晓满. 管理报酬与企业社保缴费——以高管薪酬为例［J］. 中国软科学, 2021 (08): 172-180.

［19］郭瑜, 张寅凯. 严征缴能否降低城镇职工养老保险费率?［J］. 保险研究, 2019 (02): 101-113.

［20］韩丽洁. 选择适合国情的社保征缴模式［J］. 中国社会保障, 2010 (12): 36.

［21］侯风云, 马凯旋. 中国养老保险统筹状况对劳动供给影响实证研究［J］. 福建论坛 (人文社会科学版), 2013 (11): 5-10.

［22］胡秋明, 景鹏. 社会保险缴费主体逃欠费行为关系演变与调适［J］. 财经科学, 2014 (10): 19-28.

［23］华龙. 社会保险企业缴费对就业的挤出效应研究［D］. 济南: 山东大学, 2017.

［24］季盼盼. 企业社会保险费负担能力适度水平研究［D］. 南京: 南京财经大学, 2010.

［25］金刚, 范洪敏. 社会保险政策缴费率调整对企业实际缴费率的影响——基于深圳市 2006 年养老保险政策缴费率调整的双重差分估计［J］. 社

会保障研究，2018（04）：56－68.

［26］黎志刚，吴明琴．中国企业养老保险支出挤出了员工工资吗？［J］．经济资料译丛，2014（01）：94－98.

［27］李波，苗丹．我国社会保险费征管机构选择——基于省级参保率和征缴率数据［J］．税务研究，2017（12）：20－25.

［28］李春根，赵阳．基本养老保险基金中央调剂制度的空间效应分析［J］．改革，2022（09）：143－154.

［29］李力行，聂卓，席天扬．多维度治理与国家能力：增值税征管和企业排污的视角［J］．世界经济，2022（06）：112－135.

［30］李连芬，刘德伟．我国基本养老保险全国统筹的动力源泉与路径选择［J］．财经科学，2013（11）：34－43.

［31］李欣泽，纪小乐，周灵灵．高铁能改善企业资源配置吗？——来自中国工业企业数据库和高铁地理数据的微观证据［J］．经济评论，2017（06）：3－21.

［32］李珍，王向红．减轻企业社会保险负担与提高企业竞争力［J］．经济评论，1999（05）：56－60.

［33］林炜．企业创新激励：来自中国劳动力成本上升的解释［J］．管理世界，2013（10）：95－105.

［34］林治芬．社会保障政策与就业联动的实证分析［J］．财贸经济，2005（06）：55－60.

［35］刘德浩，崔文婕．职工养老保险全国统筹的理论逻辑与实现路径［J］．北京航空航天大学学报（社会科学版），2022，35（02）：62－74.

［36］刘贯春，张军．最低工资制度、生产率与企业间工资差距［J］．世界经济文汇，2017（04）：1－26.

［37］刘海洋，刘峥，吴龙．工会提高了员工福利和企业效率吗？——来自第一次全国经济普查的微观证据［J］．产业经济研究，2013（05）：65－73.

［38］刘军强．资源、激励与部门利益：中国社会保险征缴体制的纵贯研究（1999—2008）［J］．中国社会科学，2011（03）：139－156.

［39］刘苓玲，慕欣芸．企业社会保险缴费的劳动力就业挤出效应研

究——基于中国制造业上市公司数据的实证分析 [J]. 保险研究, 2015 (10): 107 - 118.

[40] 刘鑫宏. 企业社会保险缴费水平的实证评估 [J]. 江西财经大学学报, 2009 (01): 28 - 34.

[41] 鲁全. 中国养老保险费征收体制研究 [J]. 山东社会科学, 2011 (07): 110 - 115.

[42] 鲁晓东, 连玉君. 中国工业企业全要素生产率估计: 1999—2007 [J]. 经济学 (季刊), 2012, 11 (02): 541 - 558.

[43] 鲁於, 冀云阳, 杨翠迎. 企业社会保险为何存在缴费不实——基于财政分权视角的解释 [J]. 财贸经济, 2019: 1 - 16.

[44] 马双, 甘犁. 最低工资对企业在职培训的影响分析 [J]. 经济学 (季刊), 2014 (01): 1 - 26.

[45] 马双, 李雪莲, 蔡栋梁. 最低工资与已婚女性劳动参与 [J]. 经济研究, 2017, 52 (06): 153 - 168.

[46] 马双, 孟宪芮, 甘犁. 养老保险企业缴费对员工工资、就业的影响分析 [J]. 经济学 (季刊), 2014 (03): 969 - 1000.

[47] 马一舟, 王周飞. 税务机关征收社会保险费回顾与前瞻 [J]. 税务研究, 2017 (12): 5 - 9.

[48] 穆怀中, 闫琳琳, 张文晓. 养老保险统筹层次收入再分配系数及全国统筹类型研究 [J]. 数量经济技术经济研究, 2014, 31 (04): 19 - 34.

[49] 聂辉华, 江艇, 杨汝岱. 中国工业企业数据库的使用现状和潜在问题 [J]. 世界经济, 2012 (05): 142 - 158.

[50] 潘常刚. 社会保障缴款征管能力研究 [D]. 武汉: 中南财经政法大学, 2018.

[51] 潘楠. 我国社会保险缴费激励措施的优化路径——基于社会保险缴费遵从研究 [J]. 宏观经济管理, 2017 (S1): 108 - 110.

[52] 彭浩然, 邱桓沛, 朱传奇, 等. 养老保险缴费率、公共教育投资与养老金替代率 [J]. 世界经济, 2018, 41 (07): 148 - 168.

[53] 彭浩然, 岳经纶, 李晨烽. 中国地方政府养老保险征缴是否存在逐

底竞争？［J］．管理世界，2018，34（02）：103－111.

［54］彭雪梅，刘阳，林辉．征收机构是否会影响社会保险费的征收效果？——基于社保经办和地方税务征收效果的实证研究［J］．管理世界，2015（06）：63－71.

［55］彭宅文．财政分权、转移支付与地方政府养老保险逃费治理的激励［J］．社会保障研究，2010（01）：138－150.

［56］齐海鹏，杨少庆，尹科辉．我国基础养老金全国统筹障碍分析及方案设计［J］．地方财政研究，2016（11）：26－33.

［57］钱雪亚，蒋卓余，胡琼．社会保险缴费对企业雇佣工资和规模的影响研究［J］．统计研究，2018，35（12）：68－79.

［58］秦立建，苏春江．医疗保险对农民工工资效应的影响研究［J］．财政研究，2014（05）：14－17.

［59］沈永建，范从来，陈冬华，等．显性契约、职工维权与劳动力成本上升：《劳动合同法》的作用［J］．中国工业经济，2017（02）：117－135.

［60］沈永建，梁方志，蒋德权，等．社会保险征缴机构转换改革、企业养老支出与企业价值［J］．中国工业经济，2020（02）：155－173.

［61］石宏伟，吕序榕，王小娇．镇江市社会医疗保险中企业逃费问题博弈分析及对策［J］．中国卫生经济，2009，28（06）：59－61.

［62］宋弘，封进，杨婉彧．社保缴费率下降对企业社保缴费与劳动力雇佣的影响［J］．经济研究，2021，56（01）：90－104.

［63］苏明，杨良初，王敏，等．提高养老保险统筹层次　促进人口合理流动［J］．中国财政，2016（11）：35－37.

［64］孙祁祥．"空账"与转轨成本——中国养老保险体制改革的效应分析［J］．经济研究，2001（05）：20－27.

［65］唐珏，封进．社会保险征收体制改革与社会保险基金收入——基于企业缴费行为的研究［J］．经济学（季刊），2019，18（03）：833－854.

［66］唐珏，封进．社会保险缴费对企业资本劳动比的影响——以21世纪初省级养老保险征收机构变更为例［J］．经济研究，2019：1－15.

［67］陶纪坤，张鹏飞．社会保险缴费对劳动力需求的"挤出效应"［J］．

中国人口科学，2016（06）：78－87.

[68] 田彬彬，范子英．税收分成、税收努力与企业逃税——来自所得税分享改革的证据 [J]．管理世界，2016（12）：36－46.

[69] 田彬彬，陶东杰．最低工资标准与企业税收遵从——来自中国工业企业的经验证据 [J]．经济社会体制比较，2019（01）：41－51.

[70] 田家官．论我国养老保险逃费的危害、原因和治理 [J]．社会保障研究，2014（01）：33－45.

[71] 妥宏武，杨燕绥．地方政府竞争动力与养老保险缴费负担 [J]．河海大学学报（哲学社会科学版），2020，22（05）：32－41.

[72] 王显和，宋智江，马宇翔．我国社会保险费征管模式效率分析与改革路径选择 [J]．税务研究，2014（05）：74－77.

[73] 王延中，宁亚芳．我国社会保险征费模式的效果评价与改革趋势 [J]．辽宁大学学报（哲学社会科学版），2018，46（03）：1－17.

[74] 吴丽萍．企业社会保险逃费的影响因素分析 [D]．福州：福州大学，2017.

[75] 吴明琴，童碧如．城镇企业养老保险对工资的影响机制——基于制造业企业的实证研究 [J]．重庆大学学报（社会科学版），2016，22（03）：29－37.

[76] 吴永求，赵静．社会保险缴费结构的就业效应研究 [J]．重庆大学学报（社会科学版），2014，20（04）：39－45.

[77] [比] 吉恩·希瑞克斯，加雷恩·D.迈尔斯．中级公共经济学 [M]．张晏译．上海：格致出版社，2011.

[78] 肖严华，张晓娣，余海燕．降低社会保险费率与社保基金收入的关系研究 [J]．上海经济研究，2017（12）：57－65.

[79] 许泽宇．社会保险费征缴模式、企业绩效与最适缴费率区间 [D]．济南：山东大学，2019.

[80] 闫琳琳．基本养老保险统筹层次提升的收入再分配研究 [D]．沈阳：辽宁大学，2012.

[81] 阳义南．养老金生产率理论：我国发展企业年金的供给边视角

[J]. 社会保障研究，2012（04）：49-55.

[82] 杨翠迎，鲁於，汪润泉. 社会保险费率的适度性、降费空间及统征统管——基于待遇与基金平衡视角 [J]. 税务研究，2019（06）：16-23.

[83] 杨俊. 养老保险和工资与就业增长的研究 [J]. 社会保障研究，2008（02）：132-143.

[84] 杨俊，龚六堂. 我国养老保险制度改革对工资增长影响的分析 [J]. 财经问题研究，2009（05）：25-31.

[85] 于新亮，程远，胡秋阳. 企业年金的"生产率效应" [J]. 中国工业经济，2017（01）：155-173.

[86] 于新亮，上官熠文，于文广，等. 养老保险缴费率、资本——技能互补与企业全要素生产率 [J]. 中国工业经济，2019（12）：96-114.

[87] 元林君. 我国社会保险费征缴体制现状、问题与改革趋势 [J]. 科学经济社会，2018，36（02）：46-51.

[88] 袁航，朱承亮. 国家高新区推动了中国产业结构转型升级吗 [J]. 中国工业经济，2018（08）：60-77.

[89] 张彬斌，吴要武. 基本养老保险统筹层次提升的提前退休效应 [J]. 山西财经大学学报，2014，36（06）：1-13.

[90] 张斌，刘柏惠. 社会保险费征收体制改革研究 [J]. 税务研究，2017（12）：15-19.

[91] 张雷. 社会保险费征收体制的效率比较分析 [J]. 社会保障研究，2010（01）：24-28.

[92] 张莉，程可为，赵敬陶. 土地资源配置和经济发展质量——工业用地成本与全要素生产率 [J]. 财贸经济，2019，40（10）：126-141.

[93] 张盈华，李清宜. 社会保险费征缴管理的总体评价与个案差别——基于两主体征收效率的比较 [J]. 华中科技大学学报（社会科学版），2019，33（03）：26-32.

[94] 章萍. 社会养老保险中企业逃费行为的制度成因分析 [J]. 现代管理科学，2007（07）：114-116.

[95] 赵海珠. 企业社会保险缴费的就业效应分析 [D]. 北京：首都经济

贸易大学，2017.

［96］赵健宇，陆正飞．养老保险缴费比例会影响企业生产效率吗？［J］．经济研究，2018，53（10）：97－112.

［97］赵静，毛捷，张磊．社会保险缴费率、参保概率与缴费水平——对职工和企业逃避费行为的经验研究［J］．经济学（季刊），2016（01）：341－372.

［98］赵仁杰，范子英．养老金统筹改革、征管激励与企业缴费率［J］．中国工业经济，2020（09）：61－79.

［99］赵仁平．论税务部门统征社会保险费［J］．云南财贸学院学报（社会科学版），2007（02）：106－108.

［100］赵绍阳，杨豪．我国企业社会保险逃费现象的实证检验［J］．统计研究，2016，33（01）：78－86.

［101］赵耀辉，徐建国．我国城镇养老保险体制改革中的激励机制问题［J］．经济学（季刊），2001（01）：193－206.

［102］赵越．基本养老保险统筹对劳动力就业和人力资本投资的影响研究［D］．杭州：浙江大学，2018.

［103］郑秉文．社会保险缴费与竞争中性偏离——对征收体制改革过渡期政策的思考［J］．中国人口科学，2019（04）：2－16.

［104］郑秉文．社会保险降费与规范征收：基于公共政策分析的思考［J］．税务研究，2019（06）：3－9.

［105］郑秉文．社会保险费"流失"估算与深层原因分析——从税务部门征费谈起［J］．国家行政学院学报，2018（06）：12－20.

［106］郑秉文．职工基本养老保险全国统筹的实现路径与制度目标［J］．中国人口科学，2022（02）：2－16.

［107］郑春荣，王聪．我国社会保险费的征管机构选择——基于地税部门行政成本的视角［J］．财经研究，2014，40（07）：17－26.

［108］郑功成．中国社会保障70年发展（1949—2019）：回顾与展望［J］．中国人民大学学报，2019，33（05）：1－16.

［109］周黎安．中国地方官员的晋升锦标赛模式研究［J］．经济研究，

2007（07）：36-50.

[110] 周心怡，蒋云赟．基本养老保险全国统筹、人口流动与地区不平衡 [J]．财政研究，2021（03）：84-100.

[111] 周作昂，赵绍阳．农民工参加城镇职工社保对工资的替代效应 [J]．财经科学，2018（07）：59-69.

[112] 朱恒鹏，岳阳，林振翮．统筹层次提高如何影响社保基金收支——委托—代理视角下的经验证据 [J]．经济研究，2020，55（11）：101-120.

[113] 朱文娟，汪小勤，吕志明．中国社会保险缴费对就业的挤出效应 [J]．中国人口·资源与环境，2013，23（01）：137-142.

[114] Acemoglu, D. and Pischke, J. S., 2001, "Minimum Wages and On-the-Job Training", Social Science Electronic Publishing, 22（03）：159-202.

[115] Adam, S. and Ifs, W., 2007, "Integrating Income Tax and National Insurance: An Interim Report", IFS Working Papers, No. 07/21.

[116] Akerlof, G. A. and Yellen, J. L., 1990, "The Fair Wage - Effort Hypothesis and Unemployment", The Quarterly Journal of Economics, 105（02）：255-283.

[117] Allingham, M. G. and Sandmo, A., 1972, "Income Tax Evasion: A Theoretical Analysis", Journal of Public Economics, 1（3-4）：323-338.

[118] Anderson, P. M. and Meyer, B. D., 2000, "The Effects of the Unemployment Insurance Payroll Tax on Wages, Employment, Claims and Denials", Journal of Public Economics, 78（1-2）：81-106.

[119] Antwi, Y. and Maclean, C., 2017, "State Health Insurance Mandates and Labor Market Outcomes: New Evidence on Old Questions", SSRN Electronic Journal.

[120] Autor, D. H., Kerr, W. R. and Kugler, A. D., 2007, "Does Employment Protection Reduce Productivity? Evidence from US States", The Economic Journal, 117（521）：F189-F217.

[121] Bai, C. E., Lu, J. and Tao, Z., 2000, "The Multitask Theory of

State Enterprise Reform: Empirical Evidence from China", American Economic Review, 96 (02): 353 – 357.

[122] Baicker, K. and Chandra, A., 2006, "The Labor Market Effects of Rising Health Insurance Premiums", Journal of Labor Economics, 24.

[123] Bailey, C. and Turner, J., 2001, "Strategies to Reduce Contribution Evasion in Social Security Financing", World Development, 29 (02): 385 – 393.

[124] Bakirtzi, E., 2011, "Case Studies in Merging the Administrations of Social Security Contribution and Taxation", IBM Center for the Business of Government.

[125] Barrand, P., Ross, S. G. and Harrison, G., 2004, "Integrating a Unified Revenue Administration for Tax and Social Contribution Collections: Experiences of Central and Eastern European Countries", Imf Working Papers.

[126] Bassanini, A., Nunziata, L. and Venn, D., 2009, "Job Protection Legislation and Productivity Growth in OECD Countries", Economic Policy, 24 (58): 349 – 402.

[127] Becker, G. S., 1964, "Human Capital: A Theoretical and Empirical Analysis, with Special Reference to Education", University of Chicago press.

[128] Becker, G. S. and Stigler, G. J., 1974, "Law Enforcement, Malfeasance, and Compensation of Enforcers", The Journal of Legal Studies, 3 (01): 1 – 18.

[129] Bejaković, P., 2004, "The Collection of Pension Contributions in Croatia", Collection of Pension Contributions: Trends, Issues and Problems in Central and Eastern Europe. Budapest: International Labour Office, Subregional Office for Central and Eastern Europe: 59 – 103.

[130] Bennmarker, H., Mellander, E. and öckert, B., 2009, "Do Regional Payroll Tax Reductions Boost Employment?", Labour Economics, 16 (05): 480 – 489.

[131] Boeri, T., Börsch-Supan, A. and Tabellini, G., 2002, "Pension Reforms and the Opinions of European Citizens", American Economic Review, 92

(02): 396 – 401.

［132］Brittain, J. A., 1971, "The Incidence of Social Security Payroll Taxes", The American Economic Review, 61 (01): 110 – 125.

［133］Calvo, E. and Williamson, J. B., 2008, "Old-Age Pension Reform and Modernization Pathways: Lessons for China from Latin America", Journal of Aging Studies, 22 (01): 74 – 87.

［134］Chen, Y., Démurger, S. and Fournier, M., 2005, "Earnings Differentials and Ownership Structure in Chinese Enterprises", Economic Development and Cultural Change, 53 (04): 933 – 958.

［135］Daveri, F. and Tabellini, G., 2000, "Unemployment and Taxes: Do Taxes Affect the Rate of Unemployment?", Economic Policy, 15 (30): 48 – 104.

［136］Diamond, P. A. and Stiglitz, J. E., 1974, "Increases in Risk and Risk Aversion", Journal of Economic Theory, 8 (03): 337 – 360.

［137］Dorsey, S., 1989, "A Test for a Wage-Pension Trade-Off with Endogenous Pension Coverage", Unpublished Paper, West Virginia University.

［138］Ehrenberg, R. G. and Smith, R. S., 2017, "Modern Labor Economics: Theory and Public Policy", Routledge.

［139］Enoff, L. D. and Mckinnon, R., 2011, "Social Security Contribution Collection and Compliance: Improving Governance to Extend Social Protection", International Social Security Review, 64 (04): 99 – 119.

［140］Feldstein, M. and Liebman, J., 2008, "Realizing the Potential of China'S Social Security Pension System", Public Finance in China: Reform and Growth for a Harmonious Society: 309 – 316.

［141］Feldstein, M. and Samwick, A., 1992, "Social Security Rules and Marginal Tax Rates", National Bureau of Economic Research.

［142］Fiorito, R. and Padrini, F., 2001, "Distortionary Taxation and Labour Market Performance", Oxford Bulletin of Economics and Statistics, 63 (02): 173 – 196.

［143］Friedman, M. and Schwartz, A. J., 1965, "Money and Business Cycles", The state of monetary economics, NBER, 32 – 78.

［144］ Galanter, M. , 1974, "Why the Haves Come Out Ahead: Speculations on the Limits of Legal Change", Law & Soc'y Rev. , 9: 95.

［145］ Grossberg, A. and Sicilian, P. , 1999, "Minimum Wages, On-the-Job Training, and Wage Growth", Southern Economic Journal, 65: 539 – 556.

［146］ Gruber, J. , 1997, "The Incidence of Payroll Taxation: Evidence From Chile", Journal of Labor Economics, 15 (S3): S72 – S101.

［147］ Gruber, J. and Poterba, J. , 1994, "Tax Incentives and the Decision to Purchase Health Insurance: Evidence from the Self – Employed", The Quarterly Journal of Economics, 109 (03): 701 – 733.

［148］ Hamermesh, D. S. , 1979, "New Estimates of the Incidence of the Payroll Tax", Southern Economic Journal: 1208 – 1219.

［149］ Hashimoto, M. , 1982, "Minimum Wage Effects on Training on the Job", The American Economic Review, 72 (05): 1070 – 1087.

［150］ Holmlund, B. , 1983, "Payroll Taxes and Wage Inflation: The Swedish Experience", The Scandinavian Journal of Economics: 1 – 15.

［151］ Jackle, A. E. and Li, C. A. , 2006, "Firm Dynamics and Institutional Participation: A Case Study on Informality of Micro Enterprises in Peru", Economic Development & Cultural Change, 54 (03): 557 – 578.

［152］ Jang, S. and Jang, S. , 2010, "Oecd Social, Employment and Migration Working Papers No. 55 the Unification of the Social Insurance Contribution Collection System in Korea".

［153］ Johnson, R. W. , 1996, "The Impact of Human Capital Investments on Pension Benefits", Journal of Labor Economics, 14 (03): 520 – 554.

［154］ Komamura, K. and Yamada, A. , 2004, "Who Bears the Burden of Social Insurance? Evidence from Japanese Health and Long-Term Care Insurance Data", Journal of the Japanese and International Economies, 18 (04): 565 – 581.

［155］ Krishnan, K. , Nandy, D. K. and Puri, M. , 2014, "Does Financing Spur Small Business Productivity? Evidence from a Natural Experiment", The Review of Financial Studies, 28（06）：1768 – 1809.

［156］Krueger, J. G. A. A. , 1991, "The Incidence of Mandated Employer-Provided Insurance：Lessons from Workers" \ "Compensation Insurance", Tax Policy and the Economy, 5：111 – 143.

［157］Kugler, A. and Kugler, M. , 2009, "Labor Market Effects of Payroll Taxes in Developing Countries：Evidence from Colombia", Economic Development and Cultural Change, 57（02）：335 – 358.

［158］Lai, Y. C. and Masters, S. , 2005, "The Effects of Mandatory Maternity and Pregnancy Benefits On Women" \ "Wages and Employment in Taiwan, 1984 – 1996", Industrial & Labor Relations Review, 58（02）：274 – 281.

［159］Levinsohn, J. and Petrin, A. , 2003, "Estimating Production Functions Using Inputs to Control for Unobservables", Review of Economic Studies, 70（02）：317 – 341.

［160］Li, Z. and Wu, M. , 2013, "Estimating the Incidences of the Recent Pension Reform in China：Evidence from 100, 000 Manufacturers", Contemporary Economic Policy, 31（02）：332 – 344.

［161］Long, C. and Yang, J. , 2016, "How Do Firms Respond to Minimum Wage Regulation in China? Evidence from Chinese Private Firms", China Economic Review, 38：267 – 284.

［162］Lorwin, V. R. , 1952, "French Trade Unions Since Liberation 1944 – 1951", ILR Review, 5（04）：524 – 539.

［163］Maloney, W. F. and Nunez, J. , 2000, "Measuring the Impact of Minimum Wages：Evidence from Latin America", The World Bank.

［164］Manchester, J. , 1999, "Compliance in Social Security Systems Around the World", Philadelphia：University of Pennsylvania Press.

［165］Mares, I. , 2003, "The Sources of Business Interest in Social Insurance：Sectoral Versus National Differences", World Politics, 55（02）：229 – 258.

［166］Mcclure, J. E. and Cott, T. N. V. , 2000, "Teaching Note：Let's

Stop Professing that the Legal Incidence of the Social Security Tax is Irrelevant", 26 (04): 483 –486.

[167] Murphy, K. J. , 2007, "The Impact of Unemployment Insurance Taxes On Wages", Labour Economics, 14 (03): 484.

[168] Musgrave, R. A. , 1959, "Theory of Public Finance: A Study in Public Economy".

[169] Neumark, D. and Wascher, W. , 2001, "Minimum Wages and Training Revisited", Journal of Labor Economics, 19: 563 –595.

[170] Nickell, S. and Layard, R. , 1999, "Labor Market Institutions and Economic Performance", Handbook of Labor Economics, 3: 3029 –3084.

[171] Nielsen, I. and Smyth, R. , 2008, "Who Bears the Burden of Employer Compliance with Social Security Contributions? Evidence from Chinese Firm Level Data", China Economic Review, 19 (02): 230 –244.

[172] Nyland, C. , Smyth, R. and Zhu, C. J. , 2006, "What Determines the Extent to Which Employers Will Comply with their Social Security Obligations? Evidence from Chinese Firm-Level Data", Social Policy & Administration, 40 (02): 196 –214.

[173] Nyland, C. , Thomson, S. B. and Zhu, C. J. , 2011, "Employer Attitudes Towards Social Insurance Compliance in Shanghai, China", International Social Security Review, 64 (04): 73 –98.

[174] Oi, W. Y. , 1962, "Labor as a Quasi –Fixed Factor", Journal of Political Economy, 70 (06): 538 –555.

[175] Olley, G. S. and Pakes, A. , 1996, "The Dynamics of Productivity in the Telecommunications Equipment Industry", Econometrica, 64.

[176] Ooghe, E. , Schokkaert, E. and Flechet, J. , 2003, "The Incidence of Social Security Contributions: An Empirical Analysis", Empirica, 30 (02): 81 –106.

[177] Peacock, A. and Peden, G. , 2014, "Merging National Insurance Contributions and Income Tax: Lessons of History", Economic Affairs, 34 (01):

2 – 13.

[178] Ross, S. G. , 2004, "Collection of Social Contributions: Current Practice and Critical Issues", International conference on changes in the structure and organization of social security administration, Cracow, Poland. 3 – 4.

[179] Royalty, A. , 2000, "Do Minimum Wage Increases Lower the Probability that Low-Skilled Workers Will Receive Fringe Benefits?", Department of Economics, IUPUI, Mimeo, August.

[180] Simon, K. I. and Kaestner, R. , 2004, "Do Minimum Wages Affect Non-Wage Job Attributes? Evidence on Fringe Benefits", Industrial & Labor Relations Review, 58 (01): 52 – 70.

[181] Storm, S. and Naastepad, C. , 2007, "Why Labour Market Regulation May Pay off: Worker Motivation, Co-Ordination and Productivity Growth", International Labour Office, 4.

[182] Summers, L. H. , 1989, "Some Simple Economics of Mandated Benefits", American Economic Review, 79 (02): 177 – 183.

[183] Trinh, T. , 2006, "China's Pension System: Caught Between Mounting Legacies and Unfavourable Demographics", Deutch Bank Research Current Issue, 17.

[184] Tullio, G. , 1987, "Long Run Implications of the Increase in Taxation and Public Debt for Employment and Economic Growth in Europe", European Economic Review, 31 (03): 741 – 774.

[185] Turner, J. A. , 1993, "Pension Policy for a Mobile Labor Force", Books From Upjohn Press.

[186] Van Schaik, T. and Van de Klundert, T. , 2013, "Employment Protection Legislation and Catching-Up", Applied Economics, 45 (08): 973 – 981.

[187] Vlassis, M. , Mamakis, S. and Varvataki, M. , 2019, "Taxes, Social Insurance Contributions, and Undeclared Labour in Unionized Oligopoly", Economics Letters, 183: 108585.

[188] Vroman, W. , 1974, "Employer Payroll Tax Incidence: Empirical

Tests with Cross – Country Data", Public Finance = Finances Publiques, 29 (02): 184 – 200.

[189] Watanabe, N., 2008, "The Pension Governance in the World — Promoting Compliance in Social Security Pensions", Human Well-Being, 22: 107 – 122.

[190] Weitenberg, J., 1969, "The Incidence of Social Security Taxes", Public Finance = Finances Publiques, 24: 193 – 208.

[191] Wessels, W. J., 1987, "Minimum Wages, Fringe Benefits, and Working Conditions", Books.

[192] Williamson, J. B. and Deitelbaum, C., 2005, "Social Security Reform: Does Partial Privatization Make Sense for China?", Journal of Aging Studies, 19 (02): 257 – 271.

[193] Zaglmayer, B. and Schoukens, P., 2004, "Cooperation Between Social Security and Tax Agencies in Europe", Washington DC: IBM Center for the Business of Government.